エリア・スタディーズ
198
ニュージーランドを旅する46章
宮本　忠
宮本由紀子
明石書店

はじめに

キア・オラ

先年、中国の蘭州で開催された国際学会でのことである。休憩時間のとき、ニコニコ顔の年配のマオリのご婦人から「キア・オラ」という声がかかった。

僕もこたえて「キア・オラ」と右手を挙げた。キア・オラとはマオリの人たちの「こんにちは」に類する挨拶語である。

マオリの人は、ニュージーランド（NZ）の先住民族である。彼女は初対面の方であった。学会の参加者名簿から推測させていただくと、ニュージーランドの大学の副学長さんのようである。おそらく僕が学会で、「日本からニュージーランドへの支援旅行」について発表させていただいたので親しみを感じられたのかもしれない。

私たち2人、つまり私と妻の由紀子（由紀さん）の経験では、ニュージーランドでハイキングや散歩をしているとしばしばこういう場面に出会う。ニュージーランドの人は、とてもフレンドリー、気さくな人たちである。

レンタカーでクライストチャーチから温泉郷ハンマースプリングスに出かけたときの

ことである。

レンタカーが故障したようなので車を道路の端に止めた。僕は車のことを何もわかりもしないのにボンネットを開けて見ていたら、通行中の車が次々止まった。

「どうしたの?」と尋ねてくる。

「走行中、車が突然止まってしまった」と言ったら、彼ら2人は知り合いでもなさそうだったのに「ああでもない、こうでもない」と言いながら車を見てくれた。

「とりあえずこれで動くと思うが、5分ほど走ると自動車修理工場があるからそこで修理してもらった方がいいだろう。工場に伝えておくよ」と言って去っていった。

修理工場では、彼らから連絡があり僕らが来るのを待っていた。

今は昔、僕の子供時代、わが祖父は、商業を営んでいたが、いろんなことを自分でやっていた。自宅の修繕、犬小屋の制作、釣り道具も作り魚釣り用の餌も採ってきた。僕の小学生のときは、野球のバットを作り、グローブやボールまで布で作ってくれた。これに対し、僕は父親から、「お前は鉛筆しかもったことはない」と成人になってからも言われていた。つまり父は僕の「たよりなさ」を指摘していたのである。

ニュージーランドの人々の暮らし方は、小まめで器用だと思う。僕は感心している。

クライストチャーチでのある朝、白い杖を使って散歩していたとき、4車線の道路の向こうの歩道から、大きな声がかかった。中年の男性である。

「おーい、大丈夫か?」。何事がおきたのだろうとその声がする方向を見ると、僕に声をかけているではないか。なぜ？

ははん、目が悪くて道に迷っているのではないか、と思われたのだと気がつき、僕は答えた。

「ありがとう。大丈夫です」。手を挙げて彼は言った。「気をつけて」

私たち2人が海外旅行に出たのは、僕が文部省の若手在外研究員として、イギリスの産業公害の研究のためオックスフォード大学に派遣されたときからだ。それ以来、海外に行くときにはいつも一緒である。特に近年、僕の眼病が進んでからは由紀さんに手引き者として同行支援の仕事も加わった。

イギリスでの研究関心は環境問題、特に産業公害であった。このとき日本では公害問題が全国に拡大していた。イギリス（ロンドン・オックスフォード）生活において私たちは大きな文化的衝撃も受けた。

旅とは、居所を離れ他の所に身を置くことを特徴とする。通常は観光、趣味、勉強など目的を意識して旅に出る。移動する。癒しのための旅もあるだろう。日常生活から離れ、環境の異なる土地に出かけ、そこで新たな見聞などをして再び日常生活に戻る。

オギャーと父母からこの世に生まれ旅が開始された。

初めての海外体験、イギリスの生活・旅は毎日がエキサイティングだった。帰国後、もっと外国を見聞し、視野を広げ、人生を見つめ、学問を探究したいと感じた。

イギリス生活でショックを受けた私たちは、この体験を基礎にさらに発展させるための、夢のある新鮮な外国訪問候補国を決めた。オーストラリアとニュージーランドである。両国はイギリスを基底にして新しい「光」を求めて果敢に人生や生活、社会や国造りをしていると感じたからである。そしてまず、オーストラリアを選んだ。その理由は、島国である日本と異なりオーストラリアは大陸国である。工業国でない自然豊かな新生国家である。日本が産業公害で苦労しているとき、オーストラリアでは、島の州・タスマニア州政府が、巨大水力発電用ダムを自然豊かな山中に建設推進しようとしていた。これに対して連邦政府は自然保全の立場から反対運動を展開し、それが総選挙や法廷で争われた。世論を二分しながら、最高裁判所は連邦の主張を妥当としてこの問題は終局を迎えた。

この事件は、僕の好奇心、研究心を刺激した。そしてタスマニア大学環境研究センターにおいて、この問題を研究させていただく機会に恵まれた。これが僕の博士論文のテーマになった。タスマニアのダム問題と四日市公害問題を「環境」にスポットを当て、比較研究した。「環境権」を隠し玉にして。

この時期、日本の大学においてタスマニア大学環境研究センターのような部局はまだなかったと思う。

なお、タスマニアの生活や旅については『タスマニアを旅する60章』として出版させていただいた。

海外旅行をするときに言葉はもちろん重要である。ニュージーランドに行くときに近所の知り合いの初老のおじさんから「ニュージーランドでは何語で話すのですか」と尋ねられたことがあった。

「英語です」と反射的に答えたが、後で考えると、ニュージーランドは南半球の南太平洋に浮かぶ歴史の浅い島国。人口の少ない国である。日本から直行便でも10時間を超える。日本の人から「何語で話すのか」と尋ねられても、何ら不思議なことではないと教えられた。

ニュージーランドで通常、話されている言語は「英語」である。公用語が法律で定められている。英語、マオリ語そしてニュージーランド手話である。マオリはニュージーランドの先住民である。手話は聴覚に障害をもつ人たちの言語である。今や世界では、公用語や手話を法定している国がかなりある。だが、わが国では、2つとも法定化していない。

ニュージーランドは「多様性」に富む国である。多様な社会、文化の国である。そういう国柄だから言語や手話の法定化ができるのだろう。また、人権と民主主義を大事にしているのも、こういう国柄からきているのではないか。

近年、わが国では、国際化、国際連合（国連）の重要性が指摘されている。国連の公式の通用語は6つ、すなわち、中国語、英語、フランス語、ロシア語、スペイン語そしてアラビア語である。日本語はこの中に入っていない。

ニュージーランドでは英語が日常語である。しかしアメリカ英語がかなり浸透していると感じる。

イギリスのエリザベス女王が訪米された。1991年、そのとき女王は、アメリカ英語に戸惑われたと報じられた。アメリカ英語に、英語の発音や意味が異なることが多々あるからだ。僕は驚いた。クィーンズイングリッシュが本来の英語と思っているからである。

オックスフォード大学はクィーンズイングリッシュといわれる。僕が初めて本格的に英語に接触したのは同大学においてであった。今でも僕は、アメリカ英語が英語より聞き取りにくい。

私たちは、わが娘と親戚の中学生と1年間、ニュージーランド南島で最大の都市クライストチャーチで暮らしたが、英語を学ぶ海外からの留学生としばしば出会った。ジャパニーズイングリッシュ、チャイニーズイングリツシュ、インディアンイングリッシュなどいろいろななまりのイングリッシュが聞こえた。言うまでもなく、僕は日本語英語である。

豊饒な自然と牧歌的な風景が漂うニュージーランドは、北島(きたじま)と南島(みなみじま)という大きな島とたくさんの小さな島から成り立っている。日本と同じ島国という人もいる。また両国には火山があり温泉がある。素晴らしい施設も整備されている。

しかし温泉の入り方は全く違う。ニュージーランドでは水着が義務付けられているのに対し、日本ではスッポンポンである。その違いは、社会的、文化的発想、習慣の違いなどからきているのだろう。

ニュージーランドのホテルなどには、ニュージーランド方式と日本方式の共同風呂を両方設置しているところが2軒あった。いずれも経営者は日本人だった。

私たちは「人生は旅」と思っている。生活の本拠を定めて暮らしている。これが日常生活である。旅とは生活の本拠を一時離れ、遊び、趣味、癒し、観光、勉学や研究などのために移動することであり、本拠に戻ってくるのが通常である。

日常生活の朝が来る。昨日と同じでない「きょう」がはじまる。肉体は昨日と異なる。山も川も海も、昨日と同じでない。つまり新しい出会いなのだ。季節も自分の身体も絶えず変化している。ゆえに、日常生活と旅はその意味で同じ。違いは、旅が生活の本拠を一時大きく移動する点にある。そして旅人は旅から日常を顧み、新しい明日を得て生活の本拠に帰ってくる。

俳人芭蕉は旅を「すみか」と表現した。旅の自由は基本的人権である。

最近、「日本とニュージーランドは法治国で人権尊重、民主主義の国でその基調は同じ」という話を聞く。両国は現在、友好国であることは確かである。だが「同じ」の中身はかなり違うように思う。

視点を変えてみると、違いがはっきりしていることはいくらでもある。例えば、南半球と北半球、時差。四季は両国ともあるが、ニュージーランドと日本は逆である。前者が夏のときは後者は冬である。

ニュージーランドは多様化が進んでいる国である。明日に賭けている人々が多い国である。ニュージーランドは日本とは異質な面が多い国。進取の精神が見える国。意外性が目立つ国。私たちはこのようなところに新鮮味を感じ、驚き、感嘆する。生き生きする学びがあり、日常を反省し、未来の発見がある。好奇心をくすぐる。

ニュージーランドは歴史が浅く、人口は少なく、人口密度は小さい。それにもかかわらず、自然豊かな山のトイレにも都会のトイレにも、花などが飾ってある。すがすがしい。ボランティア活動が活発で人々の公徳心が高いためだろうか。

山道が安全にきれいに管理されている。車いすが使える山道にもときどき出会う。同時に、木の根を保護し、通行を容易にするために木道を工夫して設置している。歴史の浅い国のためであろうか、歴史にも熱い心を示している。ニュージーランドは、ユニバーサル・ツーリズムの精髄を感じる国である。

ニュージーランドは、19世紀にイギリス人がワイタンギ条約を先住民マオリ族の酋長たちと締結することにより、国として出発した。日本はとてつもなく古い国。ニュージーランドはヨーロッパ、とりわけイギリス色の濃い国。日本はとなりの国・中国と古来から関係の強い国。

ニュージーランドは南半球に位置しその北島は亜熱帯性気候。日本は北半球で温帯性気候。

ニュージーランドは人口密度が小さいが、日本は人口密度が大きい。両国とも自然が豊かだが、ニュージーランドには人の入っていない自然が多い。人の住んでいない土地が多い。豊饒な自然の宝庫である。

他方では広大な牧場が広がっている。山林を開発し木々を切り倒して牧場に変えてきた。そしてそれが水害を引き起こしているという人もいる。ニュージーランドの公害問題という人もいる。これはむずかしい問題である。

「持続可能な発展」は現代世界の共通の一大課題である。そのためにニュージーランドは力を傾注している。

２０２２年12月１日の夕べ、コロナの下東京渋谷区のニュージーランド大使館大使公邸において「ニュージーランド・日本　外交樹立70周年を祝う会」がもようされた。クーパー大使主催によるパーティーは最後にマオリの合唱と踊りによって盛り上がった。

本書が、このような記念すべき折柄に刊行できるようになることは、うれしいかぎりである。

以下に、本書の構成について記す。

たんなる時系列的な旅日記でなく、どのページから読んでいただいてもわかるように心がけた。本書は、ニュージーランドの北部から南部へと進む。日本は北半球、ニュージーランドは南半球である。ニュージーランドでは北の方が南の方より気温は高い。日本とは逆だ。ニュージーランドを旅していると、このへんがときどきこんがらがってくる。

大きな地域分けと、それぞれの地域内の目立ったところは少し深掘りした。そして、特に気の付いたところも書いてみた。また、ニュージーランド短評を、コラムに当てた。

私たち2人は、約30年前からニュージーランドとお付き合いしてきた。20世紀末の1999年に友人たちと三重オーストラリア・ニュージーランド協会を設立し、ささやかながら、両国との「文化の梯」を目指してきた。難病と国に指定されてきた網膜色素変性症協会のニュージーランド旅行の支援を二度成功させた。

私たちは実にたくさんニュージーランドを旅し、旅の道連れからたくさんのおかげをこうむっている。この場をお借りし、厚くお礼申し上げる次第だ。

2023年8月吉日

宮本　忠・宮本由紀子

ニュージーランド行政区分図

ニュージーランドを旅する46章

目次

第3部　魚釣りを含む北島3週間のドライブ旅行　2004年10月25日～11月13日

第1部

ニュージーランド北部地方2人旅

２０１６年6月16日～6月27日

01

飛行機の選択も旅のうち

ニュージーランドのゲートウェイ

豊饒な自然と牧歌的な風景を有するニュージーランドは、北島と南島という2つの大きな島とたくさんの島々から形成される島国である。島国という点では、わが国と同じである。

ニュージーランドは、海外旅行を始める人にとっても、留学やワーキングホリデーを考えている人たちにとっても人気がある国である。

ニュージーランドへのゲートウェイは、この国で最大の人口を有する北島にあるオークランド国際空港と南島最大人口のクライストチャーチ国際空港である。両空港が、ニュージーランドへの表玄関、ゲートウェイである。オークランド国際空港は、外国からニュージーランドを訪れる旅人が利用する最大の空港である。オークランド空港は北島のみならず南島、例えばクィーンズタウンなどの地方空港の、中継空港にもなっている。

空港から市内へはシャトルバスが24時間運行している。バスのチケットは、空港内にあるビジターズインフォメーションセンターで購入できる。市内中心地までの所要時間は約45分から1時間である。オークランドの中心部クィーンストリートにはホテルも多数あり、さまざまなショップやレストラン、カフェ、街頭出店もたくさんある。

南島への旅の直接の起点となっているのがクライストチャーチ国際空港である。クライストチャーチ国際空港は南極観測や南極旅行の起点空港としての役割も果たしている。

ニュージーランドへ日本から飛ぶのに直行便を使うか、安い航空運賃を狙うか、また中継空港経由で行くのか、飛行時間も検討に値する。空港によっては、臨時便、チャーター便もある。羽田か、成田か、関西かなど。出発空港も考慮すべきかもしれない。

かつては、セントレア（中部国際空港）からニュージーランドへの直行便があった。また復活するかもしれない。航空便はたえず変化するので、

01 ニュージーランド航空機

出発のときは、よく調査すべきであろう。

ニュージーランドに行く場合、日本発クライストチャーチ行きの直行便がある場合もあるかもしれない。私たちもその便を利用したことがある。

24時間空港のオークランド国際空港は、オークランド市の中心部から約20キロのところにある。他方、クライストチャーチ国際空港はクライストチャーチ市の中心部から約12キロである。空港の国際線到着ターミナルから市の中心部までシャトルバスが運行されている。約30分で市の中心に行くことができる。

クライストチャーチは、２０１１年のクライストチャーチ大地震によって市内が大きな被害を被ったが、徐々に復興している。クライストチャーチ市センター周辺にはホテルやショッピングセンターが多い。市内を散策するのに足となる由緒あるトラム（路面電車）も運行されている。

悩ましい航空模様

三重県鈴鹿市に住む私たちがニュージーランドに行き始めた頃は、セントレアから直行便でニュージーランドに飛ぶことができた。しかし間もなく中部国際空港からの直行便が廃止された。そのための次善の策として、関西国際空港（関空）からの直行便に変更せざるをえなくなった。これもつかの間、関空からの直行便も休止となってしまった。ときに、臨時便が出ることもあるが。

それが航空業界の経済的合理化のせいかどうかは、よくわからないままにその事態に対応せざるをえなかった。私たちはとても戸惑ったのである。

「安全、安心そして安価な旅行」を志向する私たち三重オーストラリア・ニュージーランド協会（第8章「三重豪NZ協会の誕生」を参照）にとっては実に悩ましいことであった。直行便より安価な航空運賃もあるが、その航空会社の属する国の経由空港で乗り継ぐことが多い。また乗り継ぎ時刻は深夜であり体力を消耗することにもなる。日本からニュージーランドに到着する時間も長くなる。

テスト飛行

2015年、札幌で開かれた全国日本ニュージーランド協会などのパーティーのとき、偶然隣の席はニュージーランド航空のM部長さんだった。話は当然のごとく、三重県からニュージーランド間の飛行機のことになった。そして部長からある助言をたまわった。2016年のニュージーランド旅行は、彼のアドバイスによるものであった。このときは、私たち夫婦だけの単独旅行だったのでテスト旅行に最適だった。彼のアドバイスはこうだった。

「ニュージーランド航空の会員登録をして、電子チケットの格安航空券を自宅のパソコンで購入し、同時に座席も予約すること」

2016年6月16日、梅雨の北半球の日本から南半球冬のニュージーランドに向かった。

かつては名古屋（セントレア）または大阪（関空）が離発着空港だった。しかし今回は、成田国際空港（千葉県）発着に変更した。

自宅最寄りの近鉄白子駅からJR名古屋駅。乗り換え、新幹線「のぞみ」に乗車、品川駅にて２度目の乗り換え。特急エクスプレスで成田国際空港ターミナル駅下車。梅雨どきでウィークデーであったことも幸いしたのか、何の混雑もなく成田空港第一ターミナルビルに到達。時間とお金は少しかかるが、それまで利用してきた関西空港に行くよりもスムーズに行けたように感じた。鈴鹿から関空まで近鉄で行くには、難波あるいは上本町で鉄道あるいはバスに乗り換える。シニアや視覚障害者にとっては結構やっかいな乗り換えをしなければならないのである。今回は自宅のパソコンで入手した電子チケットによる初めての成田国際空港利用である。どういう具合になるのか皆目見当がつかなかった。

エスカレーターで空港ビル４階のニュージーランド航空の出発カウンターに行った。エスカレーターを降りるやいなや案内係の若い女性が待ってくれていたかと思えるほどあざやかに声をかけてくれ、航空券を処理するたくさんの機器のある所に誘導してくれた。そして航空券を受け取り、ただちに処理してくれた。乗客は少なく、若い女性係員がたくさん目立つのが印象的だった。従来ならこの場所で飛行機の座席の決定手続きや飛行機の中に預ける荷物の事務手続きがあり長蛇の列があったが、このたびは、手荷物を少なくしたこともあり楽々にことが進んだ。

電子チケットの処理だけでも実にスムーズにことが進んだ。ボディチェックをすませ、出国手続きもスムーズに完了して機中の人になった。

日本の梅雨どきは、ニュージーランドの冬である。ウィークデーのためか、いわゆるエコノミーの乗客席は7割程度の乗客だった。機はほぼ予定通り18時30分、成田を離陸した。約10時間半の夜間直行便である。

「機内の夕食をいただいてから、ゆっくり休むとするか」

着陸約2時間半前、暖かいタオルとヒンヤリした水が配られた。6月17日の始まりである。朝食の案内アナウンス。英語と日本語。

「メインコースは鮭入りごはんと野菜、または洋食のスクランブルエッグ、ポテト、ベーコンからお選びください。和食の方はフィッシュ、洋食の方はエッグとお申し出ください」

突然、僕の前の座席の日本人らしき中年の男が大きなクシャミを連発。僕の朝食用のテーブルがゆらいだ。彼の背もたれは僕の食卓だ。

夕食のときは前列の席のほうから配膳がなされたので朝食は後列からということで、私たちは「朝から調子がいいもんだ」ということにあいなった。「なかなかの配慮がなされるものだ」とちょっぴり感心しながら和食をすべていただいた。由紀さんは洋食だ。互いに異なる機内食をいただくことが彼女の食事センスなのである。一回の食事で二種の料理がいただけるというのだ。なかなかいいアイディアだ。

ただ今、７時６分（現地時間）。外の気温はマイナス20度だそうだ。ニュージーランドと日本の時差は当日現在冬時間で3時間の差。夏時間では2時間の差がある。オークランドの方が日本より先んじている。

われらがボーイングの時速は現在９４１キロメートルとのこと。機は定員３１０名のうち１４５名のお客を乗せ、ニュージーランド北島北部有数の観光地ベイ・オブ・アイランズ（群島湾）地方上空を通過。まもなく白い雲の隙間からオークランドの入り江や港のタンカー、ヨット群、高層建築群、街並みが見下ろせるようになった。乳飲み子が突然ひきつったように泣き叫ぶ。飛行機が着陸姿勢になり機内の気圧の変動によって耳の中が痛くなったのだろうか。僕はにぶいためか、ほとんど耳に変化は起きないが、由紀さんにはときどき発生するトラブルである。

朝7時40分（現地時間）、予定より30分早く、気温摂氏８度、雲間に太陽がちらりとのぞく曇天のオークランド国際空港に無事着陸した。そういう次第でこのテスト飛行は正解だった。

02 長距離定期バスで北島北端へ

夫婦だけの個人旅行

今回の旅は主として、南半球ニュージーランド北島の最北地方と群島湾地方そしてオークランド地方を予定している。

私たち夫婦だけの個人旅行である。私たちのニュージーランド国内旅行の移動手段は、原則としてレンタカーである。オークランドなど、若干の都市以外は混雑していないので、私たちはレンタカーを愛用している。国際的なレンタカー会社の会員になっており、日本で予約してからニュージーランドに出た。

ニュージーランド最大のオークランド市中心部を経由して、長距離バスに乗って北島の最北端のファーノース（極北）およびベイ・オブ・アイランズ（群島湾）地域の中心都市ケリケリ方面に行く計画である。国内航空便を利用すればケリケリまで飛ぶことは可能だが、長距離バスで行くことにしている。ケリケリにはレンタカーの営業所もある。ケリケリまではオークランドの都心から長距離バスを利用して4時間ほどで行くことができる。夜間飛行だったのでウトウトのんびりニュージーランドの牧歌的風景を車中で楽しめるだろう、との読みである。

オークランド国際空港ビジターズインフォメーションセンター

オークランド国際空港内にはビジターズインフォメーションセンターが設置されている。入国手続き後、ただちに同センターを訪ねた。最新のニュージーランドの旅行情報と長距離バスの様子を知るためである。インフォメーションセンターのカウンターの前には、4、5人のお客が列をつくっていた。係は中国語なまりの年配の中年女性１人。10分ほどで私たちの番になった。待つ間、パンフレットなどで情報を得るつもりだったが、その種の資料はほとんどなかった。本旅行でつくづく感じたことだったが、ここでも旅の情報はパソコンなどから入手するようになっている。ペーパーレスの波がここにも打ち寄せている。

係の中年女性のアドバイスによれば、「空港からシャトルバスでオークランド市内の長距離バスセンターに行き、そこから10時30分発のパイヒア行きに乗るのが正解ではないか」というアドバイスだった。これに従い、シャトルバスとパイヒアまでの乗車券を購入し、空港前のシャトルバスの乗車場に行った。センターからバスやタクシー乗り場までほんの数分だった。

バスは8時50分に発車。乗客は若いカップルと私たち2人だけだった。定員20名ほどの小型バスでもガラガラ。さむざむしている。ここは冬なのだ。それでも10分間隔でバスが運行している。さすが観光立国ニュージーランド。

霧雨がフロントガラスに当たっている。青年男性運転手。シャツは半そでだ。暖房もいらないらしい。30分ほどでスカイシティ・オークランドのバスターミナルセンターに到着。

長距離バス発着所

パイヒア行きのバスの発車場所の7番乗り場を確認してから手洗い所に行った。待合室で出発準備をした。お客はここでもまばらだった。待合室には、バスオフィスがある。窓口で係の若い女性に「バスの時刻表をください」と所望したら、「バスの時刻がしょっちゅう変わるので印刷物はない。パソコンなどで調べてほしい」との答え。昼食についても尋ねた。「乗車中のことなのでここではわからない。バスの運転手に聞いてください。バスの中ではアルコール飲料・食事、特ににおいのするものは禁止だと思います。軽食程度ならOKでしょう。なお、この荷札に氏名を記入してカバンに貼り、バスのトランクに預けることができます。ここから約250キロメートルのパイヒア行きは一日一本だけです」など、いろいろおしゃべりしてくれた。

女性ドライバー

パイヒアに向かうバスは予定どおり10時半すぎに発車場所にやってきた。旅行カバンを、運転手さんの手伝いでトランクに入れ乗車。設備の整った大型バスに乗客は11人。このバス内もうすら寒い。暖房が入っていない。大柄の女性運転手が咳をしながら、優しいはっきりした声で、「まもなく発車します」

主な停留所などの簡単な案内と自己紹介。彼女もシャトルバスの運転手と同じく半そでシャツ。お客は毛皮のオーバーコートから半そでシャツまでさまざま。日本（東海地方）の冬の風情とはかなりちがう。長距離バスにも助手やバスガイドは乗っていない。

オークランド市内道路風景

バスはスカイシティビルからオークランド市街の幹線道路に入った。さすがスーパー都市。

激しい車の流れ。太陽がバスの中に強い熱を運んでくる。車内が暖かくなってきた。小さな停留所で若い女性客が乗った。次の停留所でも女性3人が乗る。この国も女性の旅人が多いのだろうか。その後、ところどころの停留所で地元の人たちが乗り降りした。

長距離バスが住民の足になっているようだ。観光客は長距離定期バスを利用させてもらっている印象だ。

出発から約30分。モーターウェイ（有料高速道路）はここまでのようだ。ニュージーランドではモーターウェイは基本的に無料。ただし、有料高速道路になる区間があるのでレンタカーなどを利用するときには注意が必要。例えば、タウランガ地方のタウランガ・イースタン高速道路やオークランド北部高速道路。後者は、ノーザンゲートウェイといわれ、オレワからプホイ間の7・5キロメートルである。このノーザンゲートウェイは、ニュージーランド初の有料道路である。

タウランガは、ニュージーランド北島の北東部にある都市で、人口は10万人ほど。ベイ・オブ・プレンティ地方の中心都市である。

車内に不審物？

牧場に強い日差しがふりそそいでいる。車内は快適である。僕は昨日からの大移動の疲れでウトウトしながら車窓を通して緑の牧場や森林を眠気まなこで眺めている。

突然、車内にざわめきが起こった。運転手が後部座席の数人の男性客と大声で話し合い、バス会社の事務所と電話をしている。何が起き

01「帆の町」オークランド

たのか寝ぼけ頭の僕にはさっぱりわからない。由紀さんも同じ様子。他のお客は黙っている。10分以上はそんな状態が続いただろうか。バスドライバーからは何の説明もない。結局、町の停留所にきたとき待ち受けていた男性がドライバーと大声で話し合い、バスに急いで乗り込んだ。後部座席の棚に置いてあった不審な大きなカバンをもって車外に出た。どうやら先に降りたお客のカバンが棚に置いてあったらしい。それを見つけた中年の男性が運転手にそれを告げ、これの処置についての話し合いだったらしい。僕はこの騒ぎを興味深く、いろいろと想像しながらぼんやり聞いていた。

１９７６年から約1年間、僕はオックスフォード大学（イギリス）で初めての海外研究生活をしていた。ロンドンで地下鉄に乗ると、車内放送が流れた。「持ち主不明の不審な物を見つけたときにはただちに乗務員にお知らせください」。当時ロンドンのラジオやテレビではＩＲＡ（アイルランド共和軍）の地下鉄爆弾テロのニュースをしばしば伝えていた。北アイルランドの独立問題がイギリスで大きな政治問題になっていた。現在でも、中東やアフリカ、イギリスのみならず、フランス、ドイツ、アメリカにおいてテロや爆弾事件が日常的に報道されている。イギリスは僕にとってあこがれの国だったが、それは主として本から得た知識によるものであった。あの文明化された民主的な世界の先進国ロンドンの地下鉄に「爆弾」なんて。びっくり仰天。この長距離バスでの出来事は単なる「旅先での一コマ」とは思えなかったのである。

牧場地帯で昼食

ノースランドのファンガレイを通過し、バスは再び牧歌的で平和な状態にもどった。11時40分。手持ちの方位計によれば、バスは北東に向かっている。ほとんどが林というか牧場というか、そんな風景が続いている。ときに鉄道の線路や民家が現れるがおだやかそのもの。

ゴルフの町といわれるカイワカは小さな町。正午前。「少し予定よりも遅れているがここで休憩をとります」との車内アナウンス。カイワカヒルのゲートウェイ・モーターロッジに駐車。カフェテリアへ。私たちのお腹はすいていない。カプチーノを注文して番号札25番の呼び出しを、野外テーブルで待った。テーブルのそばまで小鳥がきている。少し待っただけで、明るく快活な係の若い女性が番号を呼ぶことなくテーブルまでドリンクをもってきてくれた。広々とした牧場風景を眺めながらカプチーノで喉を優しく潤した。12時35分に出発。

国道1号線を北上

昼食のロッジを出るとすぐにカウリコーストへの道路とファンガレイへの分岐点についての交通標識。13時20分。天候は朝太陽、現在は曇り。今は太陽が少し顔を出している。国道1号線を北上。分岐点にきた。左に行けば、北島西海岸、太古の巨木森林のカウリコースト。レンタカーで訪問予定のところだ。本日はファンガレイ方面を行く。降車予定のパイヒアまで40キロメートルの交通標識。まだウトウトするに十分の距離だ。太陽ギラギラになってきた。

ファンガレイ市の中心部まできた。首都のウエリントンまでは約145キロ。ファンガレイはノースランド地方を代表する人口約5万人の都市。港にはヨットハーバーがあり、その近くには商店街（タウン・ベイスン）がある。ダイビングやセイリングができそうである。シティーセンターには、ニュージーランドの町でよく見かけるスーパーマーケットもある。その広場から子供たちの遊ぶ声もして、にぎわっている。道路工事もあり、街中の車の流れはゆるやか。その後、ニュージーランドでは珍しい渋滞。町の中心部を通過するのに20分もかかった。鉄道の踏切横断。ブドウ畑にワイナリー。道路脇にアボカドなどの果物店。パイヒアへ17キロメートルの交通標識。運転手も乗客も外部との携帯電話で花盛り。これも日本とは異なる文化。モーテルや商店などもちらほら出てきた。予定よりも少し早く、東海岸のパイヒア港近くにあるマリン・ビル前にほぼ15時到着。

パイヒア・ビジターズインフォメーションセンターへ

バスに保管していた旅行カバンを受け取り、ただちに近くのビジターズインフォメーションセンターに入った。今晩と明日は、パイヒアの町で泊まる予定である。私たちは、宿泊施設については現地で探すことを原則にしている。泊まってみたいところにあるビジターズセンターで宿泊先を探し、相談する。ニュージーランドではこのようにするのが安全で確かであることを経験から学んできた。この国には、親切で快活なビジターズインフォメーションセンターが多い。大都市ならば日本人スタッフがいてわれわれの快適な旅を案内してくれる。ここでキングスゲートホテルおよび翌日の一日バスツアーを予約した。

レンタカーは日本で予約してきた。その受け取りは隣町のケリケリの営業所である。レンタカーは車種、保険などこまごましたことが必要なので、私たちは大手のレンタカー会社の会員になっている。日本で丁寧な案内をしてもらって安心して現地に向かうことができる。しかし今回は、明後日の朝、隣接の町ケリケリのレンタカー営業所で受け取ることにしていた。

明後日は日曜。日曜はこの国では休業が多い。これは観光客にとって悩ましいことだ。センターの係の中年女性がケリケリのレンタカー営業所に私たちのことを電話してくれて一応、問題解消。

パイヒアの夕べ

ホテルまでは歩いてすぐだった。カモメがギャアギャア鳴きながら飛んでいる。大気は冷たく風も少しある。中年の男が半そで姿でジョギングして通り過ぎた。

チェックインしてから夕食をかねて港の方向に歩いた。スーパーマーケットがある。中華やトルコ、タイ、インド料理の飲食店などがある。なかなか国際色豊かである。もちろん、地元料理のレストランやフィッシュアンドチップスの店も2軒あった。若者目当ての現代風の音楽を流しているにぎやかなカフェもある。格式ばった高級レストランもある。より取り見取り。思案の末、私たちは若者の息吹があふれているカフェを選んだ。そしてラムチョップ・サンドイッチ、キャベツのコールスローと蒸しジャガイモをいただいた。

「ドリンクは、ホテルに戻ってからよ。コーヒー、ココアと日本から持ってきたマツタケ茶もあるし」と由紀さんが言った。

03 丸一日バスツアー～極北地方

極北バスツアーに乗車

6月18日（土）の朝8時半、予約の大型ツアーバスがホテル前でピックアップしてくれた。ニュージーランドのこの種の迎えはありがたい。空は朝焼け。待望のバスツアーの開始である。海岸線沿いのプロムナードのベンチでシニアカップルが海を眺めている。運転手はきょうも女性。ガイドを兼ねる。バスは羊も牛もいる牧場風景の国道10号線を北西に走っている。このあたりは肉牛が多いようだ。牧場にある農家の煙突から雲と合体するかのように薪ストーブと思しき煙が立ち上っている。民家が現れ出した。ガソリンスタンド、ホンダ車の店や酒店もある。きょうの見どころのカウリの森まで13キロとの道路標識。９時。ホテルを出てから30分。依然として見渡す限り羊の牧場が広がっている。

カウリの森で森林浴（Puketi　Forest）

森の中で下車。「カウリの森ウォーク」という遊歩道に入る。木道の遊歩道が整備されていて快適な散歩道。木の葉の隙間から青空がのぞいている。小鳥がピヨピヨとおしゃべり。約４００メートルの道をゆっくり歩いて森林浴を楽しんだ。こけむしたカウリの巨木群に太古の森をしのぶ。鳥の声の中に若い女性客の明るい笑い声。すがすがしい。「うわー高く巨木すぎて写真が撮れないよ」と由紀さんのため息。

幻想的なドライブウェイ

牧場から白い湯気のような霧がわきあがり、それが山の上の白雲になって幾重もの雲になりたなびいている。深い霧の町カワカワから国道10号線にもどった。左に行けば、レインガ岬や90マイルビーチ。カイタイヤの町。霧の国道を北西にさらに進む。タイパビーチを快適に走る。そしてシニア保養の町・カリカリ。カリカリ半島の付け根にある町。

運転手がつぶやいた。

「シニア専用のホームがあります。私、ここが好きなの」

マオリの中年女性との会話

タイパビーチで10時まで30分自由時間。朝のティータイム。これは彼らの日常的習慣。バスツアーもこの習慣を守る。カフェでモーニングティーを楽しむのだ。

私たちは海岸の散歩を選択。波音に交じってカモメが鳴きながら飛んでいる。細かい茶色の砂浜。波うちぎわまで木道を歩く。「浜に下りないで」と立て看板。浜辺の自然環境の保全のためであろう。青空。引き潮。バス近くに戻る。海辺で私たちの女性バス運転手は半そで、短パン姿で海を眺めている。由紀さんが貝を拾いに行った。駐車している大型ツアーバスが太陽を浴びて白銀に輝いている。ほかに4台の乗用車が休んでいる。

ここはベイ・オブ・アイランズ最北地方自治体の管轄区域。ワゴン車登場。ゴミ収集およびトイレ清掃のマオリの中年女性が運転手も兼ねて一人で仕事開始。一段落した様子なので話しかけた。

「今は冬だからお客は少ない。一日一回、清掃のためにくるだけ。夏はにぎわう。あなたたちはどちらから？」

「ジャパン」

「遠くからきたのね。私はここの人間。ここから離れたことないわ。この仕事は地方自治体との請負契約なの」

期待はずれの昼食

10時過ぎ、バスはレインガ岬に向かっている。国道10号線を北上。カリカリ半島への道路にも入らない。カリカリエステート・ワイナリーにも寄らない。この地域では１９８８年に最初のブドウが植えられたとか。

ケリケリやカリカリの地名は先住民のマオリが由来。牧場、牧場、牧場。肉牛も乳牛もいる。アワヌイ通過。レインガ岬まで１２５キロメートル。11時半過ぎ。先のモーニング・ティータイムから時間はあまり経過していない。

ホウホラ港の公園そばのカフェでトイレ休憩でもするのかなと思ったが、どうやら昼食のようだ。日本を発つ前に調べた情報ではこのバスツアーの昼食はバーベキューとなっていたはず。それを期待していたのだが、あてがはずれた。運転手が、大変にぎわっているカフェレストランに案内するまではよかった。だが、各自が自由に注文するシステム。自分でバーベキューを注文すればよかったのだろうが、誰もそれを注文していない様子。日本のように「みな同じメニュー」システムとは違うのだ。由紀さんはこの日はベジタリアン用のインド料理、僕はフィッシュアンドチップス。トッピングは、トマトケチャップを頼んだ。

このアメリカスタイルのコーヒー文化を展開しているカフェは、ニュージーランドで只今流行中だとか。これはイギリスのコーヒー文化だという人もいるが。ここのカフェはマオリの作品をたくさん陳列していた。30分ほどいただけでバスは発車。それにしても早いランチタイムで、しかも短時間だった。

冬のレインガ岬

国道1号線に入り、レインガ岬を目指す。海沿いの道路にはサイクリストの長い行列。一組5人ぐらいのグループが3組ほどでたくましく自転車を漕いでいる。浜辺を散歩している人もいるし、ジョギングしている人もいる。冬だから太陽はそんなに強烈ではない。さわやかなニュージーランド北島極北地方の6月冬の光景の一コマである。

レインガ岬（Cape Reinga）は、ニュージーランド北島の極北（Far North）地方、北端に位置する最果ての岬である。正午半ばに到着した。私たちは以前ここに来たことがあるのでグループの列から離れ、独自にブラブラすることにした。ほとんどのお客は、運転手兼ガイドさんの案内を選択した。予告された時刻までにバスに戻ればいいのである。「空も海も真っ白」と由紀さん。風はやさしく吹いているが、浜に打ち寄せる波は激しくぶつかりあい泡で白くなっているという。灯台のある岬の先端へは二通りの道がある。駐車場から平地を行くか、私たちが選んだ崖の上の道を選ぶかである。

北の先端が岬の先端。東・北・西の三方から海鳴りが聞こえてくる。青空が

01 レインガ岬の灯台

広がるにつれて海の色も真っ青に変わってきた。暗褐色の岩々は100万年前に火山による地殻変動により海面に姿を現してきたそうである。道の両側は崖。先端には白色の灯台が立っている。灯台の光は1940年から1973年まで太平洋とタスマン海がぶつかりあう大海原に光を投じて船舶の安全をはかってきた。

観光客がいなくなったので先端まで行き、大海原に向いて深呼吸と首の運動。海のうねりと轟音と風を体いっぱいに受けて歩く。岬の先端にある石板には、ここから世界の大都市までの距離が記してある。大海の雨風にさらされたためか判読はむずかしいが、例えば、東京、ロンドン、シドニーなどが記されている。ちなみにこの地点は南緯34度25分7秒、東経172度40分6秒である。何はともあれ、かつて人々は遥かなる母国を離れ、困難にぶつかりながらこの地にたどりついたのだ。

レインガとはマオリ語で〝飛び立つ場所〟という意味があり、そしてマオリの魂は、ここの崖に繁茂している木々に宿っている、という。崖の道からせん状の広いコンクリートの道を下り、待機しているバスに13時半に戻った。

雄大な90マイルビーチ

90マイルビーチは、ニュージーランド極北地方の先端のレインガ岬から西海岸のアヒパラまで延々とのびる雄大かつ広大な海浜である。このビーチには、大海原から打ち寄せる渚、公道のドライブウェイが走っている。ビーチの実際の距離は約64マイル（約1

＊1　「アラロア」とはマオリ語で「長い道のり」という意味。3000キロにおよぶ長距離トレイル。120日から150日、4～5ヵ月かけて歩く。

00キロメートル）であるが、その広大さを表現するためか、90マイルと呼称されている。大海から波の押し寄せるビーチは世界最長のウォーキングルートの一つ、とされている。テ・アラロア・トレイル[*1]の一部となっている。

私たちは今回の旅のバスツアーで、この渚ドライブウェイを風を切って快走した。ときに大波の押し寄せるビーチには危険が潜んでいる。バスの運転手さんによると、「この浜では気をつけないと波にさらわれたり、砂浜で大きな事故にあったりします。この近くには病院はありませんから気を付けてください」

もうずいぶん前のことであるが、学生時代、石川県羽咋市の「千里浜なぎさドライブウェイ」をドライブしたことを思い出した。距離は8キロほどだった。日本で一番長い渚ドライブウェイとされていた。

大砂丘

レインガ岬を離れ、ツアーバスが快適なエンジン音を響かせて走る。しばらくすると、右側、つまり海側に大きな砂丘が現れてきた。それがテ・パキ大砂丘（Te Paki Sand Dunes）である。子供たちが砂とたわむれている。ボードで砂の急斜面をすべり降りている。

バスが駐車場に入った。バスを降りると、運転手さんがバスから砂

02 90マイルビーチ（W. Bulach［CC BY-SA 4.0］）

丘すべり用ボードや長靴を手際よくおろした。空は青色を少し残し、浜には大きな波が打ち寄せている。南東からの風が冷たい。ニュージーランドは南半球。南の果ては南極。冷たい風は南極生まれなのだろうか。

砂丘の麓には小川がサラサラ流れている。ここで砂遊びをした後で砂を洗い落とすことができる。自然の手足洗い場だ。

バスの若い女性運転手がすべり板や長靴を示しながら大きな声で説明した。

「みなさんボードや長靴はお貸しします。砂丘すべりは楽しいけれど、危ない遊びですから気を付けてください。ここから病院は遠いですからね」。そして若い女性は裸足になってボードを用いて砂丘の「すべり方」についてユーモアを交え、手を振り足を使ってデモンストレーション。その演技にひかれたのかほとんどのお客さんがボードを手にした。ニュージーランドの運転手さんは本当に仕事熱心である。砂丘近くには砂丘を探検・冒険する店も営業している。

見て、アルバトロスよ

バスが駐車場を離れ、走り出してすぐ、運転手が叫んだ。

「あそこの山の方に、大きなアルバトロス（アホウドリ）が飛んで行く」。静かだった車内がざわめく。僕はニュージーランド南島のオタゴ半島のアホウドリの営巣地を思い出した。

青空はあるけれども風が出てきた。引き潮でさらに砂浜は広くなってきた。われらがバスの走る音と海のうねり、打ち寄せる波のザラザラ、ゴウゴウという複雑な音が響いている。磯に寄せる波は、しぶきとなり、白い泡と化し、太い帯となって延々と続く海浜に消えてゆく。沖の大海原は白く波立ち、水平線はムクムクとした雲におおわれ、空は雨模様。浜に人影は消えた。渚ドライブウェイに行き交う車はない。浜辺から人影がなくなった。バスはビュウビュウ走る。どこまでもどこまでも。行けども行けども砂浜。

マオリ博物館

15時半、バスは古代マオリ・キングダムセンター駐車場に入った。マオリの作品が展示、販売されている。土地の土産物も売っている。カフェテリアがある。午後のティータイムは彼らの大切な日常生活。大いなる楽しみだ。運転手さんはバスを丁寧に洗車していた。

16時過ぎ、センターを出てバスは朝に出発したパイヒアに向かった。どうやら本日のメインコースがすべて終わったようだ。パイヒアまで約100キロメートルの距離。頑張り屋で快活な若い女性ドライバーがルンルン気分で走っている。ひたすら快走。予定通り18時半前にホテルまで送ってくれた。ありがとう、お疲れさまでした。

04

北部地方〜シニアドライブ2人旅

日曜日でも大丈夫かな

２０１６年6月19日の朝。昨日は一日中、バスツアーを漫喫。ぐっすり休んで目がさめた。起き上がると、窓から牧場や丘が広がり、木々の中に民家が立っているのが見えると由紀さんが言っていた。朝の食事をリンゴとポテトチップスで簡単にすませた。日本から持ってきた日本茶とホテルのコーヒーで喉を潤した。由紀さんがホテル周辺の写真を撮っている。

本日からレンタカーによるシニアドライブ旅行が始まる。予約のタクシーが予定どおり朝8時半にホテルに迎えにきてくれた。隣街のケリケリにあるレンタカーの営業所に行くのである。

人のよさそうなかなり年配の運転手さんが愛想よく、「グッドモーニング」。道はそんなに混んでいない模様。

「いい天気だね。いつも冬はこうなの？」

「今年の冬は暖かいが、いつもはもっと寒いよ」

「この天気なら観光客が多いのでは？」

「そうだが、夏はもっともっと多い。20年前に東京に行ったことがある。大変よかったよ。パイヒアはかつて旅行にきた町。しかしここがすっかり気にいった。結局、住みついてしまった」と笑った。ニュージーランドでしばしば耳にする会話である。

国道11号線から10号線に入るところでタクシーがピタリと停車。ほとんど車が通ってなくても左右を慎重に確かめてから国道10号線に進入した。T字路のそばにマンダリンの果樹園があり、販売所があった。販売所には黄色のマンダリンがこぼれ落ちるかのように見事に積んである。この地方は果物の産地なのである。

国道10号線からケリケリの街へと走る。朝9時前、車がそれなりに行き交っている。民家がぼちぼち見られるようになってきた。アンティークショップ、モーテルなどが道路沿いに出てきた。自動車の騒音に負けじと小鳥がさえずっている。予定の9時前。レンタカー営業所に着いた。が、まだ開いてない。そういえばきょうは日曜日。彼らは休暇をきちんととる。休みはしっかりとる人たちだ。

「大丈夫かな?」と不安が走る。日本で予約してきたし、また2日前、パイヒアのビジターズセンターの係の中年女性がケリケリのレンタカー営業所に長い電話をかけて私たちのことを説明してくれていたが……。まもなく、係の若い女性がやってきた。元気よく挨拶し、手際よくキンキン声で手続きを進める。店の前の私たちをレンタカーに案内。ボディの「キズ」を指さしながら、「これはあなた方の責任じゃない。その他の場合はあなた方の責任だからね。気を付けてね」と明るく言った。きょうは日曜日。本来なら休業日。若い女性はわれわれが出発と同時に待たせてあった彼氏とともに小型トラックで店に鍵を閉めて去った。すがすがしいレンタカーの旅の門出だった。

レンタカードライブ開始

9時半すぎ、由紀さんの運転でドライブの旅開始。国道1号線に乗った。まだ毛を刈ってない羊の牧場が広がる。最初の目的地はワイポウアの巨大なカウリの森。「ここから85キロ」との交通標識。ここはニュージーランドだから1時間で十分行けるだろう。牧場が続く。道は直線でない。山道に民家はほんの少しパラパラ。乗用車が私たちの車を猛スピードで追い抜いた。ワイポウア森林まで3キロメートル。高い山や峠、鬱蒼とした山林が続く。車がチラホラ出てきた。集落。小学校だろうか、子供が遊んでいる。マオリの人たちが歩いている。下り坂。アクセルを踏まず「ノーギア」で走る。ガソリンの節約である。レンタカーの営業所を出発してから約1時間。10時半。平坦地になり、時速90キロメートルで快走。

「この車の現在の走行スピードは平均速度53・1キロメートルだって」と由紀さん。

「へー、なんでそんなことわかるの？」

「だってメーターにそう出ているもの」

これ健康食よ

湖が現れ、ボートが係留されている。そばに赤い花をつけた大木。「トイレ、公衆電話あり」の標識。かなりの規模の町。制限速度40キロメートルになった。スピード計測カメラが道路脇にときどき設置されていることがある。違反すれば後ほど警察から警告が届くことがあるのでご用心、ご用心。

子供たちのにぎやかな遊び声にひかれて休憩をかねて駐車。公衆電話ボックスや公衆トイレが設置されている。インフォメーションセンターとカフェやレストランがある。これはニュージーランドの町の普通の風景。誰もが旅しやすくなっている。カフェに入ってみる。開放的な屋外テーブルは強い日光で暑そうだったので中に入り少し早い昼食にした。僕は係の女の子に「この店のおすすめ料理をもってきて」と注文。グラタンなるものが僕の前にでんと置かれた。大きな皿にたっぷり、小山をなして黄色いカボチャらしきものが運ばれた。そしてウェイトレスが「これ健康食よ」とほほ笑みながら言った。お腹がすいていたせいか大変おいしくいただいた。由紀さんは店の女の子にいろいろ質問して、結局「スープ・オブ・ザ・デイ」を注文。これは、この店の本日の特別ランチ。安くて、量が多くて、手軽なランチ。どこのレストランでも用意されている。きわめて地方色の濃い「地産地消」の料理。

この店の場合は、大量のスープにたっぷり調理したサツマイモをつぶして入れてある。これにパンがついてきた。普通の日本人ならこれで満腹になるのではないか、といつも思う。由紀さんは全部をお腹にいれられないので最後が僕の楽しみになる。僕が床にこぼした料理を小鳥がやってきて掃除をしてくれた。店の中に当然といったように小鳥たちが入ってくるのもニュージーランドのありふれた食事風景である。

ワイポウア・カウリの森

ゆっくりと食事をしてから出入り口にあるホキアンガ・インフォメーションセンターに行き、この近くのホテルを予約。本日の旅の目玉である「カウリの森」にも近いからだ。そして「森」への行き方を尋ねた。

「さらにここから前進すれば15、6分で行けるよ。20キロ弱」と愛想よく中年の女性職員が教えてくれた。

ちょうど正午。ニュージーランド最大のカウリの木といわれる「タネマフタ」のあるワイポウア・カウリ・フォレスト（森公園）が現れた。案内によると、公園の森を通り抜けると、雄大なホキアンガ湾の風景になるらしい。そこは公園見学後の楽しみにする。

森林公園の車道は木々の中のトンネルだ。そのトンネルを徐行運転。「400メートル先に巨木あり」の標識。

「自動車が何台か停車している。あそこかな」と由紀さん。ビジターズセンターの標識も出してある。ときには観光客の自動車と会うときがないではないが、人は少ない。とにかくゆっくり前進。木々が低くなってきて、道も平坦になってきた。さらに前進を続けたら、森林トンネルを抜けてしまい、両側が牧場風景に変わった。行き過ぎたらしい。

バックしてもう一度トンネル道路に戻った。スピードを落として進んだ。標識「ビジターズセンターは左折」を発見。センターの前に駐車して入場。受付には元気で陽気な若い女性が明るく挨拶・応答。しかし口答でホテルの紹介やセンター近くの道案内をしてくれるだけだった。パンフレット類などは置いてなかった。「かってはいろんな資料なども置いてあったし、森林のガイドもいたが、現在は（この近くの僕たちが先ほど立ち寄った）インフォメーションセンターがその業務を行っています」ということだった。

「この地の地方自治体は、極北地方自治体です。自然保全については近くの国立テロロア・コンザベーション・オフィス（自然保全局）に行けばいろいろな情報や資料を得ることができます。月曜から金曜に事務所は開いています」とのこと。

01 カウリ（ワイポウア・カウリ・フォレスト、「森の神」タネマフタ）

森林トンネル道路に戻る。見事な大木が堂々と大きく枝を広げている。「カウリはものすごく大きく高いので写真がうまく撮れない」と由紀さんがため息。巨木と狭い山道。車とすれ違うのがむずかしい狭い道もある。「一方通行」の標識も設置されている。

14時に「カウリ遊歩道」の入り口にきた。自動車を駐車場に置いた。カウリ保護トラスト（協会）が管理運営のようだ。中年男性の係員がいて入場を助けてくれた。入場は無料。遊歩道に入る前に椅子が置いてあり、それに座って靴の泥をゴム製の突起のあるマットでこすりとらなければならない。そして石鹸液で靴底の洗浄をする。貴重な太古からの、南洋杉科のカウリを外部からの病原菌などから保護するためである。また、「きめられた道から外れてはいけない。カウリにキズをつけてはいけない」と注意書きがしてある。英語、日本語のほか全部で４ヵ国語で示してある。まさに国際的エコツーリズム。人口の少ない国が実によくやっていると感心である。

「カウリの根が地上に出ていても踏んではいけない」

他の木々の中でカウリがダントツに高く空をおおっている。その木の葉の間から青空がのぞく。根が歩道に出ているところではゴムや木材で歩道を造ってカウリを守っている。警告文はワンパターンでなく、状況に応じてわかりやすく的確に表現している。心憎い気づかいである。シダが生い茂り、カウリが点在する山道を進むとフォー・シスターズと出会った。４本のカウリが仲良く手を組んでいるのだ。根から４本の幹がのび、互いにからみあっている。幹の色は茶色。苔の着物を着ている。苔むしているその周囲は柵に囲われており、人はその中に入ってはいけない。「ここから2番目に大きなカウリまでは徒歩15分」だった。カウリの周囲には無数のツルが上部までビッシリとおおっている。そのためにさしものカウリも、病弱になるのだろうか？

「森の父」とされるカウリはマオリ語で「テ・マツアナヘレ」といわれ、最長寿のカウリだそうである。幹の太さ16・41メートル、直径5・22メートル、高さ29・9メートルという。この貴重なカウリの上部も枯れかかっている。が、新しい枝も生えている。生命力の偉大さ、強さに脱帽。ほとんど人に会うことはなかったが、ここで日本人の若いカップルと挨拶をかわした。木の長椅子も用意されている。せっかくだからここにしばし休む。ピュロピュロピーとおしゃべりしている小鳥も晴れやか。「ここの遊歩道から滝まで30分」と案内しているが、往復を考えると相当の時間をとるだろうから本日はこれまでにした。

きょうは、こうしてカウリの森をゆっくり落ち着いて森林浴をしながら散策したが、各人各様に楽しみ、休み、学ぶことができるように心配りや工夫がなされている。これぞ、ニュージーランドのユニバーサル・ツーリズムであろう。出口で再び靴の消毒をして「カウリの森」をあとにした。

眼下にホキアンガ湾

16時前。「カウリの森」のトンネルを抜けホキアンガのインフォメーションセンターで予約したホテルに向かう。朝来た道を逆走する。ホテルはホキアンガ湾近くにあるはずである。

椅子や案内板を設置してある展望所（オポノニライオンズクラブ）に駐車。小高いところにある展望所なので外洋をはるかに望むことができる。オポノニ湾やホキアンガ港が眼下に広がっている。国道12号線に戻りさらに前進したところにルックアウト（展望所）があり再び駐車。風が冷たくなってきた。由紀さんがダウンを車に取りに行った。案内板にはマオリ語と英語で目的地までの徒歩の時間が記してある。マーチング湾南岬５分、マーチング湾20分、海岸遊歩道ビーチ20分、ワイママク・ビーチ３時間そしてカイウイーク湖５日。ニュージーランド的ユーモアかもしれないが「５日」とはおそれいった。発想が豊かで大きい。

羊や牛などの家畜止めのゲートを自分の手で開いてレクレーション・リザーブ（広場）を散策。浜に無数の白波が打ち寄せ、水平線を赤く染めて夕日が沈んで行く。ここでも大きな案内板に詳細な地図が書かれている。土地感のない旅人に対する配慮がうれしい。ときたま出会う人と「ハロー」「ハロー」と声をかけあう。山の麓まで牧場が広がっている。木々を切り倒して牧場に命をつないだのであろう。遊歩道から牧場まではブッシュ（茂み）と山林が続く。それが緑の帯を形成している。牛がモア、ボア、モウと声を発している。夕方なので主人に帰宅の合図をしているのだろうか。

素敵なホテル

18時前にホテルに到着。コテージスタイルである。わがコテージNの前に駐車。部屋の奥にベランダがありそこに立派な椅子とテーブルが置いてある。ベランダの下は鋭い崖。部屋の中に南太平洋から打ち寄せる波しぶきが聞こえる。海の色は淡い青。東側に半島。遥かかなたの水平線が薄い青空と一線を画している。西には山林がぎっしりの半島が迫り、白い雲がおおっている。

ホテル付近にレストランがないようなので夕食はホテルのレストランでいただくことにする。僕の主食はローストポテト付きラムチョップ32ドル。由紀さんは、サーロインステーキ29ドル。由紀さんのステーキは２００グラムだった。こちらの人は２００グラムが普通と聞いているが。「料理が多くて食べきれないわ。２人で一つの料理でちょうどいい」と由紀さん。それを聞いていた青年ウェイターがすかさず笑いながら言った。

「僕もそう思います」

結局、２人とも全部料理をたいらげた。デザートの注文を勧めに来たウェイターがびっくりしたように手をたたいて「やったあ、すごい」。そしてすかさず、「２人でシェアしてデザートをどうぞ」。一同大爆笑。

まだ夜は完全に暮れていない19時頃、レストランを出た。空には薄い夕陽があったが、サザンクロスを探した。観光客らしきシニア白人カップルも探してくれた。

「あの十字星がサザンクロスよ」

老婦人が言い、みんなも一応、納得した様子である。僕は今はよくは見えないけれど、子供のときや以前、タスマニア（オーストラリア）で生活していたときには、何度も夜空を仰いでサザンクロスを見ているので、それなりにみなの会話で星空をイメージできる。

部屋に戻り、持参の味噌汁をお茶のかわりにすすった。ホテルでパソコンを使えるし、日本の番組が見られるスカイテレビも見ることができる。シャワーや洗面所などの設備もきちんとしたものであったが、節水の工夫がなされているのは、パイヒアのホテルと同じである。ベッド脇の棚の一番上の引き出しにはいつものことながらキリスト教の聖書が置かれていた。そして「教会サービスもあります」とのメッセージも書いてあった。東から西へと浜に打ち上げる南太平洋の波のメロディーをきいていたら、いつしか眠りに入っていた。

屋久杉と姉妹関係

きょうは６月20日（月）。鈴鹿を出てから４日目の朝。まずは昨日訪れた「カウリの森」をさらによく見学するために再訪する。「森の神様」にまだ敬意を表していなかった。太陽がだんだん顔を出してきた。牧場に羊や牛が点々。鳥が盛んにおしゃべりしている。ワイママクのガソリンスタンドを通過。10時30分、昨日の「ワイポウアの森林」と再会。「カウリウォーク（遊歩道）」に再入場。注意の案内板「遊歩道は狭い。カウリの根は脆弱です。くれぐれも遊歩道から出ないように気を付けてください。森をまもってください」

タネ・マフタは、ワイポウア森林保護区にあるマオリの人たちによって「森の神」とされて崇められているカウリの巨木。ニュージーランドで最大の樹高とされる。高さ51・5メートル、幹直径4・4メートル、太さ13・77メートル。とてつもなく大きく高いので写真は無理。なんとかして大要をつかもうと頑張ったが、首が痛くなった。木の真ん中から太い幹のような枝が10本ほど出ている。下の方からも太い幹の枝が何本も出ている。由紀さんが解説。「森の神」の周囲は柵を巡らせている。説明は簡単になされているだけ。

「タネマフタは2000年以上たくましくそびえ続けてきました。どうか私たちのカウリの森をまもる事業にご援助をお願いいたします。必ず遊歩道にとどまりカウリの根に踏み込まないようにしてください。カウリの森に入るときも出るときもあなたの履物を洗浄してください」

観光客は何人かいたが黙々と、あるいはヒソヒソと見守っていた。なお、2009年4月、九州屋久島の縄文杉とこの森の神は世界的に珍しい姉妹提携木となっている。

この訪問後、私たちはカウリ遊歩道に入って体いっぱいカウリの森林浴にひたるために、さらにここから徒歩30分のところにあった7番目に大きなカウリ（Yakas）までわけ入った。山道を歩きやすいように、そして自然と調和するように工夫してあるのがうれしい。木々から漏れる日光に触れながらルンルン気分でニュージーランドの太古と現代の接点にひたりながら、つづらおりの山道を、上り、下りした。朝の鳥たちの明るいさえずりと沢の涼やかなせせらぎはそのバックミュージック。

カウリ博物館

別の旅のとき（２００4年10月）にカウリを紹介する博物館に行ったことがある。これについてもここで紹介しておこう。

国道1号線から12号線に分岐して約25キロメートル走ると、マタコへ（Matakohe）という町が現れる。ここにカウリ博物館がある。入り口を進むとカウリ材で作った家具などを展示した部屋あるいは１９００年頃の入植者の生活をしのぶ品物が展示されている。また、カウリの伐採や加工をしている人形や当時使用された大きなノコギリなどの工具も見られる。地下には、カウリの作品の展覧や販売もなされている。魅力的な椅子とテーブルがあり、日本まで送ろうかと思案したが、高価でかつ輸送費もなかなかの額になるのであきらめざるをえなかった。

ホキアンガ界隈

13時過ぎからホキアンガ港近辺を訪れた。先に述べたように、ホキアンガはマオリ人にとっても歴史的に意義深いところ。ホキアンガは、「偉大なるクペの再来の地」と呼ばれている。クペとはマオリの人々に語り継がれている彼らの英雄。南太平洋を探検してニュージーランドを発見し、ポリネシアの故郷から今日のマオリの先祖となる人々をこの地に導いた人物とされている。そのためかこの数日、マオリの人たちに出会うことが多いように感じていた。

一方、ホキアンガ港近辺にラウネという町があり、ラウネから対岸の町コフコフへのカーフェリーの便がある。ラウネはヨーロッパ系移民が築いたニュージーランドで3番目の町だとか。現在の町ができる前にはマオリの人たちがたどり着いていたところである。

マングローブ遊歩道

町にインフォメーションセンターがあったので、いつものようにまずここで近辺の予習をしてから散策しようと思った。が、あいにく休業だった。となりの博物館も閉まっていた。だが、センターの前には町についての大きな案内板が設置されていた。それによりこの地の大略を知ることができた。マオリとヨーロッパ系の人々の入植の歴史、道路、公園、歴史的建造物、キリスト教会、病院など。私たちが特に興味をもったのは、マングローブ遊歩道であった。

かつてはここにマングローブの製材工場があったという。14時半過ぎ、曇りで風はやさしい。車をゆっくり走らせる。町を抜けると民家が少なくなってきた。一帯がマングローブ林に変わった。マングローブの林が山とつながっている。他方、海浜から海の中までマングローブ林。いまは引き潮。湿潤の海辺。泥と化しているところにも、海中にもマングローブ。

車を湾の入り江の奥に進める。15時前。学校から子供たちがにぎやかに帰っていく。ホテルやモーテル、カフェが出てきた。アイスクリーム店もある。カーフェリーの発着場に到着。ここからコフコフに渡り、レインガ岬に行くことができる。この湾の先に行っても道はなく、それ以上は進むことができないらしい。つまり陸路で対岸に行こうと思えば、大回りしなければならない。レインガ岬の方面へはフェリーを利用して渡るのが一番便利で近いということらしい。船着き場を離れ車をさらに前に進める。

マングローブ遊歩道に来た。駐車場に車を置き木道を歩く。道は海岸道路と平行につくられ、マングローブの中を歩けるようになっている。今は引き潮なので木道は泥化した海底の上にかかっている。木道の両側はマングローブのちょっとした林である。木道の幅は約2メートル。案内板によれば、「この一帯のマングローブは、ホキアンガの港の環境にとってきわめて重要な位置にあります。マングローブは人々に緑の環境を与えているだけでなく、豊富な有機物を生み出し、生物にとって格好の生育場になっています」（ニュージーランドロータリー協会）。

海水たまりに小魚が泳いでいるが、潮が満ちてくるとマングローブは海の中になるのであろう。小鳥がマングローブの枝を飛び回っている。虫でもさがしているのかな。由紀さんが魚釣りのおじさんに話しかけている。15時半過ぎにここを離れた。

丸石海岸・浜

ボルダー海浜（Koutu Boulders）

まだ夕刻まで時間がある。大きな丸石があるというボルダー海浜に立ち寄ってみることにする。町を離れしばらく走ると民家が出てきた。そして「コウツ・ボルダーへ」の標識が現れ、その道に入る。砂煙が舞い上がるほどの道路。大きな丸い石が浜に点々と見えてきた。ホレケ（Horeke）の集落の近くにあった。適当なところに車を止めてブラブラ見物することにする。珍しい浜の風景がひろがっている。丸い黄土色がかった直径20センチメートルほどの石が砂浜から頭を出している。その前にしゃがんでその石をなでまわし、そしてパンパンとたたいた。固く冷たく応えてくれた。浜一面にそうした丸い岩石がゴロゴロしている。玄武岩だそうである。石の表面の溝は、カウリの森林から染み出した酸のなせる技だとか。引き潮が始まったときなのか、丸石の浜はぐっしょり湿っていた。潮が満ちてくれば丸石たちは海の底になるのであろうか。

ニュージーランド南島の、モエラキボルダーの大きな丸石、岩の砂浜を頭に描いてここにきたので少々がっかり（モエラキボルダーについては第45章を参照）。

道路から山のすそ野まで牧場がせりあがっている。夕方に近いためかこげ茶の肉牛であろうか、出口に列をつくって牛舎に帰るのを待っているようである。牧場の出口付近で牧羊犬がおじいさんとじゃれている。僕の好きなニュージーランドの旅情である。

もったいない世代

17時前にホテルに帰ってきた。シャワーに入った後、ベランダに出て籐椅子に座り、熱いコーヒーを楽しんだ。18時過ぎ、夕食のために昨日と同じホテルのレストランに入った。由紀さんの食事は次の通り。クリーム味の海老、マシュルーム、スパゲッティ、30ドル。僕は、ミックス・ベジタブル、スープ・オブ・ザ・デイ。14・5ドル。これにはパンがついてくる。デザートは、コーヒーアンドチョコレート・ホンダント、14・50ドル。ここでのコーヒーの意味は飲料ではなく、コーヒーで味付けをしてあるという意味だそうだ。ともあれ、デザートもまた私たちには濃厚でスケールの大きなもの。上質の白いチョコレート、西洋流の強烈に甘いケーキそして大きなイチゴとアイスクリーム。僕らは「もったいない世代」（節約を国是とする太平洋戦争時代に生まれ育った世代）である。時間をかけてすべてを体におさめる主義。満足、満足。さぞ胃袋もよろこんでいることだろう。

くるたびに初体験

6月21日、8時起床。毎朝のようにまずは持参の携帯ラジオで天気予報を聞く。この地方にはマオリ語専門の放送局があるのに気が付いた。意味はまったくわからないが興味深々。マオリ語と日本語との間には共通点があるという説もあるようだ。また、マオリ語はこの国の公用語。敬意を表してしばらく耳を傾けた。まったくわからないが、話のリズムがいい。

これまで何回もニュージーランドにきているが、行くたびに新たな発見がある。このホテルの洗面槽の真ん中にある穴の部分。下水管に連結しているはずだ。この穴に栓がしてあり、水がチョロチョロしか流れず、イライラした。水不足のところなのでこれも節水のためかと考えたりしてへたな頭をひねる。栓をはずそうとむなしい努力をしたが、うまくいかない。流れない。この問題は由紀さんが解決。「栓の中央を指で押せばそこが窪んで水が調子よく流れるわ」

ついでにもう一つ勉強したことがある。ホテルでの食事のこと。このホテル周辺には簡単に食事するレストランも、食品を商う店もない。ホテルでフルコースだけしか食べられないのか？　恥を忍んでホテルの受付嬢に尋ねた。

「はい、そういうときには、バーメニュー・プリーズと当レストランで注文してください」とすまし顔で答えた。また、一つ賢くなった。

生活を工夫し楽しむ

火曜の朝。本日は、朝10時前にチェックアウト。そして再びケリケリに戻り、まずは今夜の宿探しをする予定。ケリケリまでは１００キロメートル以内なので２時間みておけば楽々われわれでも行けそう。ここはニュージーランドだから、基本的に車はスイスイ走ることができる。

ホテルのベランダやレストランから見えた桟橋にきた。昨夕、魚をのんびり釣っていた中年の男が今朝もいた。木製の桟橋を散歩。風が強い。雲間から太陽。暖かい大気にときに冷たい大気。寒くはない。風が強いためか鳥の姿はなし。桟橋の先端には階段ができており、海面に下りることができる。今は引き潮だから階段を下りることができるだろうが、満ち潮のときには桟橋の階段は海の中だろうか。この国ではいたるところで工夫をこらして生活を楽しんでいる。水平線の前の海は青。桟橋の近くでカヤックを操って魚を釣っている長袖、半ズボンのおじさん。

由紀さんがカメラを取りに車まで走っていった。われらが宿泊したホテルのベランダを撮ろうということらしい。

ホキアンガ地域のオマペレ歴史博物館

10時15分、桟橋を離れて、昨日入館できなかった博物館を訪問。ニュージーランドでは人口が少ないが、博物館はどこにもある印象だ。故郷や歴史を大切にしている。博物館やインフォメーションセンターの係員は地元のボランティアが務めている場合が多い。

外国旅行を成功させる秘訣は、事前によくその国や土地の事情を勉強してから行動することが大切である。こうした町の博物館は地元のいろんな事情を知るのに絶好の場所。

宝の山である。

この博物館の入り口にはトーテムポールが立っている。博物館の名前が示されていた。アティズ・オマペレ歴史博物館。ニュージーランドにはちょっとした町にも博物館が設置されている。その土地の歴史や特徴を大事にアピールしている。僕たちはできるだけ小さくても博物館を訪ねるようにしている。今回、ここで当地の環境情報を得ようとしたが、ここにはなく、「国の環境関係の地方事務所に行けば資料を得ることができる」とアドバイスしてくれた。

町の歴史についてのビデオを見ていたら、そばにきて説明してくれた。いずれにせよ、明るく、一所懸命に話してくれる彼女らに、「ニュージーランド流おもてなしの心」を感じるのである。この町はマオリにとってもヨーロッパからの植民者にとっても歴史的な意味のあるところなので、カウリの森を含め、そういった観点の展示などに特徴があった。

外に出て改めて周囲を確認したら、博物館の奥に初等学校があり、校庭で児童たちが元気に遊んでいた。うれしい景色である。

ラウンドアバウト

11時過ぎ、道はくねくね。スピードもそれにあわせて50キロから100キロ。風が強い。鳥が林の中でピュピュー鳴いている。国道12号線。カイホケまで36キロ。森林まで右に3キロ。山の牧場。乳牛。羊は少ない。自転車専用道路が設置されている。町部は速度制限があり、50キロ。タウンセンターには銀行や郵便局あり。山の町を正午過ぎに通過した。国道12号線。ケリケリまであと少し、30キロだ。レインガ岬は左折。ここは極北地方。天候は曇天。雨が落ちてきた。分岐点。右に行けば、歴史的町のワイタンギと初日に泊まったパイヒア。左に行けばケリケリ。この地で初めてのラウンドアバウト（円形道路）に出会った。田園地域から町部に入るときに電気式交通信号機でなく、円形道路を設置しており、運転者自身の判断で道路を選択する。ヨーロッパでよく見られる交通方式である。僕たちは、イギリス・オックスフォードで生活しているときレンタカーで休日にドライブを楽しんだ。そのときにラウンドアバウトに初めて直面した。ウロチョロ運転していたので、トラックの運転手さんから怒鳴られたものである。こうしてイギリス流運転方式を学んだ。ニュージーランドはイギリス流の交通体系を採用しているのだ。

コテージと契約

道端に果物を売っている露店が現れてきた。ケリケリ地方は果物の生産地。由紀さんの興味を刺激。マンダリンを商う数軒に立ち寄ったが、見物だけで車に戻ってきた。「古いようなのでやめた」のだそうである。

由紀さんは車内で地図をひろげて道路を確認している。ケリケリは群島湾（Bay of

Islands）地方の代表的な町の一つであり、車の往来が頻繁である。今晩の宿探し開始。車をゆっくり転がし町の様子を観察。ホテルよりモーテルがたくさんある感じがする。私たちのレンタカー営業所付近は特に念入りに探した。気に入りそうなところはなかった。モーテルには「空き室あり」のサインを出しているところが目立つ。亜熱帯地方といってもここは今は冬季。だからオフシーズン・閑静期ということだろうか。「これ」と感じる数軒のモーテルの受付を訪ね、最終的に次のコテージに決めた。オーナーはオランダ出身。

「35年前、ニュージーランドを旅した。好きになり住み着いた」という初老の男性。「4人の子供はオークランドで仕事や大学に通っている」とのこと。「何年経っても英語がうまくならないよ」と言いつつ、早口でよくしゃべる陽気なオーナーだった。最初は一泊１３０ＮＺドルと言っていたが、最終的には１００ドルにしてくれた。一人50ドル。ラッキー。

コテージに手荷物を運び入れ、日本から持ってきた昆布茶で一休みした。メイドインジャパンの大型テレビとタブレットが設置してある。パソコンもある。私たちはニュージーランドではモーテルをよく利用するが、どこも経営者の個性が反映されていて好奇心をそそる。いつも新鮮な感じだが僕のような視覚障害者には、使いやすくなるまでに時間がかかるのは確かである。しかしそのために、「チャレンジ精神で学べる」と思うと「これもまた楽しからずや」である。

リビングルームのストーブは薪ストーブかと思いきや、確かめるとそれはイミテーション・ゴールド（模造品）だった。特大ダブルベッドは王様風というか、飾った高い柵で囲んであった。

コテージとは、ヨーロッパ生まれで、山や保養地などの小型別荘風住宅のこと。田舎の小型平屋建ての一戸建て住宅を意味するようだ。

14時半もすぎ、お腹の虫がグウグウ鳴いてきたので街に出て昼食をとることにした。タウンセンターにはレストランを含めいろいろな店がある。こういうときには簡単、安価そして安心に手に入れることができる即席の食品を購入するのも悪くない。ニュージーランドにはこの種の店があちこちにあるので便利。パック入りの料理済みの品物などをカゴにいれる。レジで支払う。カードも使えることが多い。支払いが終わると、「サンキュー」と声をかける。

今回は、ニュージーランドでおなじみのスーパーマーケットであるカウントダウンで昼食用の品物を買い、わがコテージに持ち込んだ。「松の実」パン、ハム、大きな紙コップに盛り沢山のコールスローサラダ、スイート・チリクリーム・チーズそしてこれまた大きな紙コップに入れたコーヒーそしてマンダリンなどの果物。「空腹は最高の美食」だった。

コテージのガーデン

17時頃にオーナー自慢のガーデンを散歩した。コテージは広いガーデンの中にある。小型カヤックが池に浮かび、滝などもつくってあった。池は2つある。ベンチもある。マンダリンなどの果樹園もあった。マンダリンやアボカドがたわわに実っている。オーナーから「レモンが食べられるから自由にもいでいいよ」といわれていたので、一つ口に入れたが、僕には酸っぱすぎた。ガーデンの北の奥にゴルフ場が広がっていた。水泳プールの水面は冷たそうだったので、日本から水着をもってきているが、入るのは遠慮した。散歩の途中から私たちについてきたここの茶色の中型犬がコテージの玄関に先回りして玄関にちょこんと座り私たちを迎えてくれた。

コラム 1 カウリ小史

ワイポウア森林保護区は約1万ヘクタール。世界で最大の木とされるカウリの森林保護区である。ニュージーランドにおいて、19世紀から20世紀初頭にかけて伐採によって大量の森林が失われた。1940年代に入ってカウリの伐採は許可制になり、ワイポウアの森は森林保護区として護られることになった。

国道1号線から分岐するノースランド・西海岸の国道12号線沿道地域は、カウリコーストと呼ばれ、太古からのカウリの巨木が残り、保護されている。カウリ博物館やワイポウア・カウリ・フォレスト（森）もここにある。カウリは、ニュージーランドでしか見られない巨木だという。かつては北島北部海岸に広く森林として繁茂していた。現在ではほとんど伐採されてしまったという。牧場などのいわゆる開発によって。

パリー・カウリ・パークにあるカウリの木（Szilas）

カウリの巨木には、高さ50メートル以上、幹の太さ4メートル以上、幹の容積240立方メートル以上のものがある。樹齢は1千年を超すものも多くある。最初の枝が地上数十メートル以上になり、幹が真っ直ぐに伸び、途中から枝が出てくる傾向がある。これらの理由で、木材としての利用価値が高かった。それとともに、入植者の牧場志向の生き方があいまって伐採が進行したのではないだろうか。

05 オークランドに再び長距離定期バスで

雨のバス発着所

6月22日朝8時、部屋でドライブ旅行で残っていたパン、ハム、チーズ、リンゴを腹いっぱいに詰め込み、コーヒーを飲んだ。

小雨模様。きょうは長距離定期バスで4時間ほどかけてオークランドに戻るだけが主要目的。雨天であっても問題なし。よく働いてくれたレンタカーを明るく快活な係の若い女性に返却。「ガソリン満タンに入れてあるね」と点検しただけで、「ありがとう、またね」と手をふってバイバイ。

タクシーでバス乗り場へ。運転手さんによれば「バスは混んでるよ。乗車券はバス発着所で購入する」とのこと。僕は「今は冬だし観光客は少ないだろう。車内で楽に券を購入できる」と簡単に考えていた。乗車券はツーリストショップで買うように指示され、運転手さんがそこまで案内してくれたが混んでいた。雨降りなのでお客がここにたまっているのかな、観光客らしき女性が大きな声と笑いで大はしゃぎ。祭りのようににぎやか。長い列だったがようやく由紀さんの番になった。ニュージーランドらしくカードを使って購入。オークランドまで一人40ＮＺドル。窓口の若い女性がキンキンの高い声で由紀さんに乗車券を渡しながら、「ありがとう、よい旅をしてね、バスはサブウェイの前で待ってください」

そのアメリカ生まれのお店の隣は「寿司屋」だった。由紀さんが日本の娘さんと思って「こんにちは」と声をかけた。仕事中の彼女たちは韓国の人たちだった。寿司屋さんもまた韓国の人の営業だった。

僕たちの旅行にしては珍しい雨の中の、バス旅行である。10分遅れで9時50分ケリケリ始発のオークランド行きバスが発車。大型バスに10人の乗客。タクシー運転手の予言に反して車内はガラガラ。僕の予想どおりだった。14時40分にオークランド中央のスカイシティー・バスターミナルに到着予定だ。進行方向の最前列に僕が座り、由紀さんは僕の後ろの席にゆったり座った。運転手のフロントガラスの上部3分の1は日よけガラス。亜熱帯の強い日射を避けるためだろう。3日前に宿泊したパイヒアのホテルやインフォメーションセンター前を通過。清掃車が道路の側面を、雪かき車のように放水しながら洗浄している。ニュージーランドは人口が少ないのに、いたるところきれいに管理されているように感じる。敬服である。

久しぶりの交通信号

入り組んだ海の景観が続く。南東に向かっている。森や山間そして牧場を通りカワカワ通過。マオリの地名が目立つ。国道1号線を南進。丸太を満載した大型トラック。山岳地帯。11時。カモという町。木材工場、喫茶店もある。住宅街。町部には車はどこでも速度制限があり減速して走る。この旅行で久しぶりの交通信号で止まった。中華レストラン、フラワーショップ、マクドナルドの店、高校も美術館もある。名称がなじみのスーパーマーケットも出てきた。市中心部（City Center）の標識。ここはファンガレイ市。バスはゆっくり走っている。道路工事がなされており渋滞ぎみ。岬は左の標識。フロントガラスのウインカーがキュッキュッと鳴っている。雨がかなり降っている。僕は席についたまま足を交互に踏んでいる。エコノミークラス症候群[*1]を避けるためである。バスの後部にトイレあり。乗客が激しくせきこんでいる。バスの中はあったかいが、足元が冷える。冬のニュージーランドなのだ。近くにファンガレイ港。雨のために視界が霧模様。1号線を出てすぐワイプの町。オークランドまで105キロメートル。あと少しだ。運転手がマイクを入れた。

「オークランドのスカイシティーには14時40分に到着予定です。ただ今正午半です。

＊1　窮屈な座席で長時間同じ姿勢のままでいると、血行不良となり血のかたまりが作られ、痛みや腫れができること。

ここで13時まで、休憩をとります。安全のためにバスが完全に停車するまでシートベルトをご着用ください」

5日前のカフェだ。先日、オークランドのスカイシティー・バスターミナルから長距離定期バスでベイ・オブ・アイランズ地方に向かったときに昼食をとったカイワカのコーヒー・ポット（カフェ）に再び戻ってきた。私たちは今朝、昼食抜きのつもりで、たっぷりコテージで朝食をとってきたので手持ちのパンとバナナですませた。

雨降りが心配

昼食休憩後、バスでオークランドへ。あと1時間ちょっとだ。このへんはもうオークランドの郊外だろうか。バス停留所でお客が降りて行く。どの人も運転手と会話し、大きな声で「サンキュー」と言ってバスを離れる。すがすがしい。

定期長距離バスは土地の人の足になっている。観光客はそこに便乗している感がある。左側は引き潮の海。バス専用道路に入った。片道4車線。これなら大都市の混雑する道路を横目で見ながらスイスイ都心に入ることができそう。高層ビル群。港の船を眺めながらオークランド大橋を通過。ヨットハーバーにたくさんのヨットが静かに休んでいる。雨が激しくバスをたたいている。予約したホテルはバスターミナルから近い、とのことだが、この雨だとホテルまで大きな旅行用カバンを引きずって歩くのはたいへんだ。ビシャビシャに濡れること間違いなし。

「タクシーの運転手、近距離でもホテルに行ってくれるのかな。乗車拒否はあるのかな」と不安げにバスの中で由紀さんと話していた。

「バスの運転手さんこの日本語わかるかな。聞いているかな?」

バスは14時半に到着した。僕が最後にバスから降りるやいなや、バスの運転手さんが無言で私たちの旅行カバンを引き取り、両手でもってタクシー乗り場に直行した。荷物をタクシーに入れ、私たちがタクシーに乗るのを待った。

「どうぞよい旅を。さようなら、ありがとう」とニッコリほほ笑んでバスに帰っていった。運転手さん、私たちの会話を聞いていたのかな。「まさか」である。なにはともあれ、ありがたい救世主だった。タクシーはあっという間にホテル到着。

ホテルの玄関前にはインド系とおぼしきボーイさんがわれわれを待っていたかのように、僕と由紀さんの荷物を取って4階の部屋に運んでくれた。14時45分だった。

06 元気元気のシニア

夕暮れのオークランド港さわやか

４時間以上長距離バスに乗って北部地方の旅からオークランドに戻り、ホテルにチェックインしてから約1時間コーヒータイムをとった。16時前。まだ太陽は高い。先ほどのどしゃぶりが嘘みたい。

先のバスターミナルに隣接しているスカイシティーあたりをぶらついてみることにした。スカイシティー内には、高さ３２８メートルのスカイタワーやレストラン、カフェ、バー、２つのホテルとカジノがある。スカイタワーは、ニュージーランドで最も高い建物で、その展望台に上がると、半径80キロメートルにおよぶ大パノラマが広がっているという。タワーの屋外展望台を歩くスカイウォーク（空中遊歩道）や地上までワイヤーを伝って下りていくスカイジャンプというアトラクションもあるようだ。

長距離バスに長時間乗ってオークランドに戻ってきたが、2人とも疲れを感じない。元気である。夕飯までまだ時間がある。方針を変えて港まで歩くことにした。夕方のオークランド港を歩く。

ホテルからホブソン・ストリートに下り、小さな公園内を通って船の発着場にきた。ブラブラ歩いても30分もかからなかった。行き交う人波からさまざまな外国語が耳に入ってくる。ここは多民族大都市。わずかだったが日本の若者も。このところ、日本の若い人たちの海外旅行が減少傾向にあるらしい。ここでも姿が目立って少なくなっているようだ。

港に到着。まずは、このあたりの大略を知るために、近くにあった案内所に立ち寄った。中年の女性が中国語なまりの英語で疲れた様子で面倒くさそうに説明してくれた。ヨットハーバーやオークランド大橋、港内からの島々巡り、行き先別、会社別のフェリー乗り場や港界隈のツアーそして近くの海洋博物館などなど。

冬の夕暮れのオークランド港にはさわやかな風がそよいでいた。観光客はまばらで静か。せっかくここまできたのだから、何か具体的な成果をあげようとマリタイムミュージアム（海洋博物館）に入った。そこでニュージーランドについての海洋史を学ぶことができた。ポリネシア人の到来やヨーロッパ移民の海洋開拓史から最近のニュージーランドのマリンスポーツ、ヨット事情まで知ることができた。歴史的な船の模型やかつての本物の船も陳列してあった。観客はわれわれほか数人で、港を眺望するカフェは閉店だった。

外に出たら冷たい風に変わり、夕暮れが迫っていた。きょうは、ケリケリから4時間以上の長距離バス旅行の日。本日はここまでにして、歩いてホテル近くのスーパーマーケットに行き、夕食と明朝の食事を仕入れた。マーケットから5分ほど坂道を上がったところが私どものホテルであった。

07 日本総領事館そして日本語絵本図書館訪問

オークランドから突然メール

2005年、オークランド在住のご婦人であるMさんからEメールが飛び込んできた。内容は「オークランド在住の婦人たちと日本語絵本図書館を立ち上げたい。絵本が不足しているので収集に協力していただけないか」というものだった。三重オーストラリア・ニュージーランド協会（三重豪NZ協会）の会長をしていた僕は、これは協会の目的である日本とニュージーランドとの「文化のかけ橋」になる事業であると判断して役員会の同意を得て協力を決定。全国に呼びかけたところ多数の方々の賛同がえられ、著名な絵本作家である故かこさとし（加古里子、福井県出身）さんの絵本などを代表のMさん宛てに贈った。そしてついに次のようなうれしい悲鳴のメールをMさんから受け取った。

「私たちが準備した個人の庭にある小屋のスペースが絵本であふれだしました。送本をストップしてください。大変状態のよい本がたくさん届き嬉しく思います。オークランドにお越しの節は、ぜひお立ち寄りください」

それから約十年一昔。私たちの協会は設立15周年を超えた。何度かオークランドに行っているが、この図書館をいつも頭に置きつつも素通りしている。一度図書館のその後の発展を確かめておきたいと考え、このたび、「２０１６年度の旅の目的」の一つに絵本図書館訪問を加えたのである。

ところがである。日本を出発前、日本語絵本図書館のネットのページに何度アクセスしても混線してつながらない。つながったと思って文面を読んでも、別件が出てきてどうもおかしい。そんな次第で不案内のままでオークランド入りとなった。

今回のオークランドのホテルでの第一の仕事は、日本語絵本図書館探しである。到着の翌朝からフロントに下りて図書館探しが始まった。簡単に見つけることができるだろうと考えてオークランドにきたが、フロントの受付の女性が手を尽くしてもらちが明かない。それで受付さんが「25年以上オークランド在住」だという日本人の中年男性スタッフを受付に呼んで、同図書館へのアクセスを日本人の友人に電話などして試みてくれたが、わからなかった。そして最終アドバイスとして「日本総領事館に行けばわかるかもしれない」と言って総領事館までの地図を書いてくれた。ホテルから歩いて10分ほどで簡単に総領事館を見つけることができた。

総領事館初訪問

在日本国総領事館はショートランドストリート15／41、AIGビルディング15階に鎮座していた。受付の若い女性係官が「しばらくお待ちください」と答え、奥に下がった。椅子に座って待った。フロアには何人かの日本人が立ち話をしている。聞くと、参議院議員の選挙の投票のために来ている在留邦人の方々であった。2016年の安倍自民党が大勝したときの参議院選であった。いまではわが国も在外投票の制度化が実現し、世界のあちこちでこうした在留邦人の投票が行われているだろうことを実感した。

由紀さんがたまたまここで話しかけたご婦人は、なんと私たちが探している絵本図書館のMさんの友人（Nさん）であった。しかも由紀さんと同県人の愛知出身。ご主人とともに選挙にこられていたのだ。私も話の中に加わりまたびっくり。ご主人は、かつて私たちが協会でニュージーランド交流旅行に来たときにお世話になったYさんと懇意の人だった。こういう幸せな偶然の出会いがあるのも旅の面白さ、愉快さである。

思わぬ昼食のお誘い

総領事館での用事がすみ、別れの挨拶をしているとき、Nさん夫妻から思わぬ昼食のお誘いがあった。総領事館近くの、いまオークランドで流行しているというイギリス型のカフェに案内してくださった。

入った左側のカウンターには昼食用の食品が並べてある。私たちも行列に加わり品定めして N 夫人に注文をお願いした。僕はまだお腹がすいていなかったのでサンドイッチにした。出てきたものはとてもどでかいものであった。「スケールが違う」といつものように感嘆。それらをもって案内されたボックス席に4人が着席するや、「待っていました」とばかりに、ウェイトレスがすかさず「ドリンクはいかがですか」と聞いてきた。僕は「カプチーノ」と反射的に応えた。

N 夫人によれば、「この種のカフェが最近、イギリスからニュージーランドに上陸し、今やニュージーランドからその流行が世界に広がっている」とのこと。そういえば、今回の北島旅行のあちこちでも、日本でもこのタイプの店が増えている感じがする。ゆったりした店内で、質の高い多様なコーヒーだけでなく、豊富な食事を各自選ぶのである。また、コーヒー豆を旧来のフィルターで自然の浸透圧で抽出する方式からエスプレッソ・マシンで高い圧力をかけてコーヒーを抽出する方式に変化してきているとか。ニュージーランドではこうした新しいコーヒー文化の大波は首都ウエリントンに始まり、第二波は今や人口最大都市であるオークランドにおよんでいるとのことだった。

図書館のMさんから電話

日本総領事館で N 夫妻と出会ったその夜、日本語絵本図書館のMさんから早速電話が入った。そして翌日15時すぎに図書館にうかがうことになった。図書館には子供たちもきているのでそういう様子も見てほしいとのことだった。Mさんは僕たちの突然の訪問にびっくりしたようで、「うれしい、うれしい」と電話のなかで連発してくれた。また、「オークランドのバスは不便なところがあるので、ホテルのフロントを通してタクシーを利用した方がよい」とアドバイスしてくれた。そこで電話が終わったすぐ、フロントを通してタクシーを明日の14時30分に予約しておいた。

キウイの土産発見

翌6月25日（土）午後からは日本語絵本図書館訪問だったので、午前は長距離バスセンターのあるスカイシティーに出かけ、娘に頼まれている土産ものを見つけに行くことにした。娘のリクエストは、日本で時々見かけるニュージーランドを代表するキウイ・フルーツの大きなぬいぐるみ人形であった。それまでに出かけたところであちこち気をつけて探すのだが見つからなかった。スカイシティーなら手に入れることができると期待していたのであった。

そしてついにここで発見。一つだけしかなかったが、娘のリクエストに応えることができ、やれやれであった。探し出してくれた店員さんは、キウイのぬいぐるみといえば、キウイバード（第4部参照）でしょと思うのに、何とも不思議な外国人がいたと家庭での話題提供を喜んでくれたかな。いい気分で正午半過ぎにホテルに帰り、2階の部屋係の

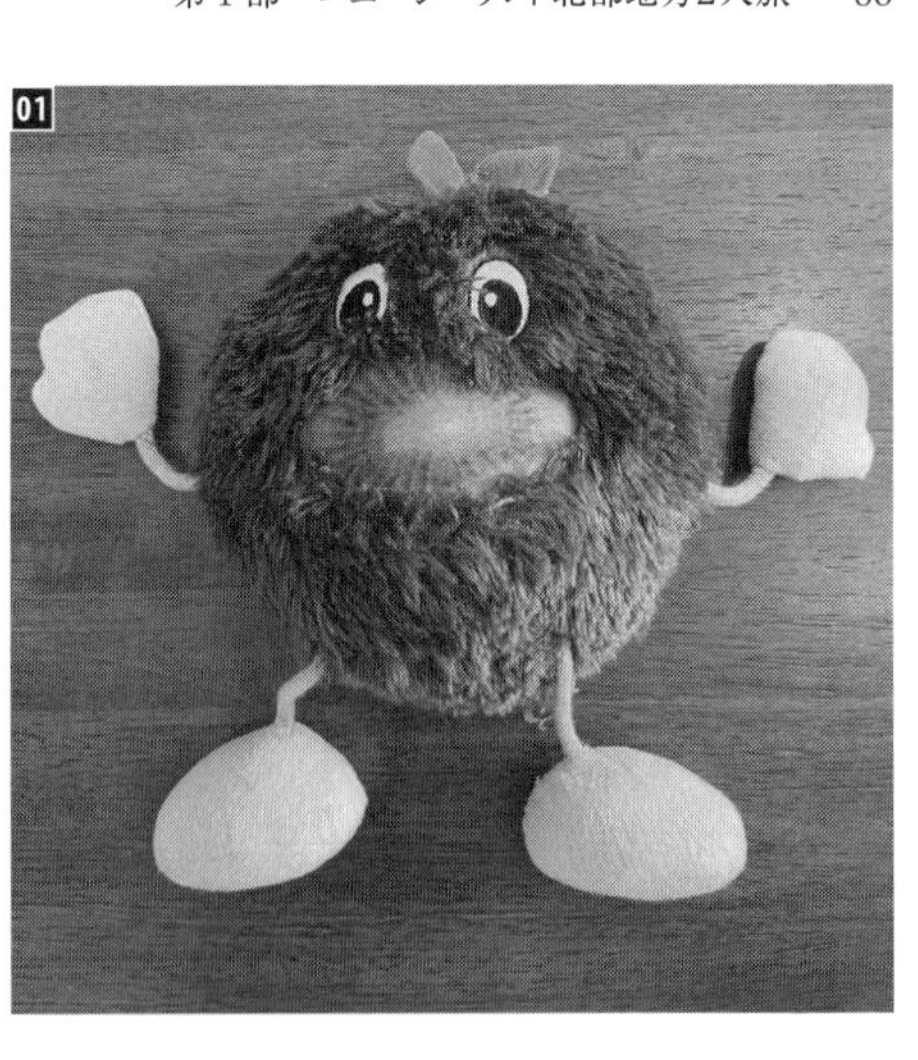

01キウイのお土産

中年女性に牛乳とコーヒーパックを補給してもらい、部屋で昼食をゆっくりいただいた。ホテル近くのスーパーで買っておいたキャベツたっぷりのジャガイモサラダ、ニンジンがお飾り程度のビーフ入りのサンドイッチ、特大のサーモンが本日の昼食だった。

雨のなかタクシーで図書館へ

昼食後、下に降りてタクシーをフロント前のベンチに座り待った。予約5分前に中年の男の運転手がベンチまで迎えにきてくれた。

今回の旅では初めての大雨の中、20分ほどでノースショア地区に所在する大きな中古車販売店の前にタクシーが停車し、運転手が「着きましたよ」と告げた。タクシーを降りた所はなんと有名な日本の中古車販売店だった。

雨の中、歩いてあちこち見渡しても図書館らしき建物が見当たらない。タクシーを降りたところに戻り、中古車販売店で尋ねることにした。日本車がたくさん陳列されている。いぶかりながらどぎまぎしながら、忍び足で奥に入って行った。

するど、若い女性が現れ絵本図書館に案内してくれた。絵本図書館は日本の車販売店の中にあったのだ。驚いた。

代表のMさんと笑顔の挨拶

幼児がお母さんとページをめくりながら楽しそうに絵本を見ている。新入りの母子が会員になる手続きについてMさんに質問している。その間、僕たちは常連らしき子連れの日本人のお母さんと会話したり、書棚などを見学したりした。なかなか活発に利用されているのが感じられる。日本出身のママさんたちの愛あるアイディアと努力によって日本語と文化が子供たちにつながれている。

会費制をとっているようだ。年間の会費は35NZドルとか。4畳半と6畳くらいの二つの部屋の書棚にぎっしりおよそ3500冊の日本語の絵本・図鑑・児童書などが陳列されている。子供の絵本だけでなく、紙芝居や大人用の本も少々置いてある。紙芝居は私たちが日本で「ニュージーランドに絵本を贈ろう」とキャンペーンしたときに贈呈したものもあった。なお、ここでは、絵本の貸し出しのほか、「読み聞かせ」や、日本文化を楽しむ子供会、子供日本語学習会なども開いている。

今般、Mさんから実に素晴らしいニュースを聞いた。

「2015年、ニュージーランド政府によって、本図書館が、同国における公式の教育施設として認定された」。そして、２０１６年11月に図書館はここに引っ越した。日本からの進出企業によって、その店舗の一部が図書館に提供されているのである。企業の理念である「社会貢献活動」の一環からだ。ありがたいことである。

Ｍさんによれば、「図書館を開館するときに日本に向けて絵本寄贈お願いのメールをかなり送信した。が、ほとんど応答がなかった。だから三重豪ＮＺ協会から贈呈された図書は大変貴重だった。この図書館の本は、三重からの絵本が基本になっている。それがなかったら開館できなかったかもしれない」と。僕たちにとって望外の事実も初めて知らされた。

ここにも厳しい新型コロナ旋風

数年前、Ｍさんから「おかげさまで、ご支援をいただきました日本語絵本図書館（Japanese Children's Library）も本年の業務を無事に終了できそうです。来年1月には、宮本様にもお越しいただきました図書館のカーペットの取り換えなどの施設環境向上のための費用捻出のイベントがあるためのんびりした夏休みをとるということもできませんが」という明るい連絡があったのだが、２０２０年7月に、次のような厳しい連絡があった。

ニュージーランド Japan Kauri Education Trust より。

「さて、この度は大切なご報告がございます。すでにご存知かもしれませんが、これまで私どもの活動を大きくサポートしてくださっていたG社のニュージーランド撤退に伴い、私どもも事務所の移転をすることになりました。これまでG社の皆様には、宮本様にもお訪ねいただきました日本語絵本図書館（Japanese Children's Library）の活動場所を無償貸与していただいておりましたが、このコロナの影響のためニュージーランドから撤退されるというご決断をニュージーランドロックダウン後にご決定されたそうです。非常に突然のことでしたが、私どものような小さなコミュニティグループにとって、同社からのご支援というのは非常に大きく、この5年で大きな飛躍をさせていただいたことに感謝の気持ちでいっぱいでおります。

しかしながら、資金面の問題に加え、現時点で子ども向けの絵本や児童書を1万冊以上抱える私どもの活動に見合う新たな活動場所が見つからない状況が続いており、オークランドカウンシル、Kaipatiki Local Board の皆様、地域のNPOなどからアドバイスをいただいたり、各種助成金申請を行ったり、クラウドファンディングを実施し、たくさんのみなさんにご支援もいただいておりますが、まだまだ長期的な運営の見通しが立たない状況です。Japanese Children's Libraryを閉鎖して1ヵ月ほどになりますが、子どもたちからの図書館再開への願いがたくさん届いており、この図書館を大切な居場所としてくれていたみなさんのためにも、何としても再開をしたいと考えております。

宮本様、そして設立時にはたくさんの本をご寄付くださった会の皆様にはご心配をおかけし大変申し訳ありませんが、また改めてご報告をさせていただきたいと考えております」

この件については、すでにメールにて、日本ニュージーランド協会のみなさんなどに情報公開しているが、状況は厳しく、心配しているところだ。

コラム 2

国際色豊かなフードコート

フードコートとは、庶民や観光客に親しまれている屋台風の国際的飲食街である。それは「外国料理屋台集合」という形態の屋内飲食店。これはこの国の町でごく普通にみられるインターナショナル、多民族社会を象徴するような空間である。オークランドでも簡単に見つけることができる。都心はもちろん、それ以外の地域でも歩いていると目につくところにある。ホテルのフロントや買い物をしたときに店員さんに「このへんにフードコートありますか」と尋ねれば、多分ニコニコして教えてくれるだろう。

多種多様なアジア系、ヨーロッパ系などの言葉とともに料理する音やにおいが充満している。それら空気の中あちこち見物しながら、料理を見つける。ときどきはニュージーランド料理の屋台もある。

2016年6月の旅行のときもスカイシティー・オークランド近くのホテルから徒歩10分ほどで行けるフードコートに夕食を求めて19時半過ぎに下った。クィーンストリート沿いだったと思う。人気があるのか、中国と韓国料理は品切れですでに閉店。ベトナムやトルコ店も店じまいの準備をしていた。

日本の寿司というふれこみの屋台があるが、よくあることだが、他のアジア系の人の経営だと感じることがある。

コート内はお昼どきのように混んでいなかった。ゆっくりと屋台を見学してタイ料理に落ち着いた。これは多分、親戚の娘がタイ文化にほれこんでいてその宣伝をよく聞かされていることと関係があるかもしれない。僕は大皿に盛り上がったフライドライスそして由紀さんはチキンとベジタブル・ヌードルを選んだ。煮込んだ大きな人参、玉ねぎ、ブロッコリー、トマトがゴロゴロ入っていた。3分の2が僕のお腹におさまった。

第2部

首都ウエリントンとシャクナゲ追跡 北・南島縦断の旅

2002年10月2日〜10月13日

08 三重豪NZ協会の誕生

シャクナゲに魅せられて

１９９６年から97年の1年間、僕がクライストチャーチ近郊にあるリンカーン大学で客員教授をしていたとき、ニュージーランドのあちこちに見事なシャクナゲが見られ、そのシャクナゲは日本のものとかなり趣きが違っているように感じていた。機会を見て一度じっくり観察したいものだと思っていた。

ニュージーランドは春になると豊かな緑と花が咲き乱れる国になる。あちこちでシャクナゲフェスティバルが開かれる。日本の桜祭りとよく似た春の風物詩というところか。ニュージーランドのシャクナゲは、西欧、とりわけイギリスにおいて改良されたいわゆる西洋シャクナゲである。西洋シャクナゲは、高山に自生する日本シャクナゲまたは和シャクナゲとは区別されているようである。日本ではシャクナゲの花を「清楚」とか、「そそとした」花と表現されるのに対し、ニュージーランドのシャクナゲは「大きく、花の色は多彩でカラフル」あるいは「色鮮やかで自己主張的」などと表現される。日本では通常、山地において低木に見られる。これに対して、ニュージーランドでは、大きな木であり、平地でも普通に町で見ることができる。花や木にも国民性が反映されるのかもしれない。

ニュージーランドのシャクナゲは移民した人々が植栽した。イギリスにおいては、特に19世紀にプラントハンターによって、主に中国原産のシャクナゲがもたらされたようである。

外来動植物は、しばしば移入先で嫌われものにされるが、ニュージーランドでは「シャクナゲウエルカム」ということであろうか。

プラントハンターとは、西欧において、17世紀から20世紀中期にかけて、食料、香料、薬品などに利用された植物や観賞用植物の新種を求めて世界中を探検、冒険した人たちのことである。

最近では日本でもポピュラーになってきた果物のキウイもまたこういう人たちによってニュージーランドにもたらされ、また日本に移入されたのであろうか。キウイはもともと中国の揚子江産といわれる。これをイギリスにもちかえり、ニュージーランドに運んだ。それが日本に移入されたのだろうか。

地球は広大のようだけれどウイルスも含めて人も地球を動き回る。そんなに地球は巨大ではない気がする。

協会誕生のきっかけ

三重オーストラリア・ニュージーランド協会（三重豪ＮＺ協会）は、21世紀ぎりぎりの１９９９年（平成11年）５月７日に発足した。

本協会の設立の直接の契機は次の２つ。

第一は、津市内の高田短期大学の先生お二人が僕の大学の研究室にこられ、「高田短大はオーストラリアの大学との交流を考えている。三重県内にも民間交流団体を設立したら良いのでは」との話があった。

第二のきっかけは、高田短大からの話があったのとほぼ同じ時期に、三重県庁の課長さんが研究室にこられた。大阪の実業家から「三重県と奈良県を結ぶ大杉谷・大台ケ原（おおだいがはら）の登山道とニュージーランド南島のミルフォード山岳トラックの間に、姉妹登山道協定を結んではどうか」との相談があった。僕はそのころ、三重大学で国際関係の業務も担当しており、増加してきたオーストラリアなどからの海外留学生の民間宿舎受け入れの可能性について検討しているところだった。それに僕はもともとオセアニアの研究に関心があった。

このような状況の中で3人が中心になって三重豪NZ協会を立ち上げた。時代は新世紀直前、社会は国際化志向になっていた。新聞も大きく報道してくれた。そのおかげで100名以上の会員が集まった。企業会員も多数集まり、また地方自治体からの参加もあった。

交流旅行ことはじめ

協会の主要事業として、オーストラリアおよびニュージーランドと皮膚感覚でお付きあいすることを重要視することにした。「草の根交流」と言ってもよい。ありのまま、自然体の交流である。そのための第一歩が「手づくり旅行」である。「自分たちで考え行動する旅行」である。その第一弾が、2001年7月29日から8月6日に、オーストラリアのカウラ（ニューサウスウエルズ州）において挙行された「全国オーストラリア・日本協会連合会」設立大会への参加であった。

主たる目的は、当時わが国ではオーストラリアおよびニュージーランドに関する友好団体が多数存在していたものの、自主・独立の団体で、統一的な全国連合会というような組織はなかった。この点は、3ヵ国とも同じ状態だったと思う。

その先頭をきってオーストラリアが全国連合会を設立するというので、この際ぜひ勉強しておきたいと考えた。

カウラ訪問

カウラはオーストラリア・ニューサウスウエルズの農村地帯に位置する田園都市。シドニーから西へ約３２０キロ。私たちはシドニーから現地の知人の出迎えでカウラに出かけた。

カウラには、太平洋戦争捕虜収容所があり、旧日本兵も収容されていた。

１９４４年８月５日未明、カウラの捕虜収容所において旧日本兵士捕虜集団脱走銃殺事件が起きた。第二次世界大戦のときであった。

今ではカウラに日本公園ができており、公園にはさまざまな種類の桜も植樹されている。９月には「さくら祭り」が行われ、たくさんの人が訪れるという。和太鼓や合気道の実演もあるようだ。日豪の架け橋になっている。カウラ市民有志があの事件で亡くなった旧日本兵の墓を作り、それを今も弔っている。私たちはオーストラリア日本協会連合会にオブザーバー参加した時このお墓に手を合わせてきた。カウラは「日豪の友好平和の原点」と思っている。カウラ大会参加のあと、僕とＴさんはシドニー空港から島の州タスマニアの首都ホバードおよびタスマニア大学を訪問した。残りの３人はオークランド空港から帰国した。

それ以来、オーストラリアとニュージーランド訪問を協会活動の重要課題活動の一つとして隔年ごとに訪問することにした。

協会のニュージーランド初旅行

ニュージーランドの移動手段

かつて右側通行のフランスでレンタカーを利用したとき、僕は大変とまどった。これに対して、ニュージーランドでは日本と同様「車は左」である。今回、三重豪NZ協会で初めての旅行に行くことになった。外国ドライブ初体験の人がほとんどだったが、うまく運転している。たいしたものである。

今回の私たちのドライバーはニュージーランドに来る前に国際免許証を日本で取得してきた。

外国での運転はほとんどが初めての者ばかり。参加者8人中、6人が英語の国際免許証を三重県警察などで取得してきたが、問題は英語圏で初の運転であるということだ。不安は当然という気持ちでここにきた。ハンドルを握ったときはおそるおそるの運転だったが、みんなすぐに慣れた。もちろん、助手席に座る者が運転を助け、また他の者は安全運転に協力することを誓いあって乗っている。

日本と通行方法は「車左」で同じだが、日本と交通環境がまるで異なる。いいかえれば、その走行距離や乗車時間、速度感が違う。ざっくりいえば、ニュージーランドの方が、日本より快適で、運転しやすく、自動車利用の価値が高いと思う。

これぞ牧歌的風景

オークランド国際空港から国道1号線を晴天の下、快適に車は走る。追い抜いて行く車はときにあるが、車の数は多くない。大小の丘に緑の牧場と白い羊が点々。この風景がまさしくニュージーランドの牧歌的風景だと思いたい。しかし最近は、軽くあたたかい肌触りのいい化学繊維が普及したためか、この風景が少なくなってきている。さびしい思いがするのは僕だけであろうか。

ガソリンスタンドも公衆電話ボックスも国道沿いにほとんど見当たらない。民家もまた同じ。空港を出てから約1時間。目もだんだん風景になじんできた。ここらで朝食を兼ねた休憩。ようやく出会ったカフェテリアに元気よく入店。前日、シンガポール国際空港で乗り換え、夜間飛行だったのにみんなはしゃいでいる。英会話のできる者も、苦手な者も見事にお目当ての料理を注文。現地のスタイルで腹ごしらえができた。

農業地帯のワイカト地方に来た。その中心都市の南緯37度47分、東経175度17分のハミルトンを横目で見ながら通過。ハミルトンの都市圏人口は約19万人。ニュージーランドでは第4に大きい都市。オークランドから130キロ。そのハミルトン都市部をアッという間に過ぎた。のどかなニュージーランド的風景を見ながら車内でおしゃべりがはずむ。ときどき出会う集落の民家の垣根にシャクナゲが植えてある。まだつぼみが多いようである。

別府と姉妹提携

温泉観光都市ロトルアが今回の旅行の最初の宿泊地。

ロトルアは、環太平洋火山帯の上に位置している温泉都市。オークランドから234キロの距離。車で約3時間。温泉のにおいがただよう町内を散策。湯気をあげ、硫黄のにおいをさせて、泥坊主がブクブク音を立てている池。これは高校時代の修学旅行の大分県別府で見聞しているのと同じだと、遠い青春時代をなつかしむ。

公務員で料理の資格をもっているMさんが、卵を紐でつるして坊主池に入れ、温泉卵をつくり、味見をさせてくれた。これは僕には驚きだった。プーンと温泉の匂いがするところで食べる「温泉卵」がおいしかった。

ロトルアは大分県別府市と1987（昭和62）年に姉妹都市協定を結んでいる。

町のあちこちにシャクナゲが植えてある。民家の庭、公園や垣根に、シャクナゲの大木が大輪の花をつけている。真っ赤や真っ白の花、花、花。

公園の大木のシャクナゲ、庭先の可憐なシャクナゲ、色とりどり。写真を撮っている由紀さんがため息をついていった。

「被写体に満ち満ちているわ」

日本式温泉モーテル

今夜の宿泊のために町のインフォメーションセンターに入った。掲示板でモーテルをさがしていたら、中年の女性係員が対応してくれ、日本人が経営するモーテルを紹介してくれた。通常、ニュージーランドの温泉は、男女混浴である。水着をつけて入浴する。水泳プールのイメージ。私たちが紹介されたこのモーテルの風呂は、まさに日本式の温泉だった。浴槽の周囲の一端は岩石でつくられ、裸で入る。時間を決めて男女別にである。いわゆる露天風呂。昨日日本を発ち、乗り継ぎ、機内泊という強行スケジュールでここにやってきた。日本式温泉スタイルは絶好の癒しの施設。みんなゆっくり、のんびりあたたまり、休むことができたのではないか。

人の生存環境

10月４日、ロトルア周辺の山林をブラついた。

強く印象づけられたのはフライパン湖だった。フライパン湖はワイマング地熱帯の代表的な見どころの一つ。この湖は、世界で一番広い表面積をもつ温泉湖だそうである。何とその広い湖の水面の各所から白い湯気が立ち上っている。湖の周囲の山道の小川からも山の岩の割れ目からしたたり落ちる水からも白い湯気が出ている。

このとき、僕は実感した。

「地球は燃えている」

飛行機に乗って上空1万メートルを飛んでいるときいつも僕はそう思う。

「人は空気がなければ生存できない。飛行機も酸素のある地球表面を飛んでいるに過ぎない。水中でも生きることは不可能。大宇宙からすれば、僕はほんのわずかな空気空間に閉じ込められて息をしている」。そしてさらに僕は思う。別府やロトルアに来ると、「地中でも、火の中でも、空中でも、水中でも裸のままでは生存不可」

東京の女子高校生

ロトルア地方には、熱水系の実感できる珍しい地熱地帯がある。間欠泉を見ることもでき、10メートル以上も噴き上がるようだ。

これを見学に行ったときの出来事。東京の女子高生の一団がにぎやかに入ってきた。かわいそうに彼女たちは間欠泉を見ることができなかった。せっかく噴き上げる間欠泉を見るために来たのだろうに。

「時間です。集合して次の見学場所に移動します。急いでくださーい」とガイドの女性に急き立てられて一団が去っていった。その直後、大きな音響を立てて間欠泉が高く高く青空に向かって噴き上げた。

01 間欠泉、ドカンとあがる。虹ができた。二重の虹も。

10 世界遺産

タウポ湖周辺

ニュージーランドに来て3日目、10月5日はロトルアを離れ首都ウエリントンに向かう日になる。ウエリントンで一泊して、翌朝、ウエリントン港から船で、北島を離れ、南島に渡ることにしている。北島から南島へは、フェリーボートで移動する手はずになっている。ロトルアからウエリントンの距離は約375キロほどだと聞く。ロトルアのモーテルを朝出発し、ロトルア周辺のモーテルに一泊することも考えていた。そしてウエリントンに到達することになる。タウポ周辺をドライブしながらのんびりと一日を過ごそうという作戦。10月4日、ロトルアのモーテルを朝9時前に出てゆっくり車を走らせて1時間。ニュージーランドで最大といわれるタウポ湖に来た。

タウポの町はタウポ湖の北東の湖畔沿いにできている。オークランドから約278キロ南に位置する。ワイカト地方の中心的な町の一つ。人口は2万人ほど。この地では1年を通じて自然と一体になって野外活動ができそうだ。

ワイカト川沿いのフカ滝（フカフォールズ）は湖のすぐ北にある。フカ滝は毎秒22万リットルもの水が滝壺に流れ落ちるという。圧巻。

フカ滝までの迫力満点のジェットボートがあった。僕らも乗船してみた。ボートは山林の木々のトンネルを抜け、緑の山肌と大きな岩石に挟まれた谷川を、しぶきを上げながら爆走。大きなエンジン音をたててフルスピード運転だ。しぶきでレインコートもビショ濡れ。水をきってボートが走る。女性客の悲鳴と歓声。

その後、レンタカーを休ませて穏やかな天気に恵まれて山中の湖畔を散策。

タウポ湖は、先住民マオリの伝説で「北島の心臓」とされるところ。マオリ彫刻もみられるようだが、今晩のモーテル探しを優先。

最初、湖畔の美しい風景の見られるところにあるモーテルを探す。しかし8人が一緒に宿泊できる適切なモーテル探しは簡単でない。結局、湖からもう一度山中に入って見

01 ワイカト川のジェットボート

つけることを決意。そしてついにせせらぎの聞こえるワイカト川近くの静かなモーテルを発見し、夕刻予定通りの時刻に落ち着いた。ただし、8人一緒に泊まることのできる適切なモーテルに出会えず、4人ずつに分かれての宿泊となった。

タラナキ地方

ニュージーランド北島西海岸のタラナキ地方はタスマン海に出っ張ったところにある。国最大の人口を有するオークランドと首都ウエリントンとの中間に位置している。

エグモント岬には今もニュージーランドに残る唯一の活動している灯台があるらしい。タラナキ山は標高2518メートル。安山岩を基盤とする成層火山。エグモント国立公園の中心である。映画『ラストサムライ』のロケ地になったところのようだ。

タラナキ地方はタスマン海とタラナキ山が形成する素晴らしい自然景観に恵まれている。

ニュープリマスは、ニュージーランド北島西海岸に面する、南緯39度17分、東経174度03分に位置する、タラナキ地方の中心都市である。温泉の街・ロトルアから185キロほど。毎年の11月にシャクナゲフェスティバルがこの市において開催される。タラナキ地方には行き届いた庭園がたくさんあり、多種類のシャクナゲを観察できるとのこと。ニュープリマスのシャクナゲフェスティバルがそのハイライトということなのだろう。宿泊先はレストハウスに決定。

コラム 3

ニュージーランドの世界遺産

ニュージーランド国内には3つのユネスコ世界遺産が指定・登録されている。

ユネスコが登録する世界遺産は、その特質に応じて「文化遺産」「自然遺産」「複合遺産」に分類されている。ユネスコとは、国際連合教育科学文化機関のこと。

ニュージーランドの世界遺産は、文化遺産0件、自然遺産が2件、複合遺産は1件の合計3件である。

それはテ・ワヒポウナム（南西ニュージーランド）、トンガリロ国立公園そして亜南極諸島である。

トンガリロ国立公園は1990年に自然遺産そして1993年に文化遺産が追加され、複合遺産となった。

トンガリロ国立公園は、ニュージーランドの北島にある、山岳地帯を保護する目的で設定された国立公園である。1894年、ニュージーランド初の国立公園となった。1800年にわたり噴火し続けた火山の存在と、マオリ族の聖地という歴史的重要性が評価され、ユネスコ世界複合遺産として登録された。北島最大のタウポ湖の南側に位置するトンガリロ国立公園には、トンガリロ、ナウルホエ、ルアペフという3つの活火山がある。幻想的で鮮やかなコントラストを形成する自然景観として評価された。そこでは登山、トレッキング、ハイキング、散策などができる。高山の絶景や美しい湖水観光を楽しむことができる。

ルアペフ山（W. Bulach, [CC BY-SA 4.0]）

11 現在の首都ウエリントン

10月5日。本日はニュージーランドの首都ウエリントンに向かう。ウエリントン港から南島に乗り継ぐためである。ウエリントン港近くまでのドライブ旅行の日。言い換えれば、きょうは「移動日」である。

タウポから、トンガリロ国立公園を訪れたい衝動を感じつつ、ひたすらウエリントン港を目指す。15時過ぎに首都ウエリントンエリアに入った。まずなすべきことは、本日の宿探しである。私たちは原則として宿は現地に着いてから探すことにしている。日本で予約すれば楽なことは当然だが、それでは面白くない。現地であちこちを見ながら宿を検討するのは勉強のためでもある。

ここは首都なのでモーテルがいくらでもあるだろう。時間もまだ早い。宿泊決定までにいくつものモーテルの下見ができそう。各モーテルは、オーナーのアイディアで造られておりワンパターンではない。その創造性が興味深い。だが本日は一日中ほぼドライブ旅行だった。みんな疲れておりモーテル探しに興味はないかもしれない。

今回は自分たちでモーテルを訪ね歩くことをせず、ただちに港の近くのビジターズインフォメーションセンターに行った。ここでは宿の予約をはじめ、種々の町の情報を得られるので安心して利用することができる。センターに入り、すぐに係の女性のところに行っていろいろな情報をもらう。そして今晩の宿決定。

２階建ての木造でホテルのようにたくさんの部屋のある安宿である。ウエリントン港近くにあったレストハウスだ。このレストハウスは１、２階は外階段で通じていた。僕たちは１階に決まった。

正装が必要です

まだ17時前で夕食には早いけれど、旅の疲れもあることだしゆっくりレストランで夕食をいただくのも悪くない。北島ドライブ旅行の最後の日であり、首都ウエリントンに敬意を表して、「たまには高級レストランで夕食をとろう」と港をうろつき、ドライブ姿でそれなりのレストランの入り口に立った。ドアには規律正しいドアボーイがいて、おもむろに言った。

「当レストランでは背広、ネクタイの着用をお願いしています」

このようなレストランがニュージーランドにあることは知っていたが、ここがそのうちの一つとは知らなかった。私たちは、ドライブ旅行の移動しやすい軽装。

「やはりそうなんだ」と残念に思いながら、そのままのいで立ちで入れそうな食堂を探してレンタカーをゆっくり走らせた。少し時間をとったが、すぐに私たちを迎えてくれるレストランが見つかった。お腹もすいていたのでみんな夕食をそれぞれに楽しんだ様子。

娘心

ここで話は、1996年のクリスマス直前に移る。

1996年4月から1997年3月までの1年間、僕にはクライストチャーチ近郊のリンカーン大学で研究生活をする機会が与えられた。そのとき、妻と娘（小5）と妻の妹の次男（中2）T君がクライストチャーチの現地校に留学した。

入学以来11ヵ月が経過した。2人とも現地校にかなり慣れてきた様子である。来年の3月には帰国しなければならない。このあたりで、ニュージーランドの首都見学に彼らを引率しようと考えた。

1996年のクリスマス前に、彼らと家族旅行として、首都ウエリントンに行くことを提案。

南島のクライストチャーチから鉄道でピクトンまで行き、そこからフェリーにてウエリントン港に渡るのである。帰路は、往きとは逆のコースをたどる。これが僕の案であった。

まだエーボンヘッドスクールはクリスマス休日に入っていなかったので当然、その間は欠席ということになる。T君のパパヌイハイスクールは休みに入っていた。娘は学校を休むことに抵抗を示した。なかなか僕の提案に同意しない。由紀さんが「先生に相談しよう」ということで娘とともに担任の先生（女性）のところにうかがった。

先生のアドバイスは、次のようだった。

「友達とクリスマスを祝うことは素晴らしいこと。家族と首都・ウエリントンを見学するのは大変いい勉強になります。こうした機会はめったにないことです。授業を休むことに問題はありません」

この話を聞いて僕はうれしくなった。結論として、ウエリントンに行くことを決定した。娘はブツブツ言っていたが……。

フェリーでウエリントンへ

これは今から20年前のことだから、現在、フェリーや鉄道がどうなっているのかを少し調べてみた。

ウエリントンとピクトン間は、2社の船会社がフェリーで運行している。インターアイランダー（Interislander）のフェリーは最多で週16便、約3時間10分で運航。また、ブルーブリッジ（Bluebridge）は最多で1日4便、最短ルートでは3時間30分のようである。

また、クライストチャーチからピクトンまでの鉄道運行はクライストチャーチからコースタルパシフィック号という列車が約5時間でピクトンまで運行している。ピクトンとクライストチャーチを結ぶこの路線は、山林あり、牧場あり、川あり、海岸沿いありの風光明媚な鉄道とされている。

波の打ち寄せる太平洋岸に沿って進んで行くと、西側に雪をいただいたカイコウラ山脈が列車の大きな窓いっぱいに迫る。また海岸沿いでオットセイなどの海獣が遊ぶ姿を眺めることができるかもしれない。

ピクトンで、コースタルパシフィック号はインターアイランダーのフェリーと接続する。ニュージーランドの北島と南島を縦断するこうした試みもまた楽しからずや。なお、チケットはニュージーランド各地のビジターズインフォメーションセンターで予約・発券できる。

レストハウスで事件発生

さて、私たちは、南島のピクトン港から北島のウエリントン港にフェリーで渡り、ただちにビジターズインフォメーションセンターを訪ね、ウエリントン滞在の宿を紹介してもらった。今回は、２階建てのゲストハウスであった。若者に好まれる朝食付きの気楽な宿泊所である。

翌朝、２階の食堂でいわゆる洋食の定番であるパンとベーコン、ハムをいただいた。その席上で事件発生。娘が突然、「私はきょう、クライストチャーチに帰る。学校に行く。一人でも帰る」

決意は固いと判断し、午前中、近くの公園をみんなでブラついて、その足で、娘と由紀さんはクライストチャーチに帰って行った。彼女たちはウエリントン一日のみの旅だった。

ニュージーランドの首都と統治体制

首都とはその国の政府が所在している政治の中心都市のことである。

ウエリントンは、ニュージーランドの現在の首都であり、国の統治の中心である。国の立法機関や政府行政機関、司法機関が配置されている。最高裁判所もウエリントンにある。また他国の外務関係機関も通常、首都に置かれている。在ニュージーランド日本国大使館や総領事館もウエリントンにある。

ニュージーランド最大の人口を抱える都市は、１５０万人以上のオークランドである。ウエリントンの人口は40万そこそこである。企業によっては、本社を両都市に置いている会社もあるとか。オセアニアのもう一つの有力国であるオーストラリアもこれによく似ている。首都はキャンベラにあり、大都市のシドニーやメルボルンは別にある。

建国当時の首都

ニュージーランドの建国は、１８４０年である。このときの首都はオキアト（オールド・ラッセル）に置かれた。オキアトは、ニュージーランド最北のノースランド地域のベイ・オブ・アイランズ（群島湾）に位置している。

この湾岸地域は、入り組んだ海岸線と大小の島々から形成されている。太平洋側の湾岸地帯であり、現在では、北島有数のリゾート地域になっている。群島湾地域は、ニュージーランド建国に当たっての重要な歴史的地域である。

今日では、マリンスポーツのメッカとしても知られるベイ・オブ・アイランズは、ニュージーランド北島北部に位置する人口およそ１０００人の町ラッセルを中心に数多くの島々や海浜から形成されているリゾート地である。

そしてここは、先住民マオリ文化とヨーロッパ文化の交差する歴史的な土地でもあり、ニュージーランド発祥の地とも言われる歴史上きわめて重要なところである。１８４０年、英国の君主と先住民マオリ族の酋長との間で締結されたワイタンギ条約は、この地にあるワイタンギにおいて結ばれた。私たち夫婦は以前ここで宿泊し、歴史的現場を見学したこともある。

首都転転

ニュージーランドの首都は同国ができた１８４０年から2年間、オキアト（Okiato）にあった。

１８４２年に首都はオークランドに移転された。ちなみにわが国が武士の支配を廃止し、西欧をモデルに新たな出発をしたのは明治元年（１８６８年）であった。

なお、ニュージーランド最初の首都であったオキアトは、北島の北部地方（ノースランド）の有数の町ラッセルから5キロほどにあり、19世紀は捕鯨の町でもあった。今は人口も少なくなっている。

オークランドからウエリントンに首都が移転されたのは１８６５年であったが、その当時、ニュージーランド南島の南部のオタゴ地方や西海岸では、金鉱が発見されゴールドラッシュが起きていた。

南島の人口が爆発的に増えていった。南島ではこうした事態の追い風を受け、独立の植民地を南島に建設しようという動きが出てきた。こうした情勢の中で、ウエリントンに新首都を、建設することが決まった。

ウエリントンには優れた港があり、国土のほぼ中央に位置していることから、新首都誕生となった。

当時のウエリントンの人口は５０００人ほどであった。電話もインターネットもない時代のことであり、政府が国の指令・指示や伝達を、北島北部のオークランドから南島に伝達することが難しくなっていたのであろうか。政府は、北島の北部にあるオークランドから北島南部のウエリントンに首都を移転することにした。すなわち、オークランドよりももっと南にあり、北島と南島のどちらにも近いウエリントンに首都を移したのである。

ウエリントンという名称は、イギリスがワーテルローの戦いでナポレオン1世に勝利したウエリントン公爵に由来する。この戦いをもって英仏の第2次百年戦争も終わりを告げた。ワーテルローの戦いは、1815年。戦地はワーテルロー近郊、現在のベルギーである。結末は、イギリス、オランダそしてドイツの勝利で終わった。

議員内閣型君主制

ニュージーランドの統治体制

ニュージーランドの政治制度は、イギリス女王を国家元首とする立憲君主制であり、議院内閣制を採用している。女王の名代として総督が置かれている。総督は政治に関与しない。総督の任期は5年。

余談だが、僕がタスマニア大学で研究生活をしていたとき、総督主催のパーティーに由紀さんとともにお招きいただいたこともあった。

ニュージーランドの国家三権

パーラメント（国会）

国会は一院制である。

議員の任期は3年、公選である。

内閣の長は国会議員から選ばれる。

ニュージーランドの国家三権のうちの司法権は裁判所で行使される。最高裁判所、控訴裁判所そして地方裁判所の三審制である。イギリス型の「法の支配」をモデルにしている。

ニュージーランドの地方行政区分

ニュージーランドでは、国を16の地方に区分している。そして各地方に「市」などの地方自治体を配置している（巻頭地図参照）。

そして、北島と南島の二つの大きな島で二分されている。

地方制度はこの島の地理的形成に基づき、以下の16に区分されている。

北島：

1　ノースランド

2 オークランド
3 ワイカト
4 ベイ・オブ・プレンティ
5 ギズボーン
6 ホークスベイ
7 タラナキ
8 マナワツ＝ワンガヌイ
9 ウエリントン

南島：
10 タスマン
11 ネルソン
12 マールボロ
13 ウエスト・コースト
14 カンタベリー
15 オタゴ
16 サウスランド

12 足にまかせてウエリントン

国会議事堂前広場で一休み

娘と由紀さんがクライストチャーチに早々に帰って行ったので、僕とT君は、首都ウエリントンをブラブラ散策することにした。

国会議事堂を見学後、議事堂前広場を散歩した。議事堂のとなりにある執務ビルはハチの巣のようなデザインになっている。その前はよく管理された広々とした緑の芝広場である。私たちもみんなをまねて仰向けになって寝ころび、ビーハイムを仰いだ。

ウエリントンは、海と山から強い風が吹きつけることがよくあるので、「風のウエリ

01 ビーハイム（執務ビルと会議場）

ントン（Windy Wellington）」という言葉があるが、この日は晴天の穏やかな日だった。ウエリントンは、ニュージーランド北島の南西に位置する。北島と南島を分ける海路に位置しており、クック海峡に面する。晴天の日には、対岸の南島にあるカイコウラ山脈を見ることができる。南緯約41度に位置する。

ウエリントンは、港と街に面する丘陵地に挟まれている都市。他の多くの首都と異なり人口はそう多くない。高い丘の斜面に建てられた民家の自家用とおぼしき小型ケーブルカーが印象深く、今も思い出す。

ウエリントンは中心業務地区が活動の拠点となっている。今回は、時間がなかったのでアポイントを取らずにウエリントン市カウンシル（市役所）を訪ねた。本来ならば、時間をかけて取材したいところなのだが、日本の地方自治体とはかなり違う印象を受けた。

ケーブルカーが便利

市役所訪問後、ケーブルカーに乗ってビクトリア大学を訪ねることにした。ウエリントンは丘の上に建物が多いので、ケーブルカーが手ごろな交通手段になっている。われわれのような「ブラブラ散策者」にもありがたい乗り物である。街中から乗車。窓際に座る。車内はすいていた。山林をゆっくりエンジン音を響かせながらビクトリア大学まで上った。広いキャンパスにはほとんど人影がなかった。下車したのは僕と

T君だけだった。キャンパス内の案内を見ながら、ときにはベンチで休んだりして、小一時間ほどニュージーランドの「象牙の塔」を味わった。名門ビクトリア大学。都心から西の丘の上にビクトリア大学ウエリントン（Victoria University of Wellington）がある。設立年は１８９７年。学生総数は2万人を超えている。国立の総合大学である。大学の名称は、イギリス女王ビクトリアの名前に由来する。伝統的に、法律学、政治・行政学、芸術学、音楽学の領域から多くの人材を輩出しているとのこと。

２００５年1月1日付でウエリントン教育大学を統合してビクトリア大学ウエリントン教育学部として新たな発展をしているようだ。

ケーブルカーは、市街地と山の斜面の上にある住宅地を結んでおり、その途中にビクトリア大学駅がある。

今回は見学することができなかったが、ケーブルカーを利用してウエリントン植物園、テパパ博物館、ウエリントン動物園、展望台に行くことができる。車窓からは、美しいウエリントンの市街地や港湾、南太平洋を眺望できる。

02 ウエリントンのケーブルカー

13 ウエリントンから南島ピクトンへ

えらいこっちゃ

話はシャクナゲ旅行に戻る。

このレストハウスは安普請なのか、2階の人が歩くと廊下がミシミシいう。トイレを使用されると水の流れるチョロチョロ小さな音が聞こえる。用を足した後は、ジャーという水洗の響き。夜中の音は大きい。私たちは1階だった。

1人約3000円で泊めてくれるのだから我慢、我慢。疲れていたのかすぐに眠りに入った。

夜半2階が妙に騒がしい。眠れなくなった。朝、2階にいた人に聞いてみると、こうだった。

「ピーピーと警告音が鳴りだした。どうにも止まらない。大騒ぎになってしまった。借りてきた携帯電話が原因です。バッテリー切れでした」とのこと。

2階の携帯音が鳴りだしたとき、由紀さんが突然言い出した。

「きょうは夏時間が始まるんじゃないの」

「そうだ。ここに来る前に、日本でそんなことを勉強をしていたのに。時計が1時間早くなる。これはえらいこっちゃ」。今朝8時にウエリントン港からフェリーで南島のピクトンに渡らなければならない。その前にレンタカーを港事務所に返却しなければならない。少なくとも6時に起きなければ間に合わない。夏時間が始まるかどうか確かめていない。間違ってみんなを起こしたら袋叩きになってしまう。

僕は、愛用の携帯ラジオをイヤホンで一所懸命に聴く。しかし、3時になっても4時になっても時報がない。トーク番組がペチャクチャ話しているのだが、時報のときも夏時間のことは何も言わないように思えた。うつらうつら聞いていたので、あるいは話していたのかもしれないが。

ようやくラジオから、「只今5時です」との時報。僕の時計は4時を知らせていた。日本からの時間を修正していない時計だった。自分の時計で確認してやっとの思いでみんなをたたき起こした。

「きょうから夏時間だ。早く起きて港に急ごう。南島に行けないぞ。朝食は港に行ってからだ」

ニュージーランド的合理主義？

10月6日の朝はウエリントン港から高速フェリーでクック海峡を渡り、南島の港町ピクトンで下船する日である。ウエリントンとピクトンとの間のクック海峡を、30分から40分間で渡航する船旅。

この海路の渡航は今回が初めて。その後は数回この乗り継ぎを利用した。いつも同じ体験ということではない。それぞれに新たな体験がある。ワンパターンでは旅は面白くないから、これはこれでいいと思う。

シャクナゲ旅行のときは厳しい体験が重なった。このときはこんな経験もした。

乗船の前日、念のため港に出かけ、問題が起こらないように下調べをした。というのは、それまでの日本での経験では、乗ってきたマイカーも一緒に同じフェリーに乗せ、到着港で車を受け取り、旅行を継続することができた。またオーストラリアのタスマニアでもこの方式であった。ところが今回の場合は、ここの方式は大きく違っていた。ウエリントン港にある事務所にレンタカーを一旦返却し、改めてピクトン港にある事務所で別のレンタカーを借りることになっていると理解していた。しかしそのへんがよく理解できなかったので出港の前日、つまりタウポからウエリントンに到着して夕食をいただいてから、港に行ってレンタカー事務所で確かめることにした。状況を下調べしておこうと考えたのであった。

今ではニュージーランドでのレンタカーシステムにかなり慣れてきたが、この旅がグループで利用する初体験だった。またレンタカー旅行でフェリーを利用するのも初体験だった。ルンルン気分でレストハウスを出たかったのである。

そこで、ピクトンに行く前日、レストランで夕食を済ませた後、夕暮れになりそうだったがウエリントン港に行った。

広大な駐車場にほとんど車がない。人もやはりいない。レンタカーの営業所も見つからない。「なぜ?」

手分けして探していたら駐車場から少し入ったところでMさんが「車に鍵をかけ、この箱にレンタカーのキーを入れておいてください」と指示してあるよ、と大声で叫んだ。

レンタカーの事務所はなく係の者もいない。借りている者が設置してある返却用箱にキーを入れ、車は駐車場に返却しておけばよいということらしい。何と平和でおだやかな方法。この現実をすぐには整理できなかった。どう考えていいかわからなかった。いやはや驚いた。

人口の少ない、治安のいい、合理的な国がここにあり、と思った。これを僕は「ニュージーランド的合理主義」と解釈した。

広い広い駐車場に、整然と「鍵入れ箱」が輝いているように感じた。

「仕方ない。明日の朝早めに港にくれば、係の者が待っているだろう、何とかなるだろう」と思いなおしてレストハウスに戻った。明日から夏時間が始まることをすっかり忘れて。

乗り継ぎの朝

先に記したようにこの日早朝に僕たちは「夏時間騒動」を起こしていた。しかし港はそのような大騒ぎとは無関係に、静かな朝を迎えていた。

朝食もそこそこに港へ急いだ。軽い風があるが雨はふっていない。レストハウスに別れを告げた。

だが、港の広い駐車場には昨夕と同じく人影がない。レンタカーの事務所はなく、また船の係員もいない。私たちのレンタカー1台がポツンとあるだけだった。レンタカーから荷物を出し、鍵をかけてキーを昨夕確認した「返却箱」に返した。

依然として広々とした駐車場にはほとんど車がない。人影もない。僕らの返却した車がぽつねんとあるだけだった。

朝7時のウエリントン港は、どんより曇っていた。うす暗く、大気は冷たい。フェリー発着場は誰もいない。私たち8人以外は。朝食もろくに取らずに港に来たのに、木製の腰かけがやけに固く冷たくお尻が冷える。

すると、港内の掃除をしている中年女性を見つけた。

「出港前なのに、どうして誰もいないの?」と聞いた。

「きょうから夏時間が始まり1時間時計を早くしなければならないの。それに、今朝は海が荒れていて出発時間がどうなるのかわからない」というつれない返事。

この国がサマータイム（夏時間）制を採用していることは承知していたが、出港のこの日がその境目だとは。われわれ8人もいて、これに誰も気付かなかった。実にめでたいグループである。

1時間時計を早くして、その1時間を自由な朝食などにあてた。近くでコーヒーを飲むもよし、はたまたぼんやり海を眺めるもよし、散歩もよしとした。

結局、かなり遅れて高速船は荒波のため休船となり、普通のフェリーで南島のピクトン港に渡ることになるという。飛行機の場合と同じで、ボディチェックと荷物の点検があり、荷物を預けて乗船した。

私たちのインターアイランド号は、日本のマイカーの場合と同じく運転する者が車を専用出入り口から出し入れしていた。マイカーとレンタカーとは扱いが異なっているのかもしれない。

インターアイランド号はレストランなどもある大きな船で、海が荒れていて波がドスンドスンと不気味な音を立ててぶつかっても大揺れすることはなかった。たくさんのカモメが別れをおしむように船の周りにギャアギャア飛んできた。

ピクトン点描

ウエリントン港から南島のピクトン港に到着。ただちに、ピクトン港のレンタカー営業所に行き、予約してあったレンタカーを借り出した。

鉄道のピクトン駅前には商店街があり土産店も並んでいる。民家の庭には、シャクナゲが大輪の花を咲かせている。この時期はあちこちでシャクナゲの歓迎を受ける。日本の桜前線を思い出させる。

いよいよ南島のドライブ旅行の再出発だが、その前に、ピクトン港あたりを少し眺めておこう。

ピクトンは、ニュージーランド南島のほぼ最北端に位置する、人口3000人弱の港町である。一般的には、ピクトンは、ニュージーランドの北島と南島を結ぶ大型定期フェリーがニュージーランドの首都ウエリントン港との間を行き来していることで知られている。ワインを好む人ならば、南島のマールボロ地方のワインの町として、ブレナムとともにピクトンの名を知る人は知っている。このピクトンは、1770年代にキャプテン・クックも訪れたクイーン・シャルロット・サウンド（入り江）に面する町である。この入り江を囲む半島は、入り組んだ海岸線が続いており、その海岸線の背後には小高い山々がつらなっている。マールボロ地方には「海とワインとムール貝ざんまい」という言葉もあるとか。

01 大木のシャクナゲ、いたるところに

車内大歓声

いよいよシャクナゲを見るためミルフォードへ向かって南島ドライブ旅行の南進が始まる。

ワインの町ブレナムを通過し、鯨の町カイコウラ沿岸の海辺に来た。進行左の車窓から海浜で寝そべっている海獣のオットセイが点々。車内はおおはしゃぎ。速度を落としながら進む（ブレナムのワイン、クジラ街道、カイコウラなどは第35章、第36章参照）。

夜にならないうちにクライストチャーチに着きたい。途中休息もできるだけとらずに前進。「これぞニュージーランドの風景」という牧草地帯を走る。牧場、山林を快走。民家の垣根にシャクナゲがあればスピードを落とし、ときには停車して写真を撮ったり観賞したりしたが……。

クライストチャーチに到着

モーテル再訪

クライストチャーチに到着したのは20時頃だった。さすが南島で最大の都市。沿道にモーテルがたくさんあり、お客を待っている気配。

夜にモーテルを探すのは面倒なので以前にお世話になったことのあるモーテルをまず訪ねた。新しいオーナーが応対に出た。今度のオーナーも明るく歓迎してくれたのでここで2泊することにした。「クライストチャーチではモーテルのオーナーがよく変わるわ」と中年のおかみオーナーが笑った。

バーベキューパーティー

10月7日。きょうは休息もかねてモーテル周辺をのんびり見て歩くことにした。まずは広々したハグレー公園をブラブラした。途方もなく広大な公園だ。

夕食は近くのスーパーマーケットに買い出しに行った。朝食などの飲食物を仕入れた。今晩のご馳走用のバーベキューの肉なども買い物かごに入れた。

シャクナゲは見られなかったが、モーテルの庭の垣根にはバラが見事に咲いていた。庭にはバーベキューの設備が完備されている。お客は自由にこれを使うことができる。

ニュージーランドでは、モーテルだけでなく、公園や学校などの公的施設にもバーベキューの設備ができている。民家の庭に作っているところも特別でない。天気の良い日曜にはあちこちでバーベキューの煙と匂いが漂う。バーベキューパーティーは彼らの社交の場であり、友好の場である。招待された者は、ワインや自作の食べ物をもって出かけるのである。私たちがクライストチャーチで生活していたときには、日本酒と寿司（のり巻き）を楽しんでもらった。

旧交を温める

今回のバーベキューパーティーの宴会が盛り上がった頃を見計らって、近くに住んでいる日本人家族を訪ねることにした。かつてお世話になっていた人たちである。

突然の訪問だったのでびっくりさせてしまったが、うれしい再会であった。彼らは、日本から畳と風呂桶を運び、日本とともに生活していた。２人のお子さんはこちらの大学を卒業した。

そびえたつマウントクック

まず、テカポ湖を目指す。

10月8日。モーテルを朝9時出発。おだやかな天気。テカポの夜に、最高の星空を見ることを夢見ながら。南島最大の都市クライストチャーチからテカポまでは、車で3時間ほどだといわれている。されどわれわれはのんびりゆっくりの旅だからおそらく4、5時間はかかるだろう。

クライストチャーチを出発して約1時間、11時前にアシュバートンにきた。この町は、ニュージーランド南島カンタベリー平野にある町である。人口は約2万人。中・高校生留学歓迎の町のようである。

牧場、牧場そしてまた牧場。正午すぎテカポ湖到着。

テカポ湖は、氷河の水が育んだ湖。この湖畔の景色を感受しながら野外昼食になった。

クライストチャーチのモーテルで用意してきたおにぎりとスーパーマーケットで仕入れてきたハムやバナナ、アスパラなどをいただく。おにぎり（和食）が特においしかった。身にしみた。

テカポ湖の水は、サザンアルプスの氷河から流れ込むきれいな水で、天気の状況によって紺碧になったり青色になったりするようだが、本日は曇天でその美を隠していたようである。

時間の都合もありテカポでは宿泊せずクィーンズタウンまで行くことにする。南十字星やマゼラン星雲、満天の星空を感受することは今後の楽しみにすることになった。

遊覧フライト

テカポはクライストチャーチの街とクィーンズタウンの街を結ぶ国道沿いに位置している。その国道から右折した道路の突き当たりが世界遺産のマウントクック。素通りするわけにはゆかない。

マウントクックはニュージーランド・サザンアルプスの最高峰。英国の探検家の名前を冠したこの山は標高3754メートル。それは「雲を突き抜ける山」として先住民マオリによって崇拝されてきた神が宿る山だという。

クィーンズタウンに行く前にマウントクックに立ち寄ることにする。しかし時間的余裕はそんなにない。

小型飛行機で上空からマウントクックを眺望することに決定。ヘリコプターによる遊覧フライトや、ヘリコプターで氷原に着陸し氷原をハイキングするヘリハイクという興味のある遊覧飛行もあったが、これは今後の楽しみとして残すことにした。

予約をしていなかったので行列して順番を待った。ようやく私たちの番がきたとき、係の女性が言った。

「残席は６人分です」

われわれは８人組である。僕ら夫婦は以前フライト飛行を体験していたので今回は辞退し、みんなが帰って来るのを待つことにした。

本日は快晴である。遊覧フライトにとって最高の天候。マウントクック国立公園を上空から遊覧。日本では観ることのできない雄大な連峰や氷河の絶景を眼下に眺めることができるだろう。

他方私たち２人は彼らが帰って来るまで、土産物の売店や外の景観を楽しむことにした。しかし、待合室には暖房がかかっていないのかうすら寒かった。

もちろんいうまでもなく、マウントクックには遊覧飛行だけでなく、初級から上級までの、各種のトレッキングコースなどが用意されているなど、魅力的な話は豊富である。

国道通行止め

マウントクック遊覧フライトを終え、再び国道８号線に戻った。「快調にドライブ進行」と言いたいところだが、だんだんのろのろ運転になってきた。ニュージーランドではめったにお目にかかれない渋滞になり、ついに動くことができなくなった。

長蛇の車列。多くの人が車から出ている。道路脇の草原で眠っている人、本を読んでいるご婦人、おしゃべりに花をさかせている若者、簡易コーヒーメーカーでいい香りを漂わせている家族などなど、まことにのんびりしたものである。僕は車から出て、情報収集。その結果は、「昨夜の大雨で山崩れが発生、道路に土石が落下。それを取り除いている。いつ道路が開通するかわからない」という話。

「待つ」ということを心得ているのだ、と思った。あわててもしょうがないということなのだろうか。

さまざまな人生模様が展開されている。文句や不満を口にする人には出会わなかった。おおらか、のんびり、「果報は寝て待て」という風情。

1時間ほどで車がゆっくり動きだし、すぐに通常のスピードに戻った。何事もなかったように。

14 明日はミルフォード・サウンド

テアナウを拠点にする

本旅行の最終日には、ニュージーランドで一番大きな国立公園に近づき、シャクナゲドライブ旅行の総仕上げを狙っている。フィヨルドランド国立公園に少しでも近づき、ミルフォード・サウンド辺りでシャクナゲを愛でることができればと考えている。しかし日程も詰まってきたので、今回もかつて私たち家族が行ったコースをたどるのが無難だろう。クィーンズタウンからテアナウに行き、ミルフォード・サウンド入りを果たす。これがこの前の行程であった。僕たちはすでに2度きているが、何度でも訪れたいところ。確か、メンバーにとっては初めての訪問だと思う。前回の模様を以下に記す。

テアナウの旅行営業所に行き、ガイド付きの土ボタルツアーを申し込んだ。日本語付きツアーもあるようだが、値段のこともあるので、英語を勉強するつもりで英語ツアーに決めた。

係の女性のアドバイスは「土ボタル洞窟内は濡れているのですべりやすい。靴に『すべり止め』を着けるといいよ」とのアドバイスがあった。土ボタル鍾乳洞は、テアナウ湖の対岸の山林のほとりにあった。

ツアーは、テアナウから湖を渡るボート、クルーズであった。美しい湖の風景を眺めながら、遊覧船で30分ほど。少し歩いて洞窟に着いた。

まず、ビデオなどを使って土ボタルについての勉強会。その後、小グループに分かれた。洞窟内の小型ボートで見学するグループか、徒歩で見学するかを選択。僕たちは小型ボートを選択。音を立てて激しく流れる洞窟内の小川に沿って歩き小型ボートに乗った。

天井や土壁、岩にピカピカの土ボタルが天空の星のように光っている。群れをなしているホタルもいる。洞窟奥の小川のサラサラ流れるせせらぎは、バックグラウンドミュージックである。

ニュージーランドには北島のワイトモとここテアナウに、先住民マオリ族が伝えた鍾乳洞土ボタルがいる。

01 途中の山林道

ミルフォード・ダウトフル・ツアー

翌朝、ツアーバスでテアナウを出発し、山岳道路に入った。この地域には、氷河の流れで形成された多くの入り組んだサウンド（入り江）がある。天気は曇っているが雨ではない。山林の緑の中をさわやかにバスが走る。最初の観光ポイントは「ミラー湖」だった。明鏡止水というわけにはいかなかった。駐車場でバスを降り、5分ほど山道を歩いて湖のほとりに来た。「ミラー湖」とは、湖面に、青空や周囲の山林の緑や紅葉がくっきり美しく映し出される湖をいう。このフィヨルド・ミルフォード・サウンドの湖が「隠れた湖の名所」といわれる。なお、フィヨルドとはノルウェー語の「入り江」という意味。氷河による浸食作用によって形成された複雑な地形の湾や入り江のことである。残念ながらその朝は曇天であった。湖面に白波が立ち、鏡のような美は隠れていた。

バスに戻り再出発。山岳道路をバスが走る。

桟橋から遊覧船に乗船。曇っているが雨はなさそう。海は荒れていない。簡単なサンドイッチ程度の昼食をいただく。山の方を見ていると何本もの白い帯が空からおりてくるようにたれさがっている。「滝の白帯」といえようか。

他方、サウンド（入り江）に目を転ずると何頭もの海獣が岩の上で寝そべっている。こ

02 ミラー湖。湖水に映った看板に注目

こはイルカやアザラシ、ペンギンたちの天国かもしれない。生息地になっているようだ。

ニュージーランドは南半球で温暖で牧歌的なのんびりしたところというが、ここは南極からの冷たい風が舞う氷河の国ともいえる。その氷河がこの地にサウンドをたくさん形成し、そこが海獣や鳥たちの生息地になっているのだ。

氷河の贈り物？

ダウトフル・サウンドやミルフォード・サウンドは、フィヨルドランド国立公園の人気スポットである。フィヨルドランド国立公園の海側は険しい岩の壁になっている。この地形は、氷河期が繰り返されることにより岩がけずられ形成された。

世界遺産を含むフィヨルドランド国立公園は、ミルフォード・サウンドやダウトフル・サウンドを含む。そしてニュージーランド最高峰のクック山のあるマウントクック国立公園の地形は、氷河からの贈り物といえようか。

ミルフォード・サウンドは、細長い入り江がタスマン海まで15キロにも達しているという。この2つのサウンドを擁する絶景スポットには、クルーズや遊覧飛行での鑑賞ツアーもある。

しかし、ダウトフル・サウンドへは、ツアーでしか訪れることができないとのことであった。一般車では立ち入ることができない。ということで、バ

03 ミルフォード・サウンドの遊覧船

スとボートクルーズが組み込んであるツアーを選んだ。山岳道路を上り下りしてバスが走る。らせん状のトンネルを出た。

下って駐車場で降車。発電所見学。ニュージーランドにおける最大の水力発電所という。ここがマナポウリ地下発電所。30分ほどで次の行程。長い海岸線と複雑に枝分かれしているサウンド（入り江）になっていて秘境にふさわしい雰囲気。キャプテン・クックが「何がおこるかわからない入り江」ということからダウトフル（疑わしい）と名付けたとか。

船のエンジンがとまった。静寂。

15時頃、マナポウリの桟橋に戻り、再びバスの人になり、車窓を楽しみながらテアナウに帰ってきた。

テアナウの町点描

テアナウはフィヨルドランド国立公園などの玄関口。街の規模は人口2万人に届いていない。山里の閑静な町である。ニュージーランドの大きな街では電柱があまり見られない。テアナウもそうである。

民家の庭にシャクナゲが見られる町である。緑の芝生とイギリス式庭園のある町であった。テアナウは、テアナウ湖のほとりに位置する町でもある。

テアナウ湖は、その大部分はフィヨルドランド国立公園及び世界遺産 テ・ワヒポウナムに属し、カヤックやクルーズ、釣り、ハイキング、トレッキングなどの野外活動の場でもある。

以下、シャクナゲドライブ旅行の報告に戻る。

15 えっ、ミルフォードに行けない!?

クロムウェルの町

マウントクックの素晴らしい遊覧の後、突然、まことにニュージーランドらしい情景に出会ったことはすでに報告した。大雨による土砂崩れ国道一時閉鎖事件の後、私たちはクィーンズタウンに行って今夜泊まる寝どころを見つけなければならない。

車の数が増えてきた。民家やモーテルがちらほら出てきた。プカキ湖近くのトゥイズルという森林の中の集落である。閑静な風情のあるところ。疲れも出てきたので、「今夜はここで泊まることにするか」とも思ったが、僕の個人的予定も詰まっている。今回は「星空の名所」にも宿泊せずクィーンズタウンまで足を延ばすことに決めてきた。クロムウェルの町を通過して8号線をさらに進行。クロムウェルはセントラル・オタゴ地方の小さな町。クィーンズタウンまで小一時間で行ける距離である。1980年、90年代にクライド・ダム発電所が建設され、1992年にダムが完成した。ダムの水がたまり、ダンスタン湖となった。その結果、クロムウェルの歴史ある地帯は今、湖の底になっているという。

また近くにあるアロータウンはかつてゴールドラッシュ時代に金鉱夫たちが造ったところ。その歴史は1800年代のゴールドラッシュの時代にまでさかのぼる。その歴史的物語は、旅行者向けのアトラクションになっているようだが、今回はパス。

クロムウェルから今夜泊まりの町クィーンズタウンまでもうすぐだ。このあたりで一休みしよう。クロムウェルは果物やワイナリーで目立つところ。果物をピッキングしているという道路沿いの店で果物を買った。

17時頃クィーンズタウンに入った。

別れの朝食会

クィーンズタウンはクライストチャーチを出てからの最初の大きな都市。街も大きい。モーテルもたくさんあり、宿を簡単に見つけることができた。閑静な住宅街の一隅にあった。

きょうは10月9日。昨夜、近くのスーパーマーケットに出かけて夕食と今朝の朝食用の飲食物を買ってきている。例のごとく、一つの部屋に全員勢ぞろいして朝食をいただきながらのミーティング。話の中心は、きょうは僕と由紀さんが他のメンバーと別れるということであった。本日は、僕の職場の都合で日本に帰る日なのであった。皆より早く帰国しなければならない。最初の心づもりでは、シャクナゲ旅行の締めのミルフォードまで一緒に共に行動できると思っていたが、マウントクック遊覧フライトという予定外のイベントを入れたりして行動予定がずれてきたのであった。そういう次第で今朝の会合はこの点が中心の話題となったのである。

天気は上々。私たちのオークランド行きのクィーンズタウン空港発の時刻までまだ3時間ほどある。僕らは時間がくるまでモーテルで待つことにする。

モーテルの玄関で、みんなの素晴らしいミルフォード・シャクナゲドライブの旅の成功を祈って彼らの車を玄関先で見送った。

えっ、がけ崩れで行けない？

ミルフォード・サウンドのシャクナゲ観光へ出かける仲間と別れ、タクシーでクィーンズタウン空港に向かった。一般に、ニュージーランドのタクシー運転手は快活でよくしゃべる。彼らとの会話は僕たちの楽しみの一つである。

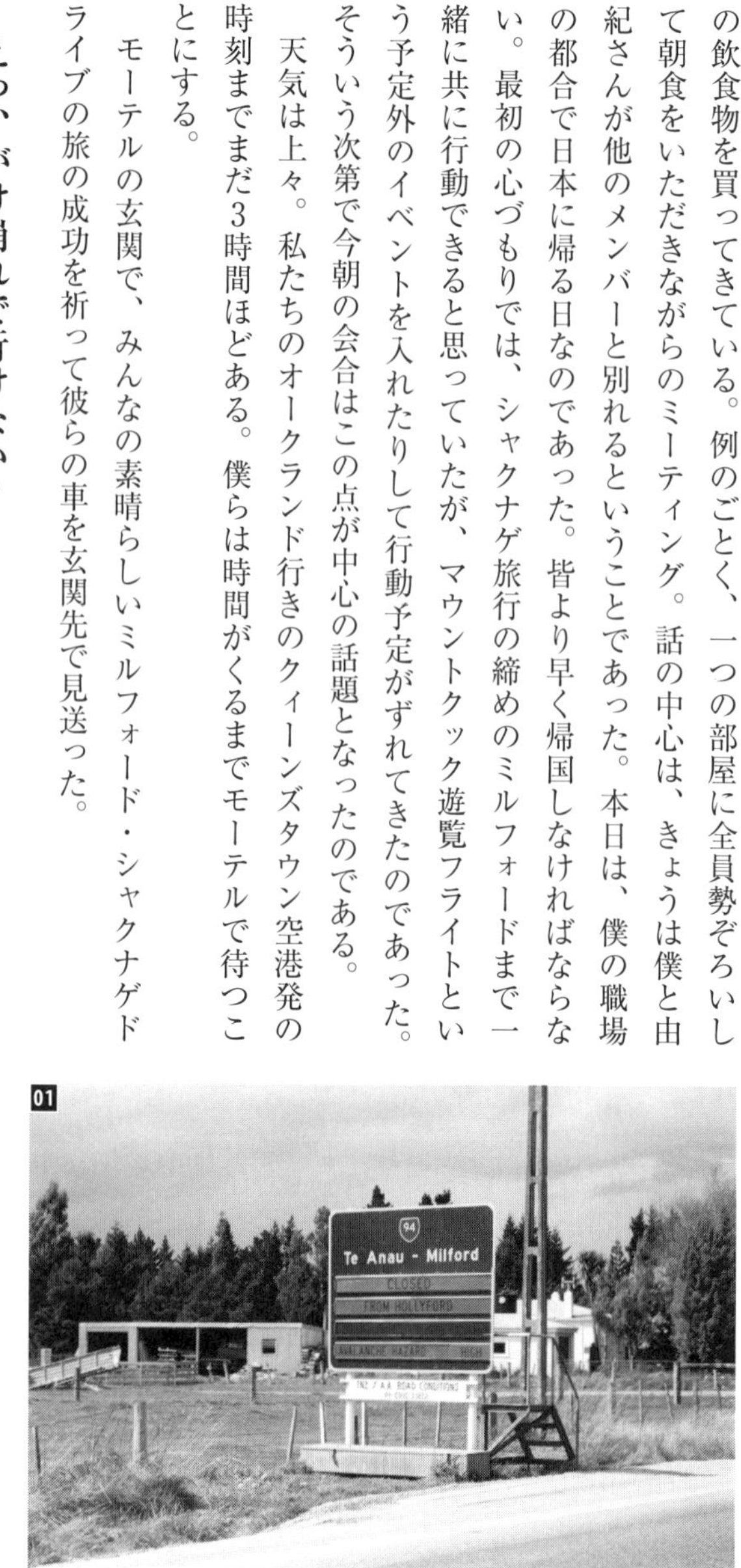

01 国道94号線通行止め！

運転手が尋ねてきた。

「クィーンズタウンはなかなかよい町でしょう」

「そう思うが今回は仕事の都合で日本に帰る。次回にクィーンズタウンを楽しむよ。仲間は今朝、シャクナゲを見にミルフォード・サウンドに出かけた。明日、クィーンズタウンの町の観光をすることになっている」と僕が言うのを遮って大声で彼は反応した。

「ミルフォード・サウンドへの手前の道路が土砂崩れで閉鎖された。先ほどお客を乗せて行き、土砂崩れの手前から帰ってきたばかりだ。あんたの仲間のシャクナゲ観覧はできないよ。引き返してクィーンズタウン観光をすればよいだろう」と彼は興奮して一気に話してくれた。

このときには携帯電話はなかったし、連絡を取り合うこともできない。応援しにクィーンズタウンに引き返そうかとも思案したがそれも無理と決断。

「このまま空港にやってよ」と運転手に言った。

空港の係員から、「2人でリュック1個の荷物ですか。お土産はどうしたのですか」と言われたが「旅が上手ですね」とも褒められた。日本の空港係員とはだいぶ違う彼らである。

さて、シャクナゲ道路閉鎖の話に戻る。帰国後の仲間の話によれば、

02 土砂崩れのため道路が閉鎖

がけ崩れの現場近くまで行ってそれ以上は進めないことを確認してからクィーンズタウンに引き返し、ゆっくり市内観光を楽しんだそうである。

10月11日、シャクナゲ一同は、予定どおりクィーンズタウン空港からオークランド空港。この日は、オークランドの市内観光や夜の町の散策をして泊まった。

10月12日、オークランド国際空港から関西国際空港へ。無事全員元気に帰国した報告を聞いて、ようやく私たちは安堵した。

第3部

魚釣りを含む北島3週間のドライブ旅行

２００４年10月25日～11月13日

16 海外旅行の在り方

旅行プログラム

三重豪ＮＺ協会の４回目の海外旅行は、ニュージーランド北島を３コースに分け、参加者の生活や好みに応じて旅行コースを自由に選ぶことにした。当時、現在でもそうかもしれないが、日本人の海外旅行は、一般的に旅行会社のプログラムに沿って短期間に少しでも多くのいわゆる名所・観光地をあわただしく転々と回る旅模様だった。行く先々でたくさんの写真を撮り、当地のご馳走を楽しく飲食するパターンであったように思う。

帰国して写真を整理をするとき、その地域や町がどこなのかわからない、あるいは忘れたなどという笑うに笑えない悲喜劇を展開していたことも多くあったのではないか。

言葉も、生活習慣、文化、歴史も異なる海外旅行において、100点満点はありえないかもしれないが、「それで十分」という答えもあるかもしれない。

私たちはこれまでイギリス、オーストラリアそしてニュージーランドでかなり長期にわたって海外生活をする機会をいただいた。かの地で知り合った人たちの海外旅行の在り方、考え方は私たちと違う。海外旅行に出る前に相当時間とお金をかけて入念に準備する。旅行期間も長い。2、3年かけて準備している知人もいた。しかも旅行期間が長い。お金をかけずに行くことも考える。旅行案内書も分厚い本であり、それをもって旅行する。今日ではパソコンなどの機器を利用して時間をかけて計画している。

そこで、わが協会の旅行日数は少なくとも10日以上を目標にしようと考えた。しかしこれは至難の業だった。そんなに長く休暇がとれない、学校を休めない、2、3日でも家庭を留守にすることはできないなどの理由が噴出した。みなそれぞれに理由がある。一言で「それはおかしい」とはいえない、と僕は思った。

外国の人とは「生き方」が違うのである。海外旅行はそういう大事なことを考える絶好の機会だとも思った。

そこで、今回手始めに、ニュージーランドにおいて特に見聞・体験したいことを参加希望者に提出してもらった。そして次の要望が出された。

太古のカウリの森、森林浴、90マイルビーチ、渚ドライブウェイ、レインガ岬、ワイタンギ条約締結の歴史の町、コロマンデル半島、海と川で魚釣り、ホットウォータービーチなど。

以上のような要望を踏まえてできるだけ各自の生活あるいは人生設計や趣味、好みに合うように意見を聞きながら3つのコースを設定した。

航空機はニュージーランド航空、現地の移動手段は原則的にレンタカー。ただし、都合のある人は飛行機の利用も可。旅行期間も3種にする。

最初の予定では、ニュージーランド北島に限定していたが、南島にも行ってみたいという希望があり、南島のクライストチャーチとクィーンズタウンを含めたコースも設けた。

旅行期間は2004年10月25日から11月13日までの20日間の3週間とした。「長すぎる」という強い反対意見もあったが、実験的にあえて長めに設定した。

以上のようなプログラムの大要を設定し、次の文書を参加者に送った。

2004年吉日。「ニュージーランドからの便りによりますと、そろそろ汗ばむ季節になり、花々も開く良い季節に入ったとのことです。朝夕はまだ寒いとのことですが。10月3日からは、夏時間になり、日本との時差は3時間から4時間になりました。ニュージーランドが4時間進んでいます。10月17日現在、ニュージーランド・ドルは1ドル80円弱です。旅行当日の集合日時と場所は、10月25日16時、名古屋空港国際線ターミナル3階南側のセキュリティー預け入り口です。荷物預けなどの手続き終了後旅行の打ち合わせを行います」

以上の計画に基づいて旅行を開始。参加者は、夫婦2組、兄弟1組そして男女各1人のシニア8人の旅行団であった。

もう一人の男性シニアは、旅行直前に病気が出て急に入院となった。しかし几帳面な彼は、前年お孫さんと北島旅行をしており、釣りの情報とともにコースの地理をアドバイスしてくれた。そのおかげで私たちの「魚釣り」は大成功となった。

Kさんは、仕事のため、オーストラリアにゆき、その後にニュージーランドでわれわれと落ち合うことになっている。

名古屋国際空港閉鎖？

2004年10月25日（月）。旅行リーダーのM弟さんの指揮の下、わが協会交流旅行初参加のご婦人とMご夫妻、それに兄弟2人プラス私たち夫妻の合計7人が名古屋国際空港に元気満々集合。全員がシニアである。

名古屋国際空港発、18時30分。

このとき、次のようなことを聞いた。

「中部国際空港（セントレア）が2005年2月27日にオープンする予定」

実現すれば名古屋国際空港からのニュージーランド行きは、今回が最後かもしれない。航空界も変化が多い業界である。利用しやすくなるといいのだが。

在留の人からの応援

2004年10月26日（火）、オークランド国際空港8時20分到着（現地時間）。空港で、わがメンバーのMさんの同郷の友人であるオークランド在留のXさんの歓迎を受ける。今回の旅行についていろいろとお世話になっている男性である。外国旅行に出かけるとき、こうした在留の人にしばしばご支援いただくことがある。ありがたいことである。

17 北島の冬

ロトルアのモーテル

オークランド国際空港バスターミナルからバスでロトルアに向かう。車窓から牧歌的な牧場風景を眺めながら快適にバスは走る。1時間半ほどで、16時15分にニュージーランドの大温泉郷ロトルアに到着。

今夜の宿泊は、以前私たちがお世話になった日本人経営のモーテルである。ここには日本式露天風呂があり、魅力的。メンバーにも体験してほしかった。二晩お世話になる。

現地視覚障害者協会訪問

10月27日。かねてから、三重豪NZ協会に、三重網膜色素変性症協会（三重色変協会）の会長さんから、ニュージーランド旅行の支援要請があり、三重豪NZ協会の会長の僕は、そのときの交流候補地としてロトルアを考えていた。今回その可能性を調査しようとロトルアにきたのである。この病は進行性・遺伝性の眼病であり、失明にいたることがあるという。難病法において、「難病」に指定されている。

モーテルで朝食を取ってから、みんなで朝の散歩に出かけた。その途中で私たち2人とKさんは、現地の視覚障害者協会の事務所を訪ねた。初老のマオリの男性が出てきていろいろな情報を丁寧かつ親切に、話してくれた。視覚障害者協会の会長に連絡しておくとのことだった。

その夜、会長夫妻がモーテルに来てくれ、「三重歓迎」の言葉をいただいた。

さて、30分ほどで現地の視覚障害者協会事務所を出てわがメンバーと合流。その足でレンタカー営業所に行く。8人乗りのワゴン車を予約。ドライブ旅行開始である。

朝のミーティングと町内散歩

朝食はモーテルの一部屋に集まり、昨日の散歩のときにスーパーマーケットで仕入れたパンやハムなどをいただいた。そして本日の旅について話し合った。

Kさんから貴重な話題が出された。早起きして町の空き缶のゴミを拾ってビニール袋に入れたらこんなにあった、と紹介された。ここにもポイ捨て問題があることを知った。本日の予定などを話し合った後、街周辺を探訪することにした。曇天だが朝の大気はすがすがしい。

10分も歩けば街中心につく。途中、硫黄のにおいが漂ってきた。においに引かれて近づいた。こじんまりした池に大分県別府市で見て驚いた坊主地獄がここにもあった。さすが温泉郷ロトルアだ。ブクブクブクと音を発し、湯気を立てて泥が踊っている。坊主頭ができている。

地熱観光

ロトルアは、ニュージーランド有数の「地熱地帯」である。ここに「地獄門」という恐ろしい名称の見どころがある。この門をくぐると一帯が泥温泉地。フツフツと熱い泥が噴出している。足湯もある。地熱地帯とその地熱を利用した温泉療養施設もあるらしいが、今回は情報だけにした。

ポリネシアンスパの駐車場に入る。スパの入り口に入るとむっとする暖かい空気に迎えられた。広々とした建物内の諸施設には驚かされた。ポリネシアンスパには25以上の温泉プールがあるという。大人専用プール、貸切用プール、ファミリースパなどが用意されている。脱衣所、シャワー室、

01 泥坊主

トイレなど、広くて大人でも迷子になってしまいそう。それを見ただけで気落ちしそうになるが、元気一番、大人用のプールにまず入った。真水のプール（風呂）もある。結構お客が入っているが、私たちは敬遠。それでもいくつかのプールを探検してみた。

一日いても退屈しないだろう。各種プールのほかに、他の健康器具、遊具もある。われわれはそういう器具と遊ぶ余裕がなかったので「長居無用」とその場を離れた。

ワイトモ、オトロハンガなど

10月28日。きょうは土ボタル（グロウワーム）の見学が最初の予定。ニュージーランド北島で一番の観光地ロトルアを後にして10キロほどで北島で2番目に大きいロトルア湖を横目で見ながら、一路ワイトモへ。

ワイトモ洞窟に到着。ここで土ボタルにお目にかかる。

車を駐車場に置いて鍾乳洞入り口へ。お客はそう多くなかった。

鍾乳洞の中はヒンヤリしていいて暗い。洞窟の天井の隙間から冷たいしずくがときに体にぽつりぽつりあたる。ゆっくり歩く。遠い過去から代を重ねた土ボタルが柔らかく青白く光っている。

洞窟内に流れるきれいな小川で運行している小型ボートに「どっこいしょ」と乗船。ボートを操る船頭の説明を耳にしながらの勉強。鍾乳洞に生息し大昔から生き続けている小さく強靱な命たち。暗闇の中、船に乗って進んでいくにつれ、土ボタルの放つ幻想的な光が天井一面に広がってきた。ワイトモ鍾乳洞はオークランドの南にあり、オークランドからも訪れることができる（第25章参照）。ワイトモ洞窟では、幻想的な光を放つ土ボタルのみならず、長い長い年月をかけて成長してきた鍾乳石や石筍など、大自然が創造してきた貴重な自然の芸術もあわせて見学することができる。なお、石筍とは鍾乳洞内にできる炭酸カルシウムの沈殿物の一種で、天井から落ちる水滴中のカルシウムが床に沈殿、大きくなって、たけのこ状になったものだ。

オトロハンガのキウイハウス

本日もよいドライブ日和。午前中はオトロハンガにあるキウイハウス見学も予定している。

キウイはニュージーランドに生息するこの国を代表する鳥であり国鳥である。妻を大事にする夫を「キウイハズバンド」という。キウイは仲良し夫婦だそうだ。

また、ニュージーランド産の果物であるキウイは人気ある果物。日本のスーパーマーケットでも買うことができるのはご承知のとおりであろう。甘く酸っぱい果物である。そのような意味でもキウイハウスに興味をもって訪れた。

鳥のキウイは、飛ばない鳥の一種である。ここは、キウイという国鳥を飼育し保護する施設である。オトロハンガキウイハウスは、１９７１年にキウイの

02 土ボタル

保護施設として設立された。ここでは、キウイ以外の、ニュージーランド原生の鳥類と爬虫類を見ることも可能。クリスマス以外は年中無休。

土ボタル鍾乳洞からワイタキ地方の玄関口の町オトロハンガにあるキウイハウスまでは30分ほど。広大な牧場地帯の中での慣れていない運転はむずかしそう。キウイハウスを見つけるのに少々時間がかかった。

午後のプランは、ハミルトンまで行くことである。

ワイカト川辺

キウイハウスを13時過ぎに出て、途中、カフェ・レストランでゆっくり休憩を取った。カフェを出て自動車専用道路に乗って15時頃ハミルトンに着いた。

ハミルトンは、ワイカト地方の中心都市である。ワイカト地方は大農業地帯。そしてワイカト川は、ニュージーランド最長の川であり、ハミルトンを堂々と流れる大河である。河口および合流先はタスマン海のワイカト港である。ニュージーランド北島中央部に位置するトンガリロ国立公園内にあるルアペフ山に発し、タウポ湖やハミルトンの町を経由して、オークランドの南方でタスマン海に流入する。下流は多くの湖沼が存在する湿地帯であるが、土地改良が行われた結果、酪農が盛んに行われるようになった。なお、川の名称はマオリ語に由来し、「流れる水」を意味するとか。

道路脇の駐車場に車を置き、熱帯の大木らしき並木の通路を下ってコンクリートで整地された川辺に行った。ゆったり流れる川には数台のボートがあった。遊覧船が戻ってきて乗客で桟橋がにわかにそうぞうしくなった。夕方になりつつあり、それ以外の人影はまばらだった。

川岸の案内板によれば、ワイカト川のほとりに広大なハミルトン・ガーデンズがあり、約60エーカーというガーデンが造園されているとのこと。日本庭園を含む外国のガーデンが見られるようだ。ゆっくり鑑賞したいところだが、今回は予定外であり、別の機会の楽しみに残しておくことにした（第27章参照）。

ハミルトンはニュージーランドで4番目に大きな人口をもつ都市。都市圏人口約18万人。ニュージーランド北島の中心より少し北に位置している。

ワイカト地方は肥沃な大地に牧草に覆われた緑の豊かなニュージーランド有数の酪農地帯である。また、先住民族であるマオリの村がたくさん存在していたところである。

ハミルトンはこの国最大都市であるオークランドから南に車で1時間ほどのところにある。

ハミルトンにはワイカト大学があり、オークランドやクライストチャーチ、ダニーデンとともに留学生に人気のある都市だ。ハミルトンはそのような地方カラーを持つ都市といえようか。

ハミルトンのモーテルで泊まる。明日からは、ノースランド（北部地方）旅行が中心になる予定。

18 カウリコースト

カウリの森

10月29日。きょうの最初の予定は、オークランド国際空港。オーストラリアの仕事からニュージーランド旅行のわれわれの旅行に参加し、3泊して再びオーストラリアの仕事に行くKさんの見送りである。元気いっぱいの80歳パワーに脱帽である。

ハミルトンのワイカト川の畔のモーテルを7時過ぎ出発。Kさんはいつもハツラツでフットワークも軽やかだ。

カウリコースト・フォレスト

ニュージーランド北島地方のカウリコーストへは、オークランド空港から北へドライブの旅を楽しんだ。天気も上々。

ノースランド（北部地方）

西海岸一帯はカウリコーストと呼ばれ、カウリの森の保護区に指定されている。カウリとはニュージーランドの、大昔からの巨木で、かつてはこの国にたくさん生育していたが、19世紀の開拓時代から乱伐され、今ではほとんど残っていない。

カウリコーストにあるワイポウア・カウリ・フォレストはニュージーランド原産の貴重な巨木カウリが見られるところ。

われらは、Kさんを国際空港で見送ってから「カウリの森」に向かったのである。のんびりした旅だからあわてることはない。

オークランドを出ておよそ185キロほどでノースランド西海岸の町・ダーガビル。ここでカウリやその樹脂の取引が行われていたという。開拓の最盛期に栄えた町といえようか。川幅が広いワイロア川が流れている。

現在は酪農が盛んのようだ。国内のクマラ（サツマイモ）の約3分の2はこの地域で生産されているとか。19世紀に建てられた建物の多くは修理改装され、カフェやアートショップなどが営業している。

ダーガビル博物館には、マオリの工芸品や難破船からの宝物、樹脂採取器具

01 カウリコースト。ワイポウアビジターズインフォメーションセンター

などを見られるらしいが、今回はパス。マタコへには、カウリ乱伐の歴史などカウリに的を絞った博物館があるらしいが、ここも後回し。

カウリコーストは国道12号線沿い一帯に広がっている。具体的には、オークランドを出て国道1号線から分岐してノースランドの西海岸を進んで国道12号線に沿った一帯がカウリコーストである。

カウリとの共生

14時過ぎに「カウリの森」に着いた。駐車場に車を置いた。数台の車が駐車していた。ここに来ればニュージーランド北島の太古の森を体験でき、森林浴もできる。

森の中は自然そのもので通路は大小の岩石、木の根っこ、坂があり、小川もある。ところどころ木道があるが、これはカウリの根を保護するためと人が歩きやすくするためのようだ。

四方八方からいろいろな鳥のさえずり。谷のせせらぎと森のシンフォニーを聞きながら森林浴もいいもんだ。

森の出入り口では係員の指導の下、靴の泥を取り、石鹼水で消毒する。

「カウリにはウイルスやばい菌をつけないように注意している。カウリは弱いからね」ということである。

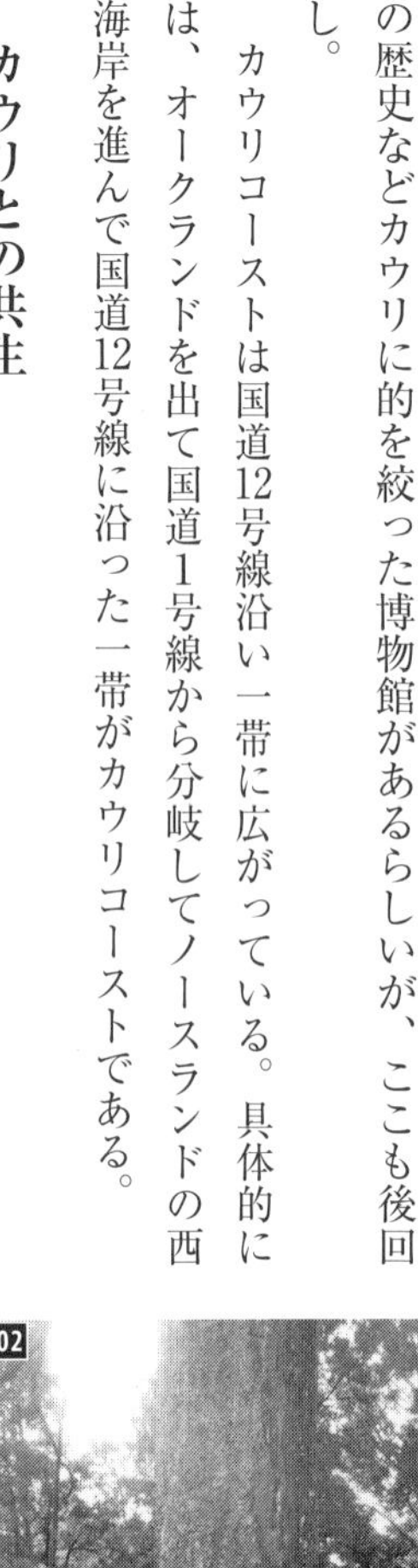

02 カウリの木（パリー・カウリ・パーク）

10月29日は「カウリの森」付近に泊まることにしてモーテルを探した。だが、山林の中の道沿いではモーテルは多くなく、やっと見つけて訪ねても、なかなかわれわれ7人がいっしょに泊まれるモーテルに出会わない。だんだん薄暗くなってきた。「こうなったら徹夜してでも探すかそれとも車の中で眠るか……」などワイワイ言いながら、また大きな声を張り上げて合唱などして盛り上がった。山林道で出会う車はほとんどない。

巨大ウナギの出迎え、天然ですよ

ようやく全員が1ヵ所に泊まれるモーテルに出会った。カウリコーストの一隅のトラウザンカウリパークのトップテン・ホリデーパーク。ロッジスタイル。夕闇が迫っていた。ここで2泊。

夕食はいつものように、途中で仕入れた食品を調理してモーテルで済ませた。

M兄さんは、竿釣りはあきらめ、毛ばり漁、餌を付けた釣り針を一晩川に浸けておく漁法を試みることにした。6本の釣り針と餌を準備してサンダル履きでロッジ裏すぐの川に下りた。ズボンをめくって流れの早い川に入った。「30センチの深さだったろうか」という。重りにする小石に釣り針の付いた糸を結んで2本を川に投入した。2メートルほど先のヘッドランプの光の中にランランと光る4個の赤い目玉がこちらを見ている。びっくり。ポッサムと思しき2頭の野生動物。釣り餌をねらってやってきたらしい。水をぶっかけて追い払った。兄さんは、川の中に餌を付けた釣り糸を手に持っている。それがグイグイ引っ張られる。大きなウナギがかかったのだ。先に投入した2つの針にも、ウナギがかかっている。てんやわんやして、2尾ゲット、1尾は逃げた。ロッジのダストボックスに水を入れウナギを急いで入れた。それを重そうに持って満面の笑顔を見せてロッジに帰ってきた。ロッジを出てから10分も経っていなかったであろう。みんなも驚き、巨大ウナギに見入った。

僕の祖父や父は魚釣りが大好きで一緒に川や海に釣りにつれていってくれたし、また友達とよく魚取りに出かけたものである。三重に住んでからも若いときには津市の上浜や鈴鹿の千代崎海岸などに釣りにでかけたが、このようなウナギ釣りは聞いたことも見たこともない。

この旅行に出る前に「魚釣りができれば挑戦しよう」と話していたが、おそらく誰も今夜のような素晴らしい出来事は想像していなかったろう。

10月30日。朝食を終え、みんなでMさんの案内で現場にいった。30から40センチの鱒と思しき魚が群れをなしておよいでいる。Mさんは早速餌釣り、ルアー釣りで「夢よもう一度」と挑戦したが、午後になってウナギが釣れ出した。

Mさんと由紀さんが3尾ウナギをゲット。今夜のウナギどんぶりのウナギの数が合計5尾となった。

Mさんはさらに鱒をねらった。大きな引きがあり、相手はなかなかあがってこない。

ようやく姿をみせた瞬間、寿司屋の大湯飲みのような太いウナギだった。散歩していた2組の白人シニアカップルが「オオ、ビグワン」と拍手してくれたそうである。ところがこのお化けウナギ、持ち上げても持ち上げても、ウネウネあばれて水から出てこない。ついにMさんはお客を前にして釣りあげるのを断念。残念、無念。

ロッジの主人に「たくさんウナギが川にいるが、ロッジで飼っているのか」と尋ねたら、「天然ですよ」と答えた。

その後はみんなでロッジの近場でトレッキング。

夕食は、調理の資格をもっている釣り名人Mさんの指揮によるウナギどんぶりだった。ロッジに備えてあるナイフではウナギが大きすぎて料理できない。日本から持ってきた「餌切用」の小刀で3人掛かりで取り組んだ。1人がウナギの頭部をおさえ、他は胴体をおさえそしてもう1人がウナギをさばいた。この激闘と日本からの醤油と砂糖のおかげで豪華で存分のウナギどんぶりにあずかることができた。

夜はガイドさんの導きで、森の「ナイトツアー」に出かけた。森の動物の光る眼と夜のざわめき、野獣のおしゃべり。そして満天の星のきらめき。とても印象的な夜だった。

03 料理中の大ウナギ

19 ニュージーランド最北端地域を行く

10月31日。2日前、ワイポウア・カウリ・フォレストのタネマフタ森の神木には近づくことができなかったので、今朝改めて参上して、敬意を表してから、ラウェネに向かった。ここからフェリーでコフコフに渡るためだ。

ラウェネは、ホキアンガ湾に面している街である。

「カウリの森」を抜けるとすぐにホキアンガ湾に着いた。湾の北側は巨大な砂丘になっている。南側にはオマペレとオポノニという2つの小さな町がある。ホキアンガ湾の周辺で最も大きな町がラウェネである。歴史的建造物のあるこの町は、ニュージーランドで史上3番目にヨーロッパ系移民が築いた町とされている。渚には板張りの遊歩道が設置されている。

このラウェネから対岸の町コフコフやニュージーランド最北端のレインガ岬へは、カーフェリーが出ていたと思う。

ラウェネからショートカットしてフェリーでコフコフへ。コフコフは落ち着いた歴史的な湾岸の町だった。カウリの伐採が盛んだった頃、ここは、ホキアンガ港周辺で一番大きな町だったらしい。

コフコフから北に向かうと北部地方のアワヌイに「古代カウリ王国」という観光スポットがあった。カイタイアの北約8キロに位置している。王国で、各種のカウリ製品やカフェ、ガソリンスタンドなどを利用できる。

カイタイアの町は、レインガ岬や90マイルビーチへの拠点の町である。マオリとダルマチア（クロアチア西部）系の子孫が共存している町といわれる。カイタイアは、ニュージーランドのファーノース地区（極北）への玄関口の町である。最北端へ向かう道中にある最後の町である。

最果てのレインガ岬の灯台で南太平洋の怒涛の波打ちや巨大砂丘に驚愕。大渚ドライブウェイの快走が続く。また浜のウォーキングや珍しい貝ひろいも楽しい思い出となった。

10月31日。カイタイア泊（レインガ岬と90マイルビーチについては、第3章参照）。

20 ニュージーランド国の誕生の地

ワイタンギというところ

11月2日。カイタイアからパイヒアまでは100キロほどで2時間あれば行ける。10時半ごろにパイヒア港に着いた。パイヒアは、ベイ・オブ・アイランズ（群島湾地方）の代表的な町。ここでは、各々が自由に行動することにした。

桟橋から、いろんなクルーズ観光船が出ている。イルカクルーズに出かける者もいた。モーテルで、ゆっくり休み、レンタカーにワックスがけしていた者などさまざまだ。

ワイタンギと国の誕生

ワイタンギはニュージーランドの歴史にとって特別に重要な意味をもつところ。いわゆるワイタンギ条約がここで締結されたからである。５００人以上のマオリ族の酋長と英国政府代表との間で、１８４０年２月６日にこの条約が締結され、ニュージーランドは英国の植民地とされた。条約締結時の英国君主は、ビクトリア女王だった。現在では、２月６日はワイタンギデイとして国の祝日になっている。

この地に英国人が入植して以来、先住民族のマオリ族と英国人との間の戦闘が絶えなかったという。この事態を打破すべく、マオリ族に英国民としての権利を与え、かつ、土地の権利を引き続き彼らに認めることによって、ニュージーランドが事実上、イギリスの植民地になることを条約で定めたのである。

余談だが、１８４０年代といえば、日本では「鎖国」から「開国」、「封建国家」から「近代国家」へという歴史の飛躍の時期になっていた。長い武士支配が終わり、新しい明治時代に突入する前の動乱のときであった。

私たちのワイタンギでの最初の見学先は、ビジターズセンターであった。マオリ族に関する展示、条約締結までの過程が展示されていた。ワイタンギ条約の原本は、首都ウエリントンの国立図書館にあるとのことだった。

次いで、遊歩道を歩いて条約記念館へ。１９９３年に建てられた、旧英国公使であるジェームス・バスビーの公邸と庭を訪れた。ここであの歴史的なワイタンギ条約が調印されたとのこと。

同じ敷地内にはマオリの集会所があり、各部族の彫刻が展覧されていた。隣には、巨大なカヌーが展示されていた。このカヌーは、ワイタンギデイに海に漕ぎ出されるそうである。

これらの住居があった一帯は現在、ワイタンギ条約記念公園となっている。

ちなみにワイタンギは、群島湾地方の沿岸にあり、かつ、川の河口に位置している。また、ニュージーランドの南太平洋に浮かぶチャタム諸島にもワイタンギという町がある（チャタム島については、第46章参照）。

11月3日。ワイタンギ泊。

ワイタンギには、2階建ての新ワイタンギ博物館が、2016年2月12日にオープンしている。われわれのワイタンギ訪問は2004年であったから、今から約20年前であった。かなりの年月が経過した。

ラッセル――最初の首都

ワイタンギのモーテルで11月2日と3日に2泊して、11月4日、フェリーでパイヒアからラッセルに渡った。

ラッセルはかつて捕鯨船基地であり、また歴史的な町でもあった。今は歴史的なリゾート地ラッセルといえるだろう。

ニュージーランドの中で初期にヨーロッパからの入植者の町として栄えたが、また同時に先住民マオリ族との抗争が多いところでもあったという。１８００年代には、ニュージーランドで最初の首都が置かれたところである。オールド・ラッセルという名でも知られるオキアトに、１８４０年からの2年間、ニュージーランドの最初の首都が誕生した。しかし政府が移動し、オークランドに首都が移された。

現在、ラッセルは人口１０００名にも満たない町であるが、キリスト教会や博物館も設置されており、南太平洋沿岸有数のリゾート地になっている。

ラッセルへは、パイヒアから車でも行くこともできるが、遠回りしなければならないので小一時間はかかるらしい。フェリーなら15分ぐらいだから船に乗った。ここは群島湾地方なので美しい海の景色を眺めながらのドライブも素敵だと思うが、今回は「時間」を選択してフェリーに乗った。

01 ラッセルの乗船場

21 オークランド近郊へ

ケリケリ——歴史と果物

ラッセルからパイヒアにもどりケリケリへ。

ケリケリは、ニュージーランドの歴史に触れる石造りの建造物やアートギャラリーのある町。果物の産地。キウイフルーツ、レモン、オレンジそしてブドウとワイナリー。

ニュージーランド北島の北部地方の群島湾内陸部の町で人口は約５０００人。オークランドから約２００キロ北に位置する。ニュージーランドに初めてキリスト教宣教師が入植したところといわれる。

ファンガレイ

北部地方の有力都市ケリケリからファンガレイ・フォールズを目標に南に向かった。85キロほど。街を一望できるパリハカの丘がある。

ファンガレイはノースランド最大の町で商業、漁業と農業の都市。人口約5万人。港にはヨットやクルーザーが停泊している。街から北へ5キロほど行ったところにファンガレイ・フォールズ（大滝）がある。公園になっており遊歩道やピクニックエリアもある。ファンガレイ・フォールズは、ファンガレイ市中心部の北約5キロに位置している。大滝はファンガレイ保護区にある。落差は約26メートルあるとのこと。

オークランド市街地からは車で北方2時間ほどで来ることができる。

ワークワース～東海岸とワインの産地

午前中はファンガレイ・フォールズの大滝の「しぶき」を浴びた後、午後はワークワースに入った。

明日は日程上、オークランド国際空港に行かなければならない。一部のメンバーの帰国の日である。

ワークワース地域は東海岸。ワインの産地であり、マタカナへの玄関口である。ゴート・アイランド、タファラヌイなどの海洋公園が近い。北オークランド地域と隣接の地域なので、オークランド国際空港に行くのに便利である。

ワークワース博物館の隣に、樹齢８００年とも言われるカウリの巨木が見られるらしいが、確認する余裕がなかった。

ワークワース地域のクレア地区評議会と福島県古殿町が、姉妹提携していることは知らなかった。世紀末の１９９９年３月、福島県古殿町議会において姉妹自治体関係締結が議決されている。そして同年の10月20日に代表団がワークワース地域及びクレア地区を表敬訪問しているとのこと。

私たちは11月４日、ここで泊まる。

11月５日。明日の帰国組とともにオークランドで帰国の準備をするためにワークワースを朝のうちに出る。ショッピングが中心になるのかな。時間があれば、オークランドを気ままに漫遊するのもよろしかろう。オークランド泊。

南島訪問は今後の楽しみにして

11月６日。１組のカップルとご婦人の帰国見送りのためにオークランド国際空港へ。この班は、ニュージーランド初旅行だったので、南島のクライストチャーチやクィーンズタウンにも行くことを望んでいたが、まだまだ北島に魅力的なところもあり、日程がつまってしまった。南島訪問はまたの機会の楽しみとしていただくことになった。

11月６日の８時30分、思いを残し日本に向かって離陸した。

22 コロマンデル半島を行く

頑張るドライバー

残留のメンバーは、M兄弟と僕たち夫婦の合計4人。かなりさびしくなった。11月6日朝、天気上々。残留組は、国際空港からコロマンデル地方の中心であるテムズに向かった。運転は、旅行リーダーのM弟さん1人で頑張ってくれている。他のメンバーも国際免許証を携帯しているのだが、今まで運転なしで弟さんに頼りきり。残留組の中で弟さんが一番若い。といっても60歳は超えているかもしれないが……。彼は今回の旅行リーダーであり、しかも運転抜群。海外にも慣れている。この旅行の最後までこの体制でドライブ旅行は続くであろう。ありがたいことである。

半島とテムズ

コロマンデル半島は、コロマンデルビーチと森林の緑に色どられた半島。手付かずの自然に満ちている。空気のおいしいところ。半島の約3割が森林保護区に指定されているという。

オークランドやハミルトンの都市部からのアクセスが容易なのでそれらの市民の憩いの場になっているようだ。

半島の中心テムズは、コロマンデル地方で最大の町。人口は約7000人。金の採掘で繁栄した歴史をもつ。

テムズハイスクールは、1880年設立のニュージーランド国内でも最古の学校の一つだそうである。テムズは海外からの留学生を歓迎している。僕の知人の娘さんも高校留学していた。ここの学校は、アウトドア教育にも力を入れているという。かつて私たちはテムズに個人旅行をしているので、親しみ深いところである。

今回は協会の旅行であり、テムズ訪問の主たる目的はフィッシングである。

長距離バス発着場にテムズ観光案内所、ビジターズセンターがある。丘の上からテムズの街を眺望できる。早々に、ビーチの美しいワイオムでモーテルを決めた。

ニュージーランドの釣り事情

コロマンデル地方は魚釣りの名所。約400キロの海岸線に多種の釣り場があるとされる。素晴らしい海の景観もこの半島の魅力。

さて、当日の午後は、弟さんは日本とインターネットカフェでビジネス通信。彼は会社オーナーなのである。「へー、こんなところまでビジネスか」と僕は驚くとともに感心した。

兄さんと私たちは、魚釣具店とスーパーマーケットに魚の餌と夕食の仕入れに行った。ここの釣り餌はソーセージをナイフで刻んで釣るそうな。釣り針も大きいのを使う。小魚を獲ってはいけないから禁止・罰金と海岸に警告の看板が立ててあり、ときに警備員と出会うこともあった。

今回の旅ではこんなこともあった。モーテルに釣った魚を持って帰ったら、おかみさんが出てきて、「小魚禁止よ」とえらい剣幕。由紀さんが「これ大丈夫よ」と反論。おかみさん今度は物差しをもってきて魚の大きさをチェック。そして「問題ないわ」とニッコリ。

夕方、彼女がわれわれのドアをノック。大きなサザエを5個プレゼントしてくれた。「先ほどはごめん」と笑顔で言った。僕たちは、サザエを笑顔でいただいた。

釣り好き

今回の旅行の目的の一つは、ニュージーランドで「魚釣りを体験」することであった。

自称「釣り好き」と称するM兄さんが「釣り担当」だった。彼が日本から持ってきたのは、3組の竿やリールなどの釣り用具。つまり自分以外の人の分もきちんと用意されていた。他の人の釣り具も持参されていた。よく気配りのきく人である。

今回の旅行の目玉の一つは「魚釣り」である。適当と思われるところに車を止めて「釣り」だけでなく女性たちも浜に下りて貝拾いなどを楽しんだ。食べることのできる貝はモーテルに持ち帰り夕食などのごちそうになった。

コロマンデルの釣りはM兄弟が大活躍。ボラの一種やイワシの類などの小物を釣ったりして焼いたり、ムニエルなどにしてモーテルでの自炊食卓をにぎわした。

M兄さんは調理師免許も持っている。つまりわれわれは、釣り名人と調理師を兼ねるM兄さんの恩恵を二重にいただいたことになる。

彼によれば「真鯛27センチ、シマアジ25センチ以下は釣っても放流しなければならず違反すれば、5万ドルの罰金」となっているが、一度もお目にかからなかった。サバに似た30センチのベラなどはよくかかったのだが。

コロマンデルの最後の日に弟との最終挑戦。はじめはサヨリなどの小物しか釣ることができなかった。

夕方からこの釣りの最大の目的であるニュージーランドの真鯛をねらった。サヨナラ満塁ホームランのごとく、まことに見事な35センチを頭に7尾ゲット。楽しい釣り三昧のニュージーランド旅行を締めくくることができた。

M兄さんは私たちの「釣り」の様子も記しているので、恥ずかしながら以下それも見ておこう。まず、由紀さんについてである。

驚いたことは会長の奥さんが、大変リールの扱いが上手だったこと。はじめ、私も釣りたーいといわれたとき、教えるのに時間がかかるかな、と思っていたら、いきなり教えることもなく、スムーズに目的の場所に行って魚を釣り上げている。釣れた魚の取り込みも上手で、食卓にズラリと並んだ。さしみや煮付けなどで……。

ついでに僕についても言及があった。

会長も不自由な身体で急峻な崖を歩いてゴツゴツした岩場の磯に出て、釣り竿を持って大アジ、シマアジ、ベラなどをゲットしてくれた（M：三重豪NZ協会会報12号）。

11月7日と8日。コルビルとコロマンデルタウンのモーテル泊。

コルビル岬はニュージーランド北島、コロマンデル半島北端の岬。テムズの北85キロにある。

フィティアンガの町

11月9日。マーキュリーベイ泊。

ビーチの町フィティアンガは、マーキュリーベイ（湾）をはじめ、その近くにある美しいビーチへ行く拠点となる町。前述のホットウォータービーチもここにある。またカセドラル・コーブは、2つの入り江の間に架かる巨大なアーチ状の岩窟（第27章参照）があり、ゲーム・フィッシング（大物釣り）、シュノーケリング、スキューバダイビングも可能。クックスベイ泊（11月10日）。

11月11日。半島のホットウォータービーチ（浜辺）に行った。

このビーチでは、自分専用の温泉を掘ることができる。満潮の時間には、浜辺は海の底だったのに、潮が引くと海辺が砂浜に変貌。そこを掘ると温泉が出現するのである。大勢の人が自己流温泉を創って楽しんでいた。ホットウォータービーチといわれる所以である。テムズ（タラル）泊。

タラルは、コロマンデル半島の西海岸にあるかつての金鉱の村。25号線が通っている。テムズアートギャラリーがある。

仕上げは次回、ニュージーランド訪問準備

11月12日。コロマンデルに別れを告げ、2号線から1号線に入る。朝10時20分、快晴。

直行すればハミルトン、左に進めば目的のオークランド。マウントウエリントン・ハイウェイを快走。

先日、羊を見ながら昼食をいただいたカントリーヒルズが近づいてきた。車が渋滞し始めた。さすが最大都市オークランド。11時にオークランド・ドメインに到着。市民から「緑のオアシス」と呼ばれる市民憩いの場。ウインターガーデン、オークランド博物館、戦争記念博物館などがある。市の中心部にある。

三重色変協会の支援旅行のときにオークランド博物館の見学を加えようと思い、博物館の受付に行った。ツーリズム・マーケット・マネージャという中年の男性が対応してくれた。そして帰国後に、Eメールで詳細を詰めることになった。

博物館を出てベンチに座って昨日まで持ち歩いてきたパンやレタス、ハムを昼食にした。

博物館から歩いて10分ほどでアウヒナハウスに着いた。ニュージーランド視覚障害者協会本部ビルである。1階に受付があった。ビルには、本部の他に地区支部もある。補助具サービスや職業サービスがなされていた。体育館やレクリエーションセンター、カフェテリアも設置されている。

「来年（2005年）われわれが三重の視覚障害者団体の人々とともにニュージーランド交流旅行を計画していること」を伝えると、本部の女性事務長さんは助言してくれた。「本部ツアーをされたらいかがですか」と提案されたので、即座に同意、後の詳細はE

メールで連絡しあうことにして本部を失礼した。

明日の朝、帰国である。レンタカーにガソリンを満タンにして、空港営業所に返さなければならない。帰国手続きもある。本部ビルを出て空港に近いモーテルを探した。どこも混んでいたが、ようやく適切なモーテルに巡り合いそこに決めた。オークランド泊。

11月13日。8時30分のオークランド国際空港発で帰国の途につく。15時50分、名古屋国際空港に全員元気で到着した。

第4部 中学・高校生とシニア3人北島ドライブ旅行

——2019年7月31日〜8月11日

令和の協会初ニュージーランド旅行

旅行目的

令和元年（２０１９年）７月31日水曜日は、三重豪ＮＺ協会の令和初の海外旅行の出発日。Ａさんと彼女のお孫さん２人（高校２年と中学１年の男子生徒）そしてわれら夫婦が汗だくだくでセントレア（中部国際空港）に参集した。みんな元気である。

今回のニュージーランド旅行は、三重豪ＮＺ協会の恒例の交流旅行。公募をしたが、参加希望は私たち５人のみだった。

最近の傾向を反映してか、協会主催の海外旅行への参加者も大変少なくなっている。協会を設立した新世紀の21世紀前半には、たくさんの希望者があったのだが、時は流れる。

それはともかく、われわれは、本日から夏冬逆転の世界に飛び込む。14時35分、全日空機は成田国際空港に向けて空中へ。成田から直行便で機中泊してニュージーランドに夜間飛行をするのである。

今回は、会員のAさんの提案で準備が開始された。最初の提案は、日本の夏季休暇を利用して中・高校生がニュージーランドのサマースクールに参加して本場の英語を学ぶことを目的にしていた。この企画は慎重に現地の日本のツーリストを通して話を進めたが、なかなか事態が進行しなかった。最初は夏期英語留学、ついで農家体験生活を提案したが、現地の手続きが遅々として進まない。日本の夏季休暇が直前になってきた。やむをえず初めの計画を断念。中高生を中心にする、自由な2週間のドライブとウォーキング（徒歩）による英語独習旅行に落ち着いた。

今回経験したことをまとめると次のようになるのではないか。日本のツーリスト会社と現地営業所、現地ツアー会社、学校または受け入れ農家のすべてを通過しなければ、うまく計画は進行しない。

現地は冬で旅行のオフシーズンであった。航空券は、往復ともすでにわれわれ自身で取得していた。私たち三重豪NZ協会の旅行手法は、自由に自らが企画し体験することに主眼をおいている。こういう次第で心を新たにして、原点に返った。自由な北島ドライブの体験旅行に変えて、生きた英語を実感しながらニュージーランドを皮膚感覚で知ることを目的とした。

　この年日本の夏は異常な高温が続いた。到着のオークランドは南半球の真冬。それゆえ、連れの女性たちは、着て行く服に思案している様子だった。僕はあまり気にしていなかったが。

24 旅行開始

本旅行には由紀さんが万歩計を手にしていた。飛行機も観光バスもタクシーも原則は使わない。旅の移動手段は徒歩とレンタカーなのだ。万歩計は今回の旅の陰の主役なのである。

出発のセントレア国際空港で万歩計は、7月31日現在、5350歩を示していた。7月31日、中部国際空港（セントレア）14時35分発全日空で成田行空港乗り換え、ニュージーランド航空にてオークランド国際空港に8月1日8時5分到着（現地時間）。観光シーズンでないためか、空港内は静かなものだった。入国・税関手続も簡単に済んだ。空港内から外をうかがってもここは亜熱帯地方のためか、日本の東海地方の冬とは違い、寒いということではなさそうである。

円とニュージーランドドルの両替について、まだ私たちは、以前のときのニュージーランドドルが少し残っていたのでここでは交換しなかった。

　今回の旅行のニュージーランドでの移動手段はいつものようにレンタカーを原則にした。こちらに来る前に鈴鹿にある日本の大手レンタカー営業所に電話したら、提携しているらしく、東京にあるアメリカの大手レンタカー営業所に電話をつないでくれた。手続き完了。日本製ワゴンの新車を予約。５人の旅行用荷物もあるのでこのくらいの車が必要と判断した。

　現地でのドライバーは元気はつらつの70代女性２人である。もちろん、渡航前に地元県警察免許センターで国際免許証を取得してきている。僕はといえば、かつては毎日のように運転していたが、45歳の誕生日に三重県警察に免許証を返納した。目の調子が悪くなってきたように思ったからである。20年以上、無事故であったが……。だから現在、運転はできない。それまでは外国でも運転を大いに楽しんだものだった。女性に申し訳ないと思う。

　レンタカーを９日間借りる手続きを終えて、ニュージーランドの事情に通じている由紀さんの運転でドライブ旅行開始する。

　ワイトモ洞窟をまず見学する予定である。ワイトモ洞窟に向かう。

　２人の運転予定者が空港レンタカー営業所で手続きを終え、車の鍵と地図などの資料をもらって15分ほどで戻ってきた。営業所の所員が愛想よく出口まで見送ってくれた。

しかし、問題はわれわれ以外人影はほとんどない、ガランとした駐車場から、私どものレンタカーを見つけなければならないことであった。手分けして探していたら、係員らしき青年男性が現れて車を見つけてくれた。

荷物を載せ、みんな乗車した。運転は、ニュージーランドの生活に慣れている由紀さんである。

しかし、「いざ出発」というときなのに車が一向に動かない。「操作方法がわからない。毎日、日本で運転している車とちがう」と由紀さん。さあ、大変。さきほどの係のお兄さんを呼んできて助けを求めた。丁寧に運転操作を教えてくれた。そして彼はうれしそうにニッコリしながら言った。

「僕の奥さんは日本人です。どうぞよい旅を」

25 土ボタルと国鳥キウイ見学

古代と現代の出会い

9時過ぎ、空港の駐車場から慎重に一般道に入る。空港から巨大都市オークランド市街中心部まではかなり離れているが、一般道にも車が多い。順調にわれわれの車も進んでいる。

最初の見学は、ワイトモ鍾乳洞の土ボタルである。私たち2人は本書2部で報告したように、すでに本日と異なるロトルアルートでワイトモ地方を訪問している。そのときに土ボタルやキウイハウスも訪ねている。本日は、中学生と高校生のための見学が目的である。

さて、本日は天候もよく、車の走りもよい。ニュージーランドらしい牧場の農村地帯。オークランド国際空港を出発してしばらく走る。牧歌的でのどかな農村風景が続いている。ワイカト地方やキングカントリ・エリアを走る。お目当てのワイトモの町に正午近くに到着した。

もうすぐ土ボタルの案内看板

「グロウワーム（土ボタル）鍾乳洞」という交通標識が設置されているあたりから、カフェなどが見られ、以前来たときより都市化というか、現代化というか辺りが整備された様子である。鍾乳洞の入り口前の広場までは道路に続くゆるやかなスロープになっている。駐車場はスロープの下につくられている。かなり広くなった。鍾乳洞入り口前広場に事務所というか、建物ができている。そこで入場券を買う。土産の店も多くなったようだ。かなりの見学者が次の入場を待ってたむろしている。僕はブラブラしたり、椅子に腰をおろして順番を待った。仲間は土産店にも興味がありそう。

洞窟の入り口に10人くらいの人のかたまりができたとき、中年の男性係員が洞窟へと誘導。「明」から「暗」の世界に変わった。蛍を眺めるのがここの目的だから、もともと昼間でも洞窟の中は当然、暗い。洞窟内部は狭いところも広いところもある。岩の天井が低いところもある。頭も足元も注意していないと「ゴツン」と頭をぶつけ痛い目にあう。水滴がポトリポトリおちてくる。通路は濡れている。上ばかりに意識を集中していると、足をすべらせることになる。それに蛍を見なければ、何のためにここに来たのかわからない。若者2人は軽やかに見物しているが、私たちシニアはいろいろ注意しなければならない。

あちこちで「光っている。きれい」と抑えた声が聞こえる。だが僕にはよく見えない。

「だいぶ目が悪くなってきたかな？」

だんだん洞窟の中の様子がわかってきた。どこでもいつでも蛍がいるのではなく、一定の場所に集中して光っているところがあるらしい。ガイドのおじさんが僕をそんな場所に案内してくれた。なんと僕の目が蛍をとらえている。しかもくっきりと。この洞穴で僕は知った。

「まだまだ僕は見えるんだ！」。おじさんに感謝、感謝。「ありがとう」と僕は心のなかで何度もつぶやいた。

この蛍洞窟は、約3000万年前から形成されてきたという。雨水などが入り込んで造られた鍾乳石や石筍が至る所にある。神秘的な自然の造形美が展開されている。土ボタルが天井でも光っている。最終的なハイライトは、ひんやりとした洞窟内を流れる川を小型ボートで観覧するイベントであった。ガイドさんがまず、僕を乗船させてくれボートの先頭に座らせた。そしてみんなが続いて席に座った。ガイドさんがボートをたくみに操り、進めながら説明。天井一面に土ボタルの競演する光景が広がる。

「まるで星空のように青白い光がちりばめられているよ」と誰かがささやいた。

土ボタル見学は1時間ほどだった。外に出た。13時をはるかに過ぎていた。お腹もすいているので洞窟のそばのカフェに入った。この前来たときにはこんな大型のカフェはなかったと思う。

国鳥キウイハウス

昼食と休息をとったら14時前になっていた。きょうのもう一つの目標は、ニュージーランドの国鳥のキウイをじっくり見ることである。オトロハンガキウイハウスは、ニュージーランド北島のワイカト地域にある。

土ボタル洞窟からそんなに遠くなかった。牧場地帯を車で走れば半時間もかからないうちに到着した。曇りがちの空模様。駐車場にはほとんど車がなかった。土ボタルのにぎわいとは随分異なる。すこしわびしい感じ。だが、ここも前に訪問したときよりも整備されていた。農村地帯にあるという印象は変わっていなかったが。

オトロハンガキウイハウスは、キウイを飼育・保護する施設として設置されている。1971年にオープンした。キウイは太陽の光を避けた薄暗いところで生育されていた。他の見学者も何人かいたが、動くキウイを目で追うのがむずかしいようだった。なお、ここでは、キウイ以外のニュージーランド原生の他の鳥類及び爬虫類を見ることができる。例えばケレル（Kereru）、カカ（Kaka）、ケア（Kea）、トゥアタラ（Tuatara）。これらの鳥類の他にもたくさんの鳥たちが生育されている、と案内されていた。

園内を一周するには45分から1時間の滞在時間が必要と案内されている。また「動物の餌付けも見どころです」との案内もあった。

今夜宿泊予定のロトルアまでここからかなりの距離があるようなので、キウイハウスはここまでとした。

01 ケレル（日本ではニュージーランドバトとも呼ばれる）

02 トゥアタラ（和名でムカシトカゲとも呼ばれる）

コラム 4

キウイについて

キウイは、ニュージーランドの固有種であり、国鳥である。大きさはニワトリくらい。翼が退化しているため飛ぶことはできない。かつては、森林や藪地などに生息していたようだ。夜行性で夫婦のキウイが縄張りを維持する。

キウイという名称は、マオリ族の呼称で、鳴き声に由来するとか。昆虫の幼虫やクモ、多足類、ミミズ、果実などを食べる。地面や倒木などにいる虫を長いくちばしを差し込んだり、つついたりして探す。視力が弱く、昼間は森林の洞窟などで生活。夕方以降、餌を求めて歩き回る。翼が退化したかわりに、同程度の体格をもつ他の鳥類に比べてたくましい脚で速く走る。くちばしの尖端に鼻孔があり、センサーになっている「ヒゲ」を用いて、鋭敏な嗅覚によって餌を探す。繁殖様式は卵生。体重の4分の1ほどの卵を産む。雄が卵を抱く。かつては、マオリ族により食用とされた。羽毛が外套の原料として利用されたり、また、農地開発や放牧によって生息地の破壊が進んだ。狩猟や犬や猫、オコジョなど人間が持ち込んだ動物による捕食などによりキウイの生息数が減少していった。100万羽ほどいたが、今では3万羽ほどまで減少して危機的状況にあるという。

日本では大阪天王寺動物園がキウイを飼育している。

キウイは今や、ニュージーランドの象徴的存在になっており、親しまれている。19世紀後半、ニュージーランド軍隊の連隊バッジに初めて登場した。その後、サウスカンタベリー大隊のバッジなどに登場。ニュージーランドのシンボルとして知られるようになってきた。そしてキウイフルーツが、ニュージーランドからイギリス、アメリカに輸出されるようになってきた19世紀に、鳥のキウイがニュージーランドのシンボルであるとしてフルーツ

キウイ（W. Bulach［CC BY-SA 4.0］）

もキウイと呼称されるようになったらしい。

ニュージーランド人が「Kiwi」と呼ばれることがあるが、ニュージーランド人自身も「Kiwi」を自称していると指摘する人もいる。またキウイは「オス」が巣作りや子育てをすることから、献身的に家庭のことや子育てをする父親を「キウイハズバンド」ということがある。

キウイフルーツ（Ivar Leidus［CC BY-SA 4.0］）

26 郷に入れば郷に従え

道路標識少なく簡略

牧場地帯の農村

キウイハウスの受付によれば、われらが今晩宿泊するロトルアまでは「車で2時間はかかる」とのことだ。道順を尋ねても明確に理解できなかったので相当時間がかかるにちがいないと判断し、早々に15時前に失礼した。

ここオトロハンガは、ニュージーランド北島西部、ワイカト地方にあり、ワイパ川沿いに位置している。キウイハウスは農業地帯にあり、道路標識は少なく、簡略なものが多かった。前に来たときも、運転に苦労していたことを思い出す。運転が相当しにくいようだ。ドライバーに感謝。

町部の道路標識に特にご注意

土ボタルとキウイハウスの見学後、あと2時間ほどで最初の宿泊地ロトルアである。山林地帯と牧場地帯の道路と別れ国道1号線に入った。国道は自動車がビュンビュン走るが運転はしやすい。車が多くなるのは、町部に近づいたときである。警察が制限速度を指定している。町部が近くなると警察が無人カメラを道路脇に設置しているところがあるので注意すべし。あとで無人カメラで自動的に撮ったスピード違反の証拠写真付きで罰金支払い命令が日本まで郵送されてくるかもしれない。

今回の旅行の最初の宿泊先であるロトルアのテルメリゾート・モーテルに17時半ごろに到着した。運転はなかなかの苦労であった。ロトルアのモーテルにむかうが、近道のつもりでキウイハウスの係の女性の推薦で、橋がありとても景色のきれいな場所がある横断コースを選んだ。しかしそれがわからず、通りすぎてしまった。山をいくつも越えたロトルアはとても遠かった。

言葉は国境を超えるか

にこやかに迎えてくれたのは香港の人だった。経営者が日本人から香港人に変わったとのことだった。ここには以前にもお世話になっているが、それは日本人経営者の心やすさからであった。モーテルの外観はそのままであるが、室内がかなり改装されていた。和風から洋風というか中国風というかあるいはモダンになっているように感じる。ビジターズセンターも変化。

8月2日、8927歩。まず、ロトルアビジターズインフォメーションセンターに行った。ニュージーランドの町に設置されている観光客や不案内な人にその地域の情報を与えたり、宿やイベントの予約のできる気さくで親切、明るい職員のいる施設である。安心して利用できる素敵な場所である。

私たちは旅行前にある程度の旅行計画を立て、ニュージーランドに到着してから細かい計画を立てることにしている。その際、現地のビジターズインフォメーションセンターのお世話になる。今回も前例に従ったということである。

1時間ほどで用件を完了。いつものように丁寧かつ明朗に対応してくれた。違ったのは係の若い女性が日本語を話したことである。しかし彼女の日本語に少し違和感を覚えていたので尋ねた。

「ここではあなたが初めての日本人係員です。日本のどちらの地方からこられましたか。僕らは東海地方から来ました」

「私は中国人です」とほほ笑んで明るく自己紹介してくれた。

「日本語がお上手なのでてっきり日本の方かと思っていました」。言葉は国境を超えるのだろうか。

温泉の漂う町

ロトルアは街の中にも温泉の池があり、どこからともなく硫黄の匂いが漂っている。ロトルアは日本ともつながりがあり、温泉地である大分県の「別府市」とは姉妹都市で結ばれている。現地で、ロトルアの温泉の湯量は世界で第2位と聞いたことがある。別府は温泉の総湧出量日本一である。

ロトルアは昔から湯治場として栄えた街であり、これも日本の温泉地と同じ傾向といえようか。他にポリネシアンスパや泥温泉入浴も可能。

ロトルアは、ニュージーランド北島最大の観光地といわれる所以がここにある。さまざまな観光施設や野外活動の場も用意されている。人口約7万人。のんびりとした滞在も可能。複数日滞在しても退屈しないだろう。

マオリ村

ビジターズセンターを出てから昼食の時間までまだ余裕があるので、先住民マオリの文化に触れることにした。ロトルアはマオリの街でもある。多くのマオリ族が住んでいる。以前、ロトルア視覚障害者協会を訪問したとき、親切丁寧に対応してくれたのはマオリの中年男性だった（第3部参照）。

マオリの人たちは、温泉を入浴や料理、衣装や刺青の染料に利用してきた。泥温泉としても利用してきたようである。マオリ文化の色濃いこの地では、観光客向けのマオリ族のショーが毎日実演されている。マオリ族の歌や踊りなどを観覧しながらのハンギ料理を味わう「ハンギショー」はニュージーランド名物の一つだという。ハンギ料理は、肉やサツマイモ、ジャガイモ、カボチャ、ニンジンなどを土の中に埋めて樹の葉などと土をかぶせて蒸し焼きにする、マオリの素朴でかつ豪快な野外料理である。僕の好みの料理である。北海道でニュージーランド協会の行事が開催されたときにいただいたことがあった。

ロトルアには、マオリの文化アトラクションがある。ロトルア郊外の原生林の中にあり、「マオリの村」と呼ばれている。ワカレワレワという。ロトルアの街中心部の南に位置し、車ですぐであった。駐車場に車をポツンと置いた。小雨の駐車場にはほとんど車がなかった。

細かい雨模様。うすら寒い。人様の姿はほとんどない。13時を過ぎていた。建物の入り口で入場料金を払って中へ。入場料にはマオリショーの観覧料を含んでいるものもある。

「お腹がすいてきたな」と思って奥の方をキョロキョロ。なんとすぐそばにマオリレストランのバイキングがあった。グッドタイミング。みんな思い思いにマオリ料理の昼食をいただいた。

外は小雨。食後はどうしようか。共同温泉、岩盤風呂もあるらしい。時間は14時半近くになっている。僕と子供たちは同じ建物内にある小劇場で実演しているマオリ文化ショーに行くことにした。女性たちは他になにかの予定がありそうである。

マオリの伝統的な歌や踊りを地元のマオリが実演した。最後に、ニュージーランドで絶大な人気のあるプロラグビーチーム・オールブラックスが試合の前に踊る戦勝祈願の踊り・ハカの熱演。会場内が総立ちになり、床を踏み、手をたたいて盛り上がった。私たちも立ち上がってみんなに合わせて手をたたいた。子どもたちに「どうだった」と聞いたら、2人とも興奮気味に「よかった、よかった」

他方、仲間の大人2人は建物内の観光とショッピングを楽しんだようだ。全員集合してから、「ここでニュージーランドの国鳥のキウイが見られるそうよ、見ておこうよ」と由紀さんから提案がありそれを見に行った。キウイハウスでの入場料はかなり高額であったが、ここワカレワレワの入場料はキウイハウスの入場料も込みだったので、とてもお値打ちになった。

「あそこにいる。こちらにきた」と教えてくれるが、暗くしてあるキウイハウスに影のようなものが動く感じがしただけだった。小雨の17時過ぎにモーテルに戻った。

乗馬公園にて

8月3日、3558歩。今朝はいい天気。自然公園でAさん、I君そしてT君が乗馬初体験する日。私たち夫婦は彼らが戻ってくるまでのんびり気さくな男性従業員と会話を楽しんだり、コーヒーのサービスを受けたりした。そのときの話題は2つ。

一つは、ここで乗馬体験するために昨日のビジターズセンターの係員が紹介してくれた道に従ってレンタカーを進めてきたが、なかなか到着しない。「おかしい。道を間違えているんじゃない」などと話し合ってきた。

このことを乗馬会場の彼、つまり従業員に言ったら、「あなたがたが正しい、間違っていない。私が謝ります、許してください」とおだやかに答えた。ほんとかどうかわからないが、この回答は上手だと思った。だれもせめることなく問題を解決しているから。

二つ目は、乗馬の後は「車でのブッシュツアー（山林ドライブ）はどうか」と従業員にすすめられたことと関係する。かねてから一度体験してみたいと思っていたので同意した。

乗馬組が満面の笑みを浮かべてもどってきてスリリングで楽しかった初乗り模様を報告してくれた。山林ドライブに乗馬組も賛成であった。従業員は時間が過ぎても迎えにこなかった。しばらく待ってからバイバイした。

バンジージャンプに挑戦

きょうは若者中心の日である。本日のもともとの計画では、トンガリロ国立公園へスキーツアーに行くことになっていた。日本の真夏にスキーをするという経験はめったにできないことと僕は考えたのである。小中学生時代福井県敦賀で「自然の子」であった僕はいつも冬はスキーと共にあった。しかし名古屋暮らしの4人にはそれが通用しなかった。だれも夏スキーに興味を示さなかった。僕だけがこの計画に乗っていたらしい。名古屋育ちの中学・高校生のそれぞれは、野球とハンドボールクラブに熱を入れており、特にスキーに関心を持っていないようだったので、無理に誘い怪我をさせてしまっては「元も子もない」と考えなおし、スキーツアーを断念し、バンジージャンプに行くことにした。

ニュージーランドで最初にできたタウポのバンジージャンプ場にはロトルアから車で1時間ほどで着いた。ニュージーランドで最も高いところから水上に飛び込むバンジージャンプだそうである。飛び降りる距離は、ワイカト川の水上47メートルであるとのこと。バンジージャンプ場は、タウポの町の中心部から5分ほどのところにある。これに挑戦できる条件は以下のようである。10歳以上、体重45キロ以上。時間は、9時30分から16時まで。夏季は17時まで。年齢条件は大人、16歳以上。子供は10歳から15歳。16歳以下は保護者の同意が必要とガイドブックに書いてあった。

バンジージャンプの受付に行った。案内係によれば、中学1年のT君は体重でアウト。パンフレットには、「バンジージャンプによるいかなる事故・怪我などにも私たちは一切の責任を負いません」とある。ニュージーランドでしばしば聞くいわゆる「自己責任」である。高校2年のI君は簡単なメディカル・チェック（医学審査）を受けて合格。

真冬というのに結構観光客でにぎわっている。I君はジャンプ台のあるところに行った。私たちはジャンプが見られるところで他の観覧者とともにジャンプを待った。橋の上に設置されている飛び込み台からワイカト川に向かって飛び降りる。安全のために救援ボートが川で待機している。

冬のワイカト川の水は冷たそうに光っている。I君は数人がジャンプした後に手を広げてきれいに澄み切ったワイカト川にしっかりロープに抱かれてジャンプ。見事、成功。以下はI君の体験談である。

バンジージャンプの発祥の地TAUPOに行き、まずジャンプの予約をしました。体重を量ったり誓約書を書いたりしました。予約の待ち時間で昼食を済ませました。昼食には豪快に盛り付けされたフライドポテトやチキンナゲットなどを食べました。食べながら、まだかまだかとすごく楽しみだったことをよく覚えています。予約の時間が来て自分の番になりいざ下をのぞき込んでみるとあまりの高さにとても驚きました。係員の「3、2、1」の合図で橋の上から飛び降りました。飛んでいる最中は言葉で表すことができない今まで感じたことのない感覚を味わうことができました。川面に着くとボートが迎えに来てくれて岸に戻りました。インフォメーションに戻ると、自分が飛んでいるところが録画されており、視聴してみると47mという高さに改めて驚きました。これは必ず一生忘れることのない思い出になると思います。（三重豪NZ協会メールマガジン 季刊「サザンクロス三重」通号10号）

01 バンジージャンプの飛び降り台。不安と期待

背後からサイレン

雨模様なのでバンジージャンプ場付近をブラブラしただけでモーテルに帰ることにした。国道を順調に車が走っている。突然、どこからかパトカーのサイレンが鳴ってきた。「スピード違反で追いかけているのかな」と僕。町部に近くなってきたので車が多くなってきた。この辺になると警察の隠しカメラが設置してあるかも。帰国後、友人が言った。

「私の場合は、ニュージーランド警察から罰金が日本の自宅まで文書で追いかけてきたよ」。そんな言葉がちらついた。

「注意注意。こちらの車に従って運転した方がいいよ。郷に入れば郷に従えだからね」と僕は言った。そして続いて僕がやや声を大きくして言った。「パトカーのサイレンが僕たちの後ろについて停車を命じているんじゃない。由紀さん、少しスピードを落として停車してよ」

その束の間。パトカーが僕たちの車の前に出て停車を命じた。女性のおまわりさんがパトカーから出てきてわれらの車にきた。

「若いきれいなおまわりさん」とAさんがつぶやいた。

おまわりさんが運転席の由紀さんに問うた。

「サイレンわからなかった?」

「わかっていたけれどまさか私に向けてのものだとまったく考えていなかった」

「あなたは追い越してはいけない状況で前の車を追い越した。対向車が目視できる時は違反です。対向車のスピードはとても速いのです」

「私の国では違反になりませんよ」とYさん。

「ここはニュージーランドです。国はどちらですか？」

「ジャパン」

「免許証を見せてください」。ゴールド運転の由紀さんが英語の国際免許証を手渡す。

「ありがとう。少し時間をください」と言いパトカーに戻って行った。警察本部の指示を受けたのかな？　彼女は駐車しているパトカーに数回出入りした。警察本部と相談しているらしい。やっとわれわれのところにきて言った。

「道路交通法違反です。罰金２５０ＮＺドルです。お泊まりのホテルのフロントに行きパソコンで支払ってください。安全運転第一ですよ」と言いながら小走りでパトカーに戻った。

この間、「ニュージーランドではこのようなところでも女性が頑張っているんだなあ」と僕は興味深く考えこんでいた

現代は法治主義・法治国家である。ニュージーランドに入国すれば原則としてその法令にしたがわなければならない。グローバリズム、国際主義の時代でも、「郷に入れば郷に従うこと」が大原則である。

18時前にテルメリゾート・モーテルに帰還。小雨が風に吹かれ顔にあたる。急いで部屋に駆け込んだ。

露天風呂の音風景

19時過ぎT君とモーテルの露天風呂に行った。香港人にオーナーが変わっても日本式露天風呂のスタイルはここでは維持されている。このモーテルの顔だからだろう。前2日はモーテルの部屋付きのシャワーを浴びたので今回、初めて露天風呂に入る。ここには2種の日本式の温泉がある。一つは屋内温泉であり、もう一つはいわゆる露天風呂。僕は何度かこのモーテルに来たが室内風呂にはまだ入っていない。

「せっかく外国では珍しい日本式温泉なのだから屋内温泉にも入ってみたら」というのが由紀さんのアドバイスなのだが、いつも露天風呂に足が向いてしまう。

2階の部屋を出ると外はかなり強い風と雨。

「寒い、寒い」

T君に手引きされ、急いで1階の露天風呂へ。

われわれ以外誰もいないと思って入ったら大きな声の中国語ラジオ放送。2、3人の中国の若い男性が大声でおしゃべりしながら風呂につかっていた。強い風と雨の中、あわてて衣類をカゴに入れて風呂にすべり込んだ、飛び込んだというのが正しいかもしれない。その瞬間、風呂底にすべって頭ごと露天風呂の中に沈没。立とうとあせるが足がすべり頭を出すことができない。

「温泉水を飲んではいけない」と自己に命じ、ゆっくりはうようにして肩まで浸かっておしりをおとした。何事もなかったように依然として中国語のラジオとおしゃべりが続いていた。T君は先に温泉に入り、温泉の奥にいた。離れたところにいた。おそらく目を閉じていたのであろう。だから誰も僕の珍妙な出来事に気づかなかったようだ。

そのうち中国人が1人去り2人去って行った。ただ1人だけは、大きな音で中国語のラジオに聞き入っていた。このような事件の中で僕は首までお湯につかってこんなことを思い出していた。この2ヵ月前に仕事で中国に行ったときのことである。国際学会が終わってから旅に出た。興味があったので中国の新幹線に初めて乗車したときのことを思い出した。車内は大声で話す携帯電話の声と新幹線の騒音でものすごくにぎやかだった。日本の新幹線の車内とまったく違う音風景に文化、国民性の違いに興味深々だった。

火山国ニュージーランド

8月4日、14279歩。

この国は日本と同じ島国であり、火山国でもある。ロトルア地域には、火山に関係する観光資源が盛り沢山である。山林、峡谷、湖水、河川、草木らの織りなす七色の光景が豊かである。地熱観光や間欠泉も自然の傑作である。例えば、「テプイヤ」「ワイオタプ」「ワイマング」「ヘルズゲート」などが有名である。「七色の地熱拝見」というところだろう。

この日は冬なのでお客は少ないだろうと予想してきたが、かなり激しい雨の中にもかかわらず、10時過ぎ、温泉間欠泉が噴きあがるという予告情報があったので、レディーノックスに出かけた。予想に反してたくさんの観光客があった。中国語が目立っていた。

予告の10時過ぎまで時間があったので車に戻り待った。間欠泉が予告通り、大音響とともに雨天に白い湯煙を噴き上げた。

ここはロトルア中部北東約15キロメートルに所在する。ここには、「地熱ガス」の噴出口が設置されており、自然噴出だけでなく人工噴出もあるのである。

さきほどの噴出は人工によるものであった。ということで定刻に噴出された。観光客でごったかえしであったが、ここは時刻指定の噴出。僕は噴出予告なしの噴出が愉快だ。突然だから面白い。

サーマル・ワンダーランド

昼食まで時間がかなりあるので、小雨のなか、見学をつづける。

ワイオタプ・サーマル・ワンダーランドに行った。単なる遊園地だろうと思い、これも勉強と入場料を支払って歩き出した。しかし、これが単なる遊園地でなく、ニュー

02 間欠泉（一定の周期で水蒸気や熱湯を噴出する温泉のこと）

ジーランド第一の地熱地帯の観賞アトラクションとされているところだった。広大なワイオタプ・サーマル・ワンダーランドの、整備された道を散策。最大の見ものは、シャンパンプール。直径65メートル、深さ62メートル、表面温度75度。二酸化炭素による泡がぶくぶく。700年前の地熱噴火でできたとのこと。中央が緑でまわりはオレンジ。金、銀、水銀、硫黄、ヒ素、タリウム、アンモニア等の鉱物が含まれるとのこと。

通路はかなりの部分が幅広い山道としてコンクリートで整備され、安全安心そしてさまざまな地熱模様を観賞できるように工夫がなされていた。周囲の緑の森林をバックグラウンドにして小鳥たちのコーラスを聞くこともできた。山道を上り下りして色とりどりの地熱風景模様を堪能した。入場ゲートまでもどった。快適な疲れとともにお腹もすいてきた。みんな思い思いにサンドイッチやドリンクをいただき、昼食休憩とした。

03 人工間欠泉

小雨のワイマング火山　渓谷トレッキング

14時前にカフェを出た。空模様がすこぶる悪くなっていた。しかし意を決してニュージーランド随一といわれる地熱渓谷に出かけることにした。そこは1866年、ニュージーランド北島、ロトルアの町の近くのタラウェラ山が噴火したときにできた地熱渓谷だそうである。この火山噴火によって100人以上が命を落としたという。ロトルア市街からなだらかな丘の牧場

03

地帯を越えて行くと、小一時間で渓谷事務所の駐車場に到着した。雨具を借用して私たち5人は入り山へ。

僕は尋ねた。「高齢の視覚障害者だけどトレッキングは大丈夫かな?」

数人の女性係員が出てきていろんな情報をくれアドバイスしてくれた。中年の男性も出てきた。そして彼は提案した。

「雨模様だから途中はシャトルバス（定期巡回バス）に乗り、適当な地点で降ろしてもらい、そこからトレッキングする。帰りはまたバスに拾ってもらったらいい。あなたは入場を半額にします。ただし、帰ってきたら受付にトレッキングの様子を報告してほしい」

「なるほど、これはすばらしいアイディア」と観光立国ニュージーランドに密かに感心しつつ彼の提案を快諾した。

事務所前から、すでに数人の客が乗っているバスに私たちも乗車。運転手に連絡がいっていたらしく温かく挨拶をして迎え入れてくれ、渓谷山道で降ろしてくれた。全ルート歩くと2時間ほどかかるようだ。運転手がガイドを兼ねるバスツアーもあるようだ。また、タラウェラ火山の爆発によって消滅したピンクテラス跡を見ることができる、ロトマハナ湖クルーズもある。

本日のこの渓谷には、世界最大といわれる温泉湖がある。それがフライパン湖である。

04 ワイオタプ地熱帯

郵便はがき

料金受取人払郵便

神田局
承認

7846

差出有効期間
2024年6月
30日まで

切手を貼らずに
お出し下さい。

101-8796

537

【受　取　人】

東京都千代田区外神田6-9-5

株式会社 **明石書店** 読者通信係 行

お買い上げ、ありがとうございました。
今後の出版物の参考といたしたく、ご記入、ご投函いただければ幸いに存じます。

ふりがな お名前	年齢	性別

ご住所 〒　　-

TEL　（　　）　FAX　（　　）

メールアドレス	ご職業（または学校名）

*図書目録のご希望 □ある □ない	*ジャンル別などのご案内（不定期）のご希望 □ある：ジャンル（　　） □ない

書籍のタイトル

◆本書を何でお知りになりましたか？
□新聞・雑誌の広告…掲載紙誌名[ ]
□書評・紹介記事……掲載紙誌名[ ]
□店頭で　□知人のすすめ　□弊社からの案内　□弊社ホームページ
□ネット書店［ ］　□その他[ ]

◆本書についてのご意見・ご感想

■定　価	□安い（満足）	□ほどほど	□高い（不満）
■カバーデザイン	□良い	□ふつう	□悪い・ふさわしくない
■内　容	□良い	□ふつう	□期待はずれ

■その他お気づきの点、ご質問、ご感想など、ご自由にお書き下さい。

◆本書をお買い上げの書店
[　市・区・町・村　書店　店]

◆今後どのような書籍をお望みですか？
今関心をお持ちのテーマ・人・ジャンル、また翻訳希望の本など、何でもお書き下さい。

◆ご購読紙　(1)朝日　(2)読売　(3)毎日　(4)日経　(5)その他[新聞]
◆定期ご購読の雑誌［ ］

ご協力ありがとうございました。

ご意見などを弊社ホームページなどでご紹介させていただくことがあります。　□諾　□否

◆ご 注 文 書◆　このハガキで弊社刊行物をご注文いただけます。
□ご指定の書店でお受取り……下欄に書店名と所在地域、わかれば電話番号をご記入下さい。
□代金引換郵便にてお受取り…送料+手数料として500円かかります（表記ご住所宛のみ）。

書名	冊
書名	冊

ご指定の書店・支店名	書店の所在地域　都・道 府・県　市・区 町・村
	書店の電話番号　（　）

僕はこのミルキーブルーという湖が好きで今回で3回目の訪問である。あいにくかなりの雨だった。湖面から雨にもめげず白い湯気があがっていた。周囲は森林で小鳥がさえずり、私たちを歓迎してくれていた。何度訪れてもその日の「色風景」があり、楽しい。

トレッキングの山道はおおむねゆるやかな坂道。平坦なところもある。もちろん険しい崖の道もあり、そういう道に直面したときには、高校ハンドボールクラブで活躍している I 君がバッチリサポートしてくれた。ありがたい、大変愉快な経験だった。山道の両側には、珍しい草木が続き、小川には温水がせせらぎ、岩の間からは湯気をたてている滝があった。

帰り道絶好の地点にシャトルバスがきていて、行きと同じ運転手さんが愛想よく迎えてくれた。事務所受付には数人の女性係員がたむろしていた。宿題、すなわち、今回の僕の渓谷トレッキングの報告をしなければならない。歩きながら、トレッキングの報告についていろいろ構想を練っていた。例えば、シニアにも障害者にもすべてが参加できるユニバーサル・ツーリズムなど。だが、結論は、次の3点について簡単に報告した。一つは、この体験は、「素敵なチャレンジ」だった。二つには、「エキサイティング（血わき肉おどる）な体験だった」、そして最後に「楽しかった」。2点までは神妙に聞いてくれていたが、3点目で「よかった、よかった、楽しかった」と言ったら、全員が喜んでくれた。

交通法違反余話

8月5日、1869歩。本日は4日間のロトルア滞在後の新たな旅立ちの日。モーテルに別れを告げ、メンバーは銀行の駐車場で待っている。交通違反の罰金をここの銀行で支払い、さっぱりした気分で新たな旅立ちをしよう、という算段である。由紀さんと僕は、銀行にいそいそと出かけた。すぐに支払いができると思っていたのに、想定外。すでに窓口には長蛇の列。ようやくわれわれの番になった。書類を見て通常の方法では、なんどやっても支払いができず、悪戦苦闘している係員を見つめていた。そのうちに機械打ち込みではなく、手作業で書類作成をしてようやく完了した。多分支払いが早すぎて（翌日にでかけた）受付の準備が警察のほうでできていなかったと推察した。このため小一時間以上時間をとってしまった。

あの日、おまわりさんから、罰金の支払い方法を聞いたときには、時代に合ったなかなか合理的な方法と感心していたのであったが、そううまくはゆかなかった。「図書館のオンライン、宿泊ホテルの受付、または、最寄りの銀行に行けば簡単に処理できます」ということだったのに。それゆえ、帰国後、ニュージーランド警察から罰金が日本まで追いかけてこないだろうと思ったものである。ところがである。なんと、帰国後数ヵ月経ってニュージーランド警察から次のような文書が由紀さんに届いた。「罰金をお支払いください」。罰金支払い督促状がやってきた。「そんな馬鹿な？」

頭を冷やして英文の督促状をじっくり読んだら、はるばるやってきた警察からの文書には最後尾にこう記してあった。「お支払い済でしたらこの文書は無視してください」

別のお金の話。T君が由紀さんのところに心配そうにやってきた。

「このニュージーランドドル紙幣を使えない？ お釣りでもらったお金で支払いをしようとしたら、お店の人がこのお札は古いから今は使えないと受け取りを拒否された」という。

由紀さんが銀行で尋ねたら、行員が答えた。

「使えますよ。新札に交換してあげる」といとも簡単に応じてくれた。どうなっているのだろうか。

27 南太平洋沿岸を行く

若者の環境適応

銀行で長い時間をとってようやく13時前にロトルアを離れた。

ロトルアから1時間。道路の左右は牧場、牧場そして牧場。かつてのような白い羊の群れはなく、牛が多い。抜けるような青空。緑の牧場が光っている。強烈なシャワーと青空が繰り返しの天候である。水も光もたっぷり受けている。

「これぞ、ニュージーランド北島の冬の色」

本日の最初の目標であるタウランガに11時30分頃に近づいた。道路の左右は依然として牧場。車が増えてきた。道路の下方に街が浮き出してきた。海岸・浜辺が見えてきた。

南太平洋だ。民家の周囲に大きなシャクナゲが咲いている。梅らしい花もある。これがニュージーランド北島の冬模様なのか。

道路の左側は山の崖。お昼どきに花に包まれた感じのいいカフェを発見。それに魅かれて入る。お客は女性が目立つ。明るいおしゃべりが花盛りで、牧場に咲いた大輪の花園というべきか。花屋さんが経営しているという。

中学・高校生組は「食べたくない」という。車の中で菓子類を食べ通しだもんなあ。私たちシニアは、素敵なサンドイッチにカプチーノを添えた昼食となった。

ホットウォータービーチに到着

14時前、カフェを出る。山裾を切り開いた道路を走る。山林の奥は草原や牧場が広がっている。14時過ぎ、海を眺めながらワイヒの町を通過。小雨が落ちてきた。目標であるホットウォータービーチに15時頃に到着。

I君が日本から持ってきたスマホによれば、ホットウォータービーチの本日の引潮は16時過ぎになっている。日本語での情報。便利な時代になってきた。この「引潮」がここでは一大事。引き潮をきっかけにして浜の砂が暖かく熱くなる。そこを掘れば温泉に早変わり。

コテージ泊

きょうはロトルアからの移動ドライブの日なので、まずは今夜の宿探し。だがホットウォータービーチ近くのこれと感じるモーテルは満室。この国は現在冬季なので簡単にモーテルを発見できると予想してきたのだが……。方針を変え、海浜付近のモーテルを目指すがなかなか適当なところが見つからない。結局、浜から少し離れた丘の麓のコテージ中心に形成されているところに決めることにした。

コテージとは、キャンプ場などに隣接され、電気製品やトイレ、シャワーなどが備わっている宿泊施設。一軒家形式なので気楽にわれわれ5人は過ごせることになった。

きょうは16時過ぎに「引潮」が始まり、それとともに浜の砂が暖かく熱くなってくるようだから早々に、とにかく海辺に行くことにする。この珍しい自然現象を子供たちに見せたい。

タイミングがよければ適切な砂場を掘れば、ホットウォーターに出会うことができるかも。

以下はT君の体験。

ホットウォータービーチに、コテージのスコップを持って出かけた。最初は、あちこち適当な場所を探しました。「見つけた」と思うとそれはただの水たまりでした。

場所を移動して掘りだすとしっかりお湯がでてきました。少し掘り進めると熱湯の所に当たり、いそいで海水を入れ温度調節をして、自分で作った温泉を楽しみました。（同上）

他方、私たちは、寒くなってきたので、車の中でみんなの温泉掘りを眺めていた。ゆっくり休んだのち、私たちも穴を掘って「足湯」でもしようか、と話しながら浜に入って行こうとしたときT君が、「バスで来たたくさんの若い女性たちが浜に下りて行ったよ」と驚いたように報告しにきた。

僕は以前ここに来たときに女子高校生グループがそれぞれの穴を掘っておしゃべりしながら個性豊かに穴と砂で遊び、エステをしていたのを思い出した。ホットビーチに花が咲いていた。

僕は以前のホットビーチのあり様をさらに想起した。浜のにぎわいを眺めている人。少し砂を掘って足を入れ温めている人、子供と大騒ぎして大きな穴を掘っている家族、グループで穴を造り砂温泉気分で楽しんでいる男。砂を掘らず砂の上に大の字になって寝そべっている親父、まことに多様であった。

カセドラルコーブへ

8月6日。10412歩。昨日は移動日のドライブ旅行で疲れた。ゆっくり朝食をとり、10時半過ぎコテージを出た。

まずは、カセドラル・コーブ（鍾乳洞）に出かける。曇天を気にしつつ、コテージを出た。右手に南太平洋が広がっている。

「コーブまで海岸線をウォーキングできるコースで1時間」という案内もあったが、このコースは断念した。コテージをチェックアウトして駐車場のある場所まで車で出かけた。

ここの駐車場は4時間15ドルでカード払い。操作できずにいたら、青年が手伝ってくれた。彼によれば、領収書はなく、レンジャーが機械を読み取り違反車を検挙するとその若者は教えてくれた。また、自分の領収書がほしい場合は手続き中に指示された番号でパソコンから取り出すように、とも。

由紀さんとAさんは、美しい海を木の間越しに眺めながら、丘をいくつも上ったり下ったりして海岸へ下りた。

途中、第二次世界大戦の時の兵舎跡地に立ち、水平線に現れる敵の船を探索するつもりで、切り株の上に立って海を見つめた。

コーブでは大きな穴の開いた崩れやすそうな岩の向こうに、島がいくつも見えた。「コーブは崩れやすいのでご注意を」の看板があった。満潮のときにはコーブの向こう側に行くのは危険そうで行けなかったが、透き通るきれいな海が広がっていた。

白杖でコーブトレッキング

01 カセドラルコーブ（Te Hoho Rock）

カヤックで海上からの観賞も可能なようであるが、私たちは駐車場から山林の中のトレッキング遊歩道から歩いて挑戦することにした。挑戦というのは、洞窟までかなりきつい坂道があるからである。ときには下りで、お尻からずり落ちながら。また、ときには、崖の路を白杖を使い上りながら、高校生のI君のサポートも受けた。この杖は、道などの障害物を避けるための用具である。山道用の頑強な杖でない、下手をすると簡単に折れてしまう。だから険しい山道は白杖を巧みに使いながら、自分の足腰を信じて歩くほかない。今回はI君の巧みなガイドで楽しみつつ挑戦できた。途中で山林の中の大きな石や険しい崖に座って素晴らしい海浜風景を眺めた。南太平洋の水平線をはるかに望みつつ。白砂に打ち上げる白い波頭。めずらしい草花にも触れることができた。1時間もかからず、目的の洞穴に着いた。

延々と続く海浜の一隅に巨大な鍾乳洞があった。シニア女性2人は、すでに海辺で貝殻をひろっている。中学公式野球クラブのT君は、海浜を走っている。

ここのカセドラルコーブ（鍾乳洞）の美しさはコロマンデル地方の数ある景勝地の中でも指折りのところだという。自然が造り上げた傑作。長い年月の浸食によって形成された自然の芸術作品。砂浜の白、ピンク色の岩石、マリンブルーの海の色のコントラストが美しい、と表現されている絶景だが、本

02 カセドラルコーブ　大聖堂の入り口のような巨大なアーチ型の洞窟

日はあいにく雨模様。

アジア系の若い夫婦がニコニコしながら、「これお願いします」と日本語でカメラを差し出した。「中国人です」とも。Aさんが「チーズ」と言ってシャッターをきった。感じの良い若い家族だった。

雨が落ちてきた。巨大な鍾乳洞の中に入って、雨が通り過ぎるのを待った。浜に打ち寄せる波の音が洞穴内に反響している。

小雨になったので、再び山道に戻り、駐車場を目指した。浜に打ち上げる波の音を背に受けながら、懸命に坂道を上った。30分以上もかけただろうか、駐車場に帰ってきた。

5人全員がそろった。誰かが「お腹がすいた」と言った。

I君のスマホでテムズに向かう

日本を発つときの計画では、今回の旅行は冬、ニュージーランドの冬色のコロマンデル地方の海岸部を中心にドライブして楽しもう、と考えてきた。ホットウォータービーチもカセドラルコーブ（鍾乳洞）も道路から眺める予定であった。

ハヘイはコロマンデル地方の代表的な町らしい。それならば、ここを拠点にして、次のようなところにアクセスしようか、と空想していた。例えば、フィティアンガでスカ

03 公衆トイレもさりげなくきれいです

イダイビングに挑戦したり、海岸線を巡るカヤック・ツアーを体験するのもよいだろう。高低差が300メートルもある一連の滝でアブセイリングに挑むこともできるかもしれない。僕はまだ試みたことはないが、アブセイリングは、大自然が残るニュージーランドで人気のあるアウトドアスポーツだそうだ。巨大な洞窟の中で宙づりになりながら滝に落下してゆくスリリングな体験だという。以上は結局今回行かなかったが、次回以降の楽しみに残しておこう。

ハヘイにも、引き付けられるところがたくさんあるが、後の予定もつまっている。ハヘイはこれで切り上げ次回に期待することにして、コロマンデル地方の別の代表的な町の一つであるテムズに向かう。

コロマンデル地方へドライブ旅行するには、オークランドからほどよい距離だが、「コロマンデル地方は狭く曲がりくねった道が多いため細心の注意が必要」と忠告されている。走ってみるとなるほど道にしばしば迷う。高校生のI君が日本から持参した日本語のナビがその窮地を救ってくれた。現代機器も若者も「なかなかやるわい」と感心した。

I君はよくわれわれシニアを観察していた。ナビについて彼は言った。

旅行中、日本にいる家族や友人と連絡を取りたかったので、出国前に日本でポケットWi-Fiというものの手続きを済ませておきました。これを使うと日本にいるときのようにスマートフォンを利用することができます。これを使わずにスマートフォンを利用すると多額の料金が請求されるという記事を読んだので、ポケットWi-Fiを利用することにしました。

この旅行の最初は、レンタカーが目的地まで行くのにとても時間がかかり苦労しているのを見て、「スマートフォンにはナビ機能がある」と伝えると、おじさんが「もっと早く教えてよ！」と言い盛り上がったのを覚えています。これ以後、目的地までの移動がとても楽になりました。（同上）

こうして彼のスマホに頼りながら、テムズに夕方到着した。

テムズには以前に来たことがあるので簡単にモーテルを探すことができると自信をもっていたが、街頭に尋ねる人も少なく、少々あせった。あちこちうろちょろしてやっと夕暮れが迫っている18時過ぎ、適切なモーテルに出会った。

ここにも姉妹提携

テムズは、岡山県美咲町と友好交流協定を結んでいる。オークランドから車で1時間半ほど。テムズ湾とコロマンデル森林公園の中間に位置する。人口はおよそ７０００人。気候は温暖な西岸海洋性気候。産業は林業が盛ん。コロマンデル地方の入り口の町で、かつては金鉱の町として知られていた。三重豪ＮＺ協会は以前この町を拠点に魚釣りと料理を満喫した（本書第3部参照）。

今回のテムズは泊まることだけにした。テムズ郊外に宿をとって翌日はケンブリッジに向かう。

ケンブリッジ点描

8月7日、6201歩。日本を発つ前には、テムズからケンブリッジに立ち寄り、場合によってはそこで1泊してもよいと考えていた。ケンブリッジは以前、三重豪NZ協会の仲間たちと北島ドライブ旅行をしたとき、昼食のためのカフェに立ち寄った町だ。また、かつて僕がイギリスのオックスフォード大学で研究していたときに訪れたのは、オックスフォード大学と双璧のケンブリッジ大学。イギリスのケンブリッジ町も学問的雰囲気の漂うところだった。

ニュージーランドのケンブリッジは、海外からの留学生の受け入れを積極的に勧めているらしい。例えば、ケンブリッジは「治安が良く、学生に優しい町」としてアピールしている。留学生の受け入れは1989年から始まったという。ドイツ、フィンランド、韓国、日本など世界中から留学生が来ているという。主として中学・高校生あるいは英語研修生の留学を歓迎しているようだ。ケンブリッジでは、ファームステイ（農場宿泊体験）も歓迎のようである。街路樹と競走馬サラブレッドの生産地としても知られている。緑豊かな通り。魅力ある田舎町ケンブリッジに秋に訪れた時、街路樹の落ち葉で街路が埋ってしまい、ザワザワと靴が鳴った。若者たちのためにこの町でモーテルを探そうと思ったが、滞在予定がつまってきたので、ケンブリッジに心残してハミルトンに直行することにした。

ハミルトンを宿泊地として選んだのは、レンタカーをハミルトンで返却するためである。

国際空港への中継として……

ハミルトンはかつて三重豪NZ協会の北島旅行のときに立ち寄った都市。ニュージーランドの北島の北中央部に位置している、ワイカト地方の中心都市である。市内には国内最長のワイカト川が流れる。ニュージーランド有数の酪農地帯として発展してきた都市。もともとは、先住民族マオリの村が多くあった地域といわれる。かつて私たちがハミルトンに来たときは、旅の「途中下車」という形でモーテルに一泊しただけだった。今回は、レンタカーをハミルトンで返納することにしている。

帰国のとき、成田への直行便に乗るには早朝5時頃にオークランド国際空港に着いていなければならない。レンタカーの空港営業所を探すのは至難である。レンタカーを少なくとも帰国の一日前にハミルトンで返納しておけば「御の字」と考えた。

ハミルトンからオークランドまでの移動手段はインターシティーバスにした。都市間定期バスである。その終着のオークランドの中央バスターミナルはすでに何回か利用しているので問題はない。問題は、今夜のハミルトンにおけるモーテル探しである。ハミルトンは人口18万強のニュージーランドでは4番目の大都市だ。

モーテル探しの確実な方法は、ビジターズセンターに行き、適切なモーテルを紹介してもらうことだろう。センターはハミルトンの街のほぼ中心にあった。中年の女性係員がてきぱきいろんなモーテルを紹介してくれた。ニュージーランドのビジターズセンターはすばらしい、と今回も思った。

ワイカト大学を訪ねる

8月8日、9885歩。いよいよ今回の旅行の最終行程に入った。本日の第一の行動目的は、午前中にワイカト大学を訪問することである。いつものように朝食をモーテルの部屋ですませてみんなで大学を訪問した。高校生のI君がニュージーランドの大学に関心を持っているからである。

ワイカト大学までは車で10分ほどだった。静寂なキャンパスの駐車場に車を置いて事務所を訪ねた。I君を簡単に紹介。受付が日本語を話せるという若い女性職員を連れてきてくれた。彼女は外に出て5分ほど歩き、別の建物に案内してくれた。そして昨日日本からワイカト大学に来たという若い女性と話す機会をもった。

大変有意義だったとのことだった。ワイカト大学へ入学する詳細を聞きかつ、資料ももらった様子である。そして「日本に帰ったら連絡してください」と言われたとのことだった。なんと彼女は日本人。日本でワイカト大学留学を希望する学生のための事務所の職員だった。I君にとってはラッキーだった。

まったくの余談だが、僕はかつて山形県の酒田・鶴岡市に所在する東北公益文科大学大学院の常勤特任教授をしていた。そのとき、学生が夏季研修でワイカト大学に行っていた。帰国後の報告会ではいつも彼らの充実した研修生活を興味深く聞いていた。今般の私たちのワイカト大学訪問はまったく個人的なものだったので、僕のそうした立場は一言も出さなかったが、きわめて丁寧かつ熱心に対応していただいた。大学関係の端くれとしていい経験をさせていただいた。

ハミルトン・ガーデンズ

午後の予定は、ハミルトン・ガーデンズを訪ねることだった。このガーデンは、広大な土地に世界のガーデンが一大集合して、それぞれ技を競い合っている。前回ハミルトンで一泊したときには時間がなかったので今回訪ねてみた。

ガーデンは通常、「庭園」と和訳されるが、実際に現地に来てみるといわゆる日本でいう「庭園」のイメージでなく「公園」のイメージじゃないか、とも勝手に考えた。また、ハミルトン・ガーデンズと複数で表現されているのは、世界のガーデンが個々に集まっているからなのか。日本語的にいえば、ハミルトン公園といってもよいような印象もある。しかしこれでは、現物と名称のスケールが違いすぎる。以上は僕の雑談。

ともあれ、ハミルトン・ガーデンズは、世界の「公園」または「ガーデンズ」がニュージーランド色に染められて創造されているのは確かであろう。換言すれば、ハミルトン・ガーデンズとは、世界のガーデンが、各国固有の文化・美意識を背景にして創られた素晴らしいニュージーランド色の「ガーデン公園」といえようか。

ニュージーランド・ハミルトンの地に、イギリス、アメリカ、イタリア、インド、中国そして日本などの固有の自然、草木、文化と歴史を配して一体的にガーデンを創出している。多民族国家、ニュージーランドならではのアイディアから生まれた傑作ではないだろうか。小雨そぼ降る中、雨具を着ての散策だったが満足のできる訪問であった。

ハミルトン・ガーデンズの歴史

ワイカト川のほとり、東京ドーム11個分以上の広大な敷地を誇るハミルトン・ガーデンズ。この地域はマオリ族ナアティ・ワイレレの族長のアヌイの本拠地で、園芸の中心地であったという。その後、ヨーロッパからの入植者たちによって、ライフル射撃場として使用され、20世紀には砂の採石やゴーカートトラック、都市の廃棄物処理場とさまざまに使用されてきた。そして、高速道路開発が予定されたが、開発を阻止するためにボランティアとコミュニティグループがロジャーズローズガーデンを開設した。

04 ハミルトン・ガーデンズ

今ではカモメが空を旋回し、ブラックツリーなど自然の茂みに覆われているハミルトン・ガーデンズ。ハミルトンの人々の憩いの場として、また、世界からハミルトンを訪れる私たちを楽しませる大型施設になっている。

現在、敷地内には世界のガーデン（庭園）だけでなく、ピクニックエリアやインフォメーションセンター、保育園、カフェ、コンベンションセンター、ハミルトン東墓地なども開設されている。それぞれのガーデンは世界のさまざまな庭のデザインを重視しており、２０１４年には、フランスで開催された国際ガーデンツーリズムアワードで、ガーデンオブザイヤー賞を受賞するにいたっている。ガーデンズハミルトンカウンシル（評議会・市役所）によって管理されており、年間２０００件以上のイベントが開かれ、１００万人以上の人々が訪れているという。

さて、明日はドライブ旅行の最終日。レンタカーを返納し、オークランドへバスで行く予定である。これまではレンタカーで自由に移動し、荷物を手で持つ必要もなく自由な旅をエンジョイできた。明日からはそううまくはいかないだろう。

ハミルトン湖

きょうのうちに荷物を整理しておかなければならない。もう遊び回る時間は少ないが、ハミルトン湖は見ておきたいと思った。

ハミルトン湖は、街中から徒歩で30分ほどの距離。マオリ語で「長い湖」を意味するという。ロトロア湖とも呼ばれている。周囲を一周する道があり、カフェやプレイグラウンドもある。夕日がとてもすばらしいともいわれる。

小雨模様で風が冷たい。夕暮れが近いので湖畔に人影はほとんどない。私たちも早々に引き上げることにした。

雨のハミルトン動物園

8月9日、8851歩。今回のドライブ旅行の最終日の朝。モーテルの部屋での朝食も本日で終わり。残っている食べ物はすべてお腹に入れるべしとのことで頑張って食べた。

オークランド行きのバスの発車時刻は15時過ぎ。まだ多少の余裕がある。ニュージーランド最大のオークランド動物園に行ったことはない。オーストラリアのシドニー動物園では広々とした園内に動物たちが悠然と飼育されていた。ここハミルトン動物園も同じ発想でつくられているのではないか、と突然ひらめいた。

「動物園を子供たちに見せよう」

ハミルトン動物園には、約440種類の動物が飼育されており、ニュージーランド固有種の鳥たちが、森林環境を再現するという施設の中に放されていた。ハミルトン動物園は、オークランド動物園よりもこぢんまりしているといわれ

05 ハミルトン動物園。広々とした空間のヒクイドリ

ているが、動物たちがゆったりした施設に飼われていたのは確認できた。

無事にレンタカー返納

雨が強く降り出したので早々に動物園を引き上げ、バスターミナルへ。13時半過ぎ。インターシティー（都市間）バスターミナル待合室に人はまだほとんどいなかった。メンバー5人のうち、由紀さんと高校生のI君がレンタカーの返納に行き、僕と残り2人は荷物の番をした。レンタカーからおろした荷物を見るとけっこうたくさんの荷物をもって旅していることを改めて知った。日本を発つ前に「10日間の荷物は多くなる。できるだけ少なくしよう」と呼びかけていたのだが……。

由紀さんとI君はレンタカーを返してすっきりした顔をして15分ほどで帰ってきた。「どうだった」と僕が尋ねると由紀さんが「全然、問題なし」とニッコリ答えた。ドライブ旅行の全走行距離は、オークランド国際空港からハミルトンの営業所まで、１７２1キロメートルだった。高齢女性2人の安全・快適運転、たいしたもんだ。ありがとう、お疲れさまでした。

28 跳べ、若者よ

雨の中オークランドへ

15時前、待合室がだんだんにぎやかになってきた。バスに乗る人たちだろう。14時半頃にオークランド行きのバスが入ってきた。運転手さんはここも中年女性である。お客がバスのトランクに荷物を入れる作業をてきぱきと手伝っている。運転手の指示の下、保管所に各自の荷物を置くのである。15時過ぎにバス発車。

かなり空席が目立つ。僕は子供たちと最後尾の少し高くなっている席に座る。高見の見物ができるだろうという考えである。バスは自動車専用道路をオークランドを目指し突っ走る。道路は完全舗装だが、場所によってはかなり傷んでいる箇所がある。そのところでは最後部の席は大きくゆれる。うつらうつらしていると座席から落ちそうになる。後部にエンジンがあるのかエンジン音がゴオゴオうなる。後部に座るという選択は誤りだったようだ。静かに乗るのなら前に座った方がよさそう。

雨降って地固まる

雨がバスを激しくたたく。バスは一度停車して乗客を降ろした。オークランド空港であった。「あと30分ほどでオークランド市街地のバスターミナルに到着します」との運転手のアナウンス。バスには車掌は乗車していない。運転手が一人で頑張っている。

16時半前に到着。激しい雨。どしゃぶりの雨が迎えてくれた。こんな経験は、2年前の北島旅行のときにもあった。ホテルはそのときのホテルとおなじ。ゆっくり歩いても10分はかからないだろう。作戦を考える。しばらく雨の様子をうかがうか、それとも雨の中を突進するか。それともタクシーに乗るか。こんな近いところにタクシーは行くだろうか？　シニアがぺちゃくちゃ話しているうちに、若者2人はさっさとホテルに走って行った。

タクシーが私たちの前で停車した。「早く乗れ」という感じ。返事を躊躇していたら、彼は車から下りてさっさと荷物をタクシーに積み込んだ。ホテルの名前を言っている間に玄関に着いた。運転手さんはここでもさっさと荷物をおろし、「よい旅行を」と笑顔で言って運転席に戻った。束の間の出来事だった。すがすがしい印象を今もうれしく思い出している。

ドメインというところ

オークランドのホテルを10時30分頃出る。昨日とうってかわりいい天気。お日様ギラギラ。本日は、ニュージーランド真冬の旅行の最終日。のんびりするか。一日中勉強するか！　まずは、手っ取り早く博物館見学に行くことにした。

8月10日、12296歩。朝食をホテルの部屋ですまし、ホテルを出てスカイタウンの案内所でバスのチケット及びオークランド博物館の入場券を買い、博物館への道順を尋ねた。「みどり色の巡回リンクバスに乗り、博物館前で下車すればよい」とのことだった。外に出てバスを待つ。待合所には数人の人もバスを待っている様子。ホテルも博物館も市の中心にあり便利なところ。バスを降りてゆるやかな坂道を歩む。小鳥のさえずりを楽しみながら。丘一面に緑の芝生が広がっている。ここがオークランドで由緒ある市民の「憩いの場」である。ドメインという。丘に上がればオークランド中心部を見下ろすこともできるそうだ。火山活動によって形成された底辺部に円形劇場がある。

オークランドドメインは1860年にオープンした公園である。こ

01 オークランドドメイン

こでいろいろなオークランドの歴史や自然、博物を勉強することができる。中心部の頂に建つゴシック様式の建物が博物館ビルである。1階はマオリや南太平洋諸島の歴史コレクション、2階はニュージーランドの自然に関する展示そして、3階はオークランド戦争記念博物館である。

戦争博物館では、ニュージーランドの戦いの跡をたどる。太平洋戦争のときの旧日本軍の遺品も展示されている。今はニュージーランドは、日本と平和友好の関係であるが、いつまでもそうであってほしいと願う。

博物館ビルに入るや否やビル内すべてのフロアに響きわたるような大音響が耳を襲った。話もできないほどに感じた。それはマオリ・ショーたけなわの音楽だった。以前にここに来たときにはマオリ・ショーを椅子に座って興味深く拝聴した。

未来にはばたけ

博物館で昼食をすませてから天気もいいのでオークランド港までウォーキングすることにした。I君とT君は走って下りて行った。最初、おどおどしていた若者は10日間で、シニアから独立して自由に行動していた。成長に驚くばかり。英語での買い物もはじめはおそるおそるのようだったが、今や物怖じすることなく目的を達している。

中学1年生のT君は次のような感想を持っている。

はじめは買い物もカタカナ英語だったが、だんだん慣れてきて買い物が楽になってきた。日本にいてはとてもできない貴重な体験でした。（三重豪NZ協会メールマガジン 季刊「サザンクロス三重」通号10号）

高校2年のI君は言う。

はじめての海外旅行。その準備のとき、楽しみやワクワクしている反面、外国人・ニュージーランド人と「コミュニケーションをとれるかな」とかなり不安でした。案の定、マクドナルドやバンジージャンプの説明を聞く際など相手が何を話しているのか全く理解できませんでした。そこで悔しくなり英語を勉強するようになり、今までは疎かにしていた学校の英語の小テストや中間テストを頑張るようになりました。少し結果が出るようになり、次第に英語を勉強することが楽しくなりました。今では来年の2学期から1年間学校を休学し海外留学を考えています。希望が叶うように精一杯頑張ろうと思います。（同上）

私たち高齢者にはタクシーから声がかかったが、天候がよいのでそれをおことわりしてバスで行くことにした。港付近は観光客らしき人の姿はほとんどなかった。道路工事があちこちでおこなわれ、道路の端が掘り返されているので歩きにくい。工事のおじさんに「何の工事?」と聞いたら、「地下鉄工事」と答えが返ってきた。2年前にオークランドに来たときに、現地に住んでいる日本人から「オークランドに地下鉄ができますよ。その工事も始まっているみたいです」とは聞いてはいたが。「いよいよ本格的に始まったのか」という感じだ。

ニュージーランド政府関係者は「オークランドの人口は今後30年間で70万人以上増える見込み」と言っているようだが、移民の受け入れによる増加もある。こうした情勢にあって、高速道路の拡張や一般道路増加工事のほか、鉄道網の拡充など、交通インフラの強化を推進している。ウォーターフロントも再開発が行われている。今でも街中で駐車場が不足している、とも言われる。

「交通の便がよいとはいえない１００万都市オークランド」といわれたり、「バスの運行が不便なのでタクシーに乗った方がいい」という話も聞いたことがある。

私たちは、歩くことが好きなので、現在のオークランド市内の移動にとりたてて文句はない。しかし日々の市民生活からみれば、大幅な改善が必要になっているのだろう。地下鉄の完成はいつだか僕にはわからないが、近いうちにでき上がることはこのところのオークランドの工事事情に直面すればわかる。坂が多く、公共交通もいまいちという声もある。地下鉄がどのようにできあがるのか、楽しみである。ニュージーランドのさらなる発展を期待しつつ……。

第5部

ガーデンシティー／クライストチャーチ

２００８年３月２日〜３月14日

29 イギリス・カラー

クライストチャーチ市の誕生

クライストチャーチ市の都市名の由来はイギリスのオックスフォード大学のカレッジ（学寮）の名称からきているといわれる。

ニュージーランドへの移民団組織カンタベリー協会を率いたアイルランド出身の政治家だったジョン・ロバートゴドリーは、イギリスのオックスフォード大学のカレッジ、クライストチャーチの出身者であった。また移民団のリーダーの中には同大学出身者がたくさんいたとされる。こうした因縁からニュージーランドにクライストチャーチという市が誕生したといわれる。

1848年3月27日のカンタベリー協会会合において、「クライストチャーチ」が都市名として承認・採択された。そして1856年7月31日に英国国王の勅許状によりクライストチャーチ市は、ニュージーランドで最初の市として誕生した。

オックスフォード大学のクライストチャーチカレッジは、現在40ほどあるオックスフォード大学のカレッジの中でも、今なお有力な学寮の1つである。何人もの首相を輩出するなど、最も伝統的で力のある学寮の一つでもある。オックスフォード大学は、英語圏で最古の大学であり、現在においても世界有数の大学の一つである。

個人的なことで恐縮だが、僕は1975年から76年にかけての約1年間、オックスフォード大学のセントジョーンズ・カレッジ長ウェイド教授（行政法）のご指導の下、オックスフォード大学法律学図書館において研究生活をさせていただいた。日本の文部省の短期在外若手研究員として。そのときに僕は、「オックスフォード大学では毎年、世界から100人以上の学者がここに来て、研究している」ということをウェイド先生からお聞きした。また先生から、「オックスフォード地域にはそうした研究者及びその家族を支援する民間ボランティア団体がある。あなた方も参加するとよいのでは」とおすすめいただいた。それらボランティア団体からも、たびたび熱心な誘いがあった。研究室や図書館だけでなく「生（ナマ）」のイギリス現場を体験するためには絶好の機会と思い、ボランティアに参加させていただいた。この市民ボランティア組織のおかげでイギリスの生活を楽しく学ぶことができた。

例えば、オックスフォードでの生活上のアドバイス、プールでの水泳、文豪シェイクスピア生誕地の訪問やさまざまな博物館見学などいろんなイギリスを案内してくれた。「日本の夕べ」というイベントもあり、僕らはロンドンの在日本大使館に行き、日本の関係資料を借りてきてそれを会場に展示したり、寿司やにぎりめしをつくって会場に持ち込み、喜んでもらったりした。

私どもはオックスフォード帰国後、ささやかな国際交流のボランティア活動をしているが、これはそのときの体験から学んだものである。

オックスフォード・カラー

オックスフォードという名前をもつ名所がクライストチャーチにある。クライストチャーチ市内のハグレー公園の外側を流れているエーボン川両岸の一部は、オックスフォードテラス、ケンブリッジテラスと名づけられている。レストランやカフェなどが立ち並ぶクライストチャーチの名所である。川の大聖堂側がオックスフォードテラスであり、その対岸がケンブリッジテラスである。川岸には美しい芝生と緑の木々が茂り整備された遊歩道になっている。ケンブリッジは、オックスフォードと並び称されているイギリスの名門大学名である。両大学をあわせて「オックスブリッジ」と愛称されている。

また、オックスフォードという町はクライストチャーチ市外にもある。私たちはその名前に誘われて訪ねたことがある。オックスフォードの町は、カンタベリー平野内陸部にある農業と林業地域にある。クライストチャーチの中心から車で1時間ほどだった。第一印象はのどかで、落ち着いた町という感じだった。

北島のケンブリッジの町と同じく、海外からの中学・高校生の英語留学を歓迎しているようである。もっともクライストチャーチ市内においても日本を含む世界から英語を学ぶ若者に多く出会うが。

オックスフォードの町は、ファームステイ（農業体験）も歓迎しているようである。乗馬やハイキングなどの野外活動にも力を入れている。また、サンデーマーケットも開催されている。地域生産、地域消費で、地域でのさまざまな生産物や資源（主に農産物や水産物）をその地域で消費する方策もとっている。同時に、観光産業としてもこのイベントを位置付けているようである。

ニュージーランドの言葉は？

公用語は？

私たちはときどき日本の人から「ニュージーランドではどんな言葉で話しているのですか」と質問されることがある。日本から遠く離れた歴史の新しい国なので、この質問も当然と思う。

ニュージーランドの公用語は最近まで英語とマオリ語だった。マオリ語は１９８７年に公用語に認定され、それまでは英語のみであった。

マオリの祖先は、今から1000年ほど前にクライストチャーチに渡来したという。クライストチャーチはマオリ語で、「オタウタヒ」（otautahi）という。オタウタヒというマオリ語の由来は、そのときのマオリの酋長の名前に由来しているといわれる。クライストチャーチのみならず、ニュージーランドのあちこちでマオリに由来する地名に出会う。

クライストチャーチには、1851年からイギリス人の入植が開始された。あの歴史的なワイタンギ条約調印の約10年後のことであった。この条約は、1840年2月6日、ニュージーランド北島ワイタンギのジェームス・バズニー宅において、当時、先住民族マオリ族とイギリス人との間で武力衝突が絶えなかったのを終結するためのものであったとされる。締結の調印は、北島46のマオリの酋長とイギリス総督の間で結ばれた。総督は、イギリス国王の代理の地位にある者である。これによってイギリスは、ニュージーランドを直轄できるとした。

ニュージーランドはイギリス・カラーの濃い国である。つまり言葉の主流は英語である。そして歴史的経緯からマオリ語を公用語にしている。最近はニュージーランド手話を公用語に法定した。手話は聴覚障害者の言語である。開かれた社会を目指すニュージーランドの意気を感じる。なお、日本では、言語を法定化していない。かなりの国が法定化しているが……。

キリスト教と生活

クライストチャーチを英語で書くと、Christchurch。これを分解すると、Christ（キリスト）そしてchurch（教会）である。そのものずばりである。

クライストチャーチ市は、ニュージーランド最大のカンタベリー平野の中心的な都市である。ニュージーランド南島中部カンタベリー平野と太平洋東海岸に挟まれた地域に位置している。南島中部のサザンアルプスから太平洋にいたる広大な範囲を占めている。

カンタベリーという名称の由来は、イングランドのケント州にある。ここには、イギリス国教会総本山のカンタベリー大聖堂（カテドラル）がある。

ニュージーランドのクライストチャーチには、２０１１年に発生した大地震の前まで町のシンボルタワー、道標として大聖堂がそびえていた。それは単なるロードマークではなく、この市の歴史性を体現する象徴であった。この大聖堂は19世紀に建立された新ゴシック建築のイギリスキリスト教聖公会の大聖堂と同じ系譜をもつものであった。

あれ、クラスの子たちや

わが娘は、僕の仕事の関係で1年間、クライストチャーチの現地の公立小学校・ワイマイリースクールなどに留学した。ときどき土曜日や日曜日に子供たちが空きカンの中に小銭を入れ、ガチャガチャならしながらわが家の玄関のドアをノックした。

「不幸な人のために寄付をお願いします」。彼女たちが帰った後、娘が言った。

「あの子らクラスの子や」

クリスチャンの子供たちの宗教活動であった。

こんな体験もした。私たちは娘の小学校の終業式に参加した。学校長の挨拶の後、生徒への表彰状の授与があった。何人かの生徒が名前を呼ばれ、学校長の前に出て表彰状を受け取った。驚いたのはその最後に呼び出されたのは「ユウコミヤモト」だった。ユウコの傍の生徒が「ユウコあなたよ。前に出て表彰状を受け取るのよ」

表彰状授与の理由は「入学後まもないのに学校主催の宿泊キャンプに積極的に参加し、その行動が模範的であった」というのである。

表彰状授与が終わるや否や、待ってましたといわんばかりに生徒と教職員のクリスマスソングの大合唱が始まった。歌に合わせて拍手する者、床を踏み鳴らす者。それはそれは大変にぎやかな明るい楽しい雰囲気の終業式であった。

キャンドル・パーティー

夕方、街の公園でキャンドル・パーティーがあるので行ってみたら、というクラスの友だちからのアドバイスがあったというので私たちも出かけることにした。

クリスマスイブの夕暮れどき。人々が群れをなして街の大公園に向かっている。すでにキャンドル（ローソク）に点火して持ち歩いている人もちらほら。公園には、ローソクの灯りを手にもっている人で満員。僕らもローソクをともし、群衆の一員と化した。夜になりローソクの大海原。懐中電灯を振り回している人もいる。明かりの波が頂点に近づいた頃、舞台ではクリスマスソングの演奏が開始された。公園は、待ってましたといわんばかりの大合唱。光と音楽と歌声の見事なハーモニー。

僕は故郷敦賀気比の松原海岸での、お盆の「大灯籠流し花火大会」を思い出していた。静かな海面にローソクをともしたゆれ浮かぶ灯籠が、敦賀湾にキラキラ光る美しい海風景をつくりだしている。それを背景に大音響を夜空に響かせて、大輪の花火が連発される。

その夜のクライストチャーチの商店街には、ラジオからキャンドル・パーティーの実況放送がボリュームをあげて流されるなど、大変なにぎわいであったという。

「ここはキリストさんの国なのだ」と僕はつくづくそう思った。

ニュージーランド南東の最大都市

今ではクライストチャーチ市は、ニュージーランド南島最大の人口を有する都市に発展した。人口は40万人ほどで、愛知県の豊田市や豊橋市ほどである。三重県では四日市市の人口に近い。

クライストチャーチ空港は国際空港であり、国のゲートウェイ（表玄関）になっている。クライストチャーチは国内各地からの航空便や鉄道、長距離バスの拠点となっている国際都市である。

ニュージーランドへの国際便は人口最大のオークランド国際空港が一番多いが、クライストチャーチ空港にも海外からの直行便が入っている。私たちも日本から直接クライストチャーチに入ることがある。その意味でクライストチャーチは国際的ゲートウェイ都市と言いうるであろう。クライストチャーチ空港は南極との交流空港でもある。

クライストチャーチ市当局は、ガーデンシティーづくりや観光客誘致だけでなく、世界自然遺産委員会クライストチャーチ会議などの国際会議の誘致にも積極的である。また、クライストチャーチは、英語教育にも力を入れている都市である。英会話・英語学校が多く見られる。街を歩いていると、そうした学校に通う留学生によく出会う。

クライストチャーチは、ニュージーランド南島の文化、教育、観光の中心であるばかりか、産業も集積している。ビジネスの中心都市でもある。クライストチャーチの主要産業は小麦や穀物、観光業、衣料関連産業など。輸出金額の大半は、農産物であるようだ。就業者数は、その30％ほどが公共サービスに従事。次いで商業、ホテル業、飲食業などの観光関連業である。近年、第一次産業や第二次産業で働く人より第三次産業で働く人が多くなってきているようである。

平坦な街

クライストチャーチは、かつては湿地帯の平らな土地だった。ニュージーランド南島中部カンタベリー平野と太平洋東海岸に挟まれた地域に位置している。カンタベリー平野は、サザンアルプスの山並みと南太平洋の間にあり、幾本もの河川がのどかに牧草地帯を流れている。

そのような地理的条件から、かつてのクライストチャーチには、湿地帯がたくさんあったようである。当地在留の知人（日本人）から「ウナギ釣り」に誘われたことがある。僕は子供時代から魚釣りを楽しんできたので興味をそそられたが、残念ながらご一緒する機会をもてなかった。

町が平坦な土地であるということは、起伏が少ないということでもある。町の中心部は集約的な土地利用が行われており、一方通行の道路が多い。交通標識をよく見ていないと、すぐに道に迷ってしまう。起伏が少ないので、なかなか地理的特徴をつかめないのである。車を運転するときにはしっかり地図を頭に入れておかないと、立ち往生してしまう。

夜間、三重豪NZ協会の仲間と2台の車でクライストチャーチの街をドライブに出かけた。僕たちの車は早々にモーテルに戻ったが、他のもう一台は初めての夜のクライストチャーチを探索したいと言い、僕たちと途中で別れた。

「この町は平坦で運転しやすいようだが、起伏のない町なので信号と一方通行の道路標識をよく確かめてくださいよ」とアドバイスしておいたのだが、2時間経過してもモーテルに帰ってこない。イライラして帰りを待った。

「道に迷って結局、空港まで行き、体制を立てなおしてモーテルにたどり着いた」とのことだった。

半面、クライストチャーチは平坦で坂もほとんどなく、自転車でも徒歩でも移動しやすい都市である。ということは、緑と花の多い街中をのんびり散歩でき、また歩いて買い物にも行くことができるということである。

「この街路は優良街路として表彰されました」という誇らしげな立て看板を見かけた。彼らは自分の庭木はもちろん家の周囲の歩道まで清掃している。家族とクライストチャーチで生活していたとき、隣家の人から芝刈り機や清掃用具を借りた。庭はもちろん自宅前の歩道の草を取り、清掃に努めた。

ここにも都市問題があった

街の中心には高層の市営駐車場が設置されてはいるが、特にウィークデーの昼間には駐車はきわめて困難であった。モータリゼーションの大波は、ガーデンシティーのこの街にも押し寄せていた。

クライストチャーチに１９９６年から97年の1年間暮らしたが、気候は大半が穏やかだった。ただ、冬季の街中心部の大気汚染がひどく、ラジオやテレビで警報が繰りかえされていた。自動車の排気ガスと石炭暖房の煙がその原因とされていた。市役所に伺い、大気汚染のデータを見せてほしいと受付にいったことがある。「２、３日後に来てほし

01 優良街路賞

い」と言われたが、結局いただけなかった。

水が豊富できれいな都市

クライストチャーチの北側には、ワイマカリリ川が流れている。カンタベリー平野の地中には、川の堆積作用で形成された厚さ数百メートルの砂利の層があって、多量の地下水はここを通過することによって自然に濾過(ろか)されてゆくという。市内を蛇行して流れるエーボン川の底の流水はその地下水がわきだしたもののようである。クライストチャーチは水資源が豊富。地下水を利用しているようで、都市にある水道としては水がおいしいといわれる。

エーボン川沿いにはレストランやカフェが立ち並ぶ。私たちを訪ねてきたお客との食事はここをよく利用した。快晴のときには外のテラスのテーブルで。テーブルの下やそばまで小鳥たちが食事の「餌」を求めてやってくる。餌のとりあいでにぎやかな食事会となった。

クライストチャーチの市内を蛇行して流れるきれいな水のエーボン川は、イギリスのオックスフォードのカントリーサイドを想起させる。エーボン川には、パンティングと呼ばれる舟遊びがある。僕たちも乗ってみた。英国風の白いユニフォーム姿の青年が漕ぐゴンドラに身をゆだねて、川岸を散歩する人々やその奥の街のビル風景を眺めていたら遊歩道の観光客が手を振ってくれた。

空や山の楽しみ

市の南東にあるカバンディッシュ山にゴンドラで登れば、クライストチャーチ周辺、南太平洋、サザンアルプスの山々を眺望できる。パラグライダーやマウンテンバイクに挑戦も可能。パラグライダーとは、パラシュートを開いて山などの斜面から飛び立ち、上昇気流を利用して自由に飛び回るスカイスポーツの一種である。小学5年のわが娘は挑戦したがったが、危ないので「次回にしよう」と説得したものだ。

また、バルンフライト（気球遊覧）やシニックフライト（遊覧飛行）も盛んである。

民族や文化、生活の多様性が進行する都市

クライストチャーチは多民族化しているといえるかもしれない。

ポリネシア系のマオリ族が現在のニュージーランドに到達したのは今から遠い遠い昔のことであり、定住したのは5、6世紀頃だそうである。いわゆる大航海時代になるとヨーロッパ系の人々が近づくようになり、そしてイギリス人が入植した。その後、ワイタンギ条約をマオリの人々と締結してニュージーランドがイギリスの植民地になった。1931年、イギリス連邦を構成する実質的独立国となった。

今では、移民政策により移民が増大し、人口構成はヨーロッパ系が約8割を占めているとか。他方、近年は太平洋諸島やアジア系の移民が増大しているともいわれる。国の

構成が多民族化していけば、文化や生活も多様化していくと予想できる。

今日、「多様性」の重要性がいわれているが、ニュージーランドはその先頭を走っているのかもしれない。ニュージーランドは人権意識が高く、人種差別も少ない国といわれるが、これは「多様性」を内在させている国柄からきているのかもしれない。

習慣の違い

私たち家族は、クライストチャーチの住宅街で過ごすことができた。日本と違ってこの大学教師は、自分が長期間留守をするとき「1年間自宅貸します」と大学新聞に広告を出す。

僕の場合は、お世話していただいた現地の助教授がそれを見つけて紹介してくださった。アメリカに研究に出かけた若い先生の自宅をお借りした。おそらく基本的には、先生が日ごろ生活されているそのままの状態で貸してくださったと感じた。今まで僕たちは、何回も外国暮らしをしてきたが、いまだ一度も自宅を開放したことはない。ときどき弟妹が来て点検と掃除をしてくれていた。

地方自治体改革

バンクス半島

クライストチャーチの東には南太平洋が広がり、西にカンタベリー平野とサザンアルプス、南には火山の爆発によってできたバンクス半島がある。バンクス半島は、リトルトン火山とアカロア火山の2つの複合火山が浸食されてできた半島。僕が家族とクライストチャーチで暮らしていたときには、この半島にリトルトンとアカロアの2つの地方自治体があった。

バンクス半島は、クライストチャーチ南東に位置する。面積は約1000平方キロメートルほど。私たちがクライストチャーチで暮らしていたとき、リトルトンもアカロアも訪ねたことがあった。

リトルトンに初めてイギリス人が上陸したのは19世紀半ば頃だった。現在なら車でクライストチャーチへは、トンネルを通って簡単に行くことができる。イギリスからの入植者たちは、ポートヒルズ山を歩いて越え、クライストチャーチにたどりついたらしい。この意味でリトルトンは、クライストチャーチにとって歴史的に重要な町といえる。この町に私たちは、2度訪れている。

リトルトンには南極探検隊の基地もあり、博物館には南極ギャラリーがあった。1867年に建てられた、グリニッジ標準時を見るための新ゴシック様式のタイム・ボールステーションを見ることもできた。

私たちは1996年、トンネルを利用してレンタカーでリトルトンを訪問した。目的は、リトルトン町役場において地方自治についての情報や資料をいただくことだった。

ニュージーランドの地方政治はイギリス伝来であり、日本とはかなり異なる。事務所で話をしていたら町長さんが出てきて、われわれの議論に参加した。気さくにご一緒してくださった。これはニュージーランドでよく体験する情景である。

当時、日本でも自治体改革が論じられていたときであり、ニュージーランドの地方自治改革がしばしば話題になっていた時期だった。

2006年4月に、バンクス半島の2つの町、すなわち、リトルトンとアカロアが、クライストチャーチに編入された。その結果、両町はコミュニティ・ボード（地区委員会）を有する自治体になり、クライストチャーチ市カウンシル（評議会）に組み込まれた。

リトルトンの役場を失礼してから、山の中腹から港を見下ろしたら日の丸をはためかせた日本からの貨物船が入港していた。リトルトンは港湾都市でもある。また漁港でもあるので、魚料理店に入り昼食を楽しんだ。新鮮な魚料理がおいしかった。歴史的に由緒あるところでもあるので、クライストチャーチに出かけたときにリトルトンを訪ねるのも一興だ。

フランス・カラーアカロア

アカロアは、クライストチャーチから直線距離で南西に約40キロのところにある町である。車で1時間もあれば行くことができる。日帰りすることもできる。車でニュージーランドならではの牧歌的風景を楽しんでいると、やがて目を惹く町が現れる。それがフランス人入植時代の面影が残されているアカロアの町である。

アカロア港から遊覧観光船が出ている。海はバンクス半島の「海の哺乳類保護区」に指定されている。海域には、いろんな生物が生息している。遊覧船でイルカやオットセイ、シャチなどの海洋生物を観察できる。クルーズで半島の先まで行き、野生のヘクター・ドルフィンやペンギンを観ることができる。一緒に彼らと遊泳することもできるそうだ。

アカロアは、ニュージーランドの中では珍しくフランス色が濃い港町。なにゆえにイギリス・カラーの濃いニュージーランドに、フランス色の濃い町ができたのだろうか。19世紀半ばにここへやってきたフランスの捕鯨船の船長が、現地のマオリからバンクス半島の土地を買収してフランスに帰国した。その後、彼は、フランスとドイツから、家族連れでニュージーランドに移民する人々を募って、アカロアに送りこんだとか。

以下は、10年ほど前にアカロアに三重豪ＮＺ協会で訪れたときの話である。

フランス人の入植の町アカロアに夕方到着。まずなすべきことはその夜の宿探し。いつものように、ビジターズインフォメーションセンターに行き、手ごろなモーテルを紹介してもらった。アカロアの宿に落ち着き、町へ出る。夕食はワインとおいしい海鮮料理を賞味。大いに全員満足。アカロアの町は静かで上品。さすがフランスか。シニアが目立つ。ここでもニュージーランドの人たちは生活、人生を楽しんでいるように思えた。

パスポート紛失事件

旅行5日目（3月6日）の朝7時、アカロアの町を少し散歩する。人通りのほとんどない町をごみ収集車が仕事中。民家の前に出してあるごみ箱からごみを収集車に積み込んでいる。朝7時といえば、日本なら時差のため、まだ3時。真っ暗であると思いながらその作業を眺めていた。

きょうの予定は、朝食後、アカロアの海辺を散歩後、インフォメーションセンターで地図などの情報を入手して、銀行で両替することである。

みんな用意をしてモーテルの出口でIさんを待った。なかなか出てこない、おかしいと誰かが迎えにいったら、Iさんが、「パスポート（旅券）がない」と青くなって探している。外国において両替のときはもちろん、旅券の携帯が絶対に必要である。海外でパスポートを紛失した場合、そのままでは帰国できない。パスポートの再発行または一時帰国のための「渡航書」の発行が必要である。紛失に気が付いたらすぐに最寄りの日本大使館や総領事館に行って、パスポートの失効手続きをしなければならない。

またその際、日本で紛失した場合と同様に、紛失理由がわかる証明書類が必要である。現地の警察署で紛失証明書を発行してもらう事態も生ずるかもしれない。そして日本大使館や総領事館に届け出る。日本大使館は、北島の首都ウエリントンにある。ここは南島。ここから北島まで行くのは一大事だ。

みんなで部屋の中を探すが出てこない。昨日どこかに落としてきたのか。車の中に落ちていないか。みんな必死である。アカロアは南島である。北島の大使館か総領事館に行くべきか、クライストチャーチの日本事務所でことたりるのか。

みんなあきらめ模様になってきたとき、僕が大声で叫んだ。

「あ、あったぞ、ここにあったぞ」

Iさんのベッドを動かし、壁とベッドの間に手をつっこんだら、パスポートが静かに眠っていた。ほぼ同じとき、Iさんが、静かに言った。「パスポートのコピーを持ってきているのを思い出した」

いつも大事に首にかけている、大切な物を入れる袋の底にしっかりしまっていたのだ。公務員のIさんは慎重にコピーを用意していたのだ。そのコピーを銀行窓口で提示。両替OK。

ガソリン給油に注意

その後、ヘリテイジ・パークに行った。「この公園は、ハイキング好きな人におすすめ」と看板に書いてある。山の公園である。車だとアカロアの街から10分ほどで行くことができた。見晴らしの良い公園で、アカロアの街を上から見渡すことができた。途中、車の中から羊の群れをたくさん眺めることができた。ニュージーランド・カラーである。

Aさんと Tさんがアカロアの町へガソリンの給油に行ってくれる。ニュージーランドではガソリンスタンドを道中簡単に見つけることができない。「あるところで給油」が原則なのである。50リットル給油したとのこと。今回がこのドライブ旅行の最初の給油である。

「チーズ効果」

日本を出て6日目（3月7日）の朝7時、モーテル内で朝食。

きょうは、アーサーズパス（峠）に行く日。全員が車に乗ったのを見計らっていつものように僕は開口一番言った。

「モーテルに忘れ物はないでしょうね」と言ったら、Iさんがすかさず「ドキンとした」と反応。昨日のパスポート紛失騒動を思い出させてしまった。言葉というものは実にむずかしいものだと考えていたら、Iさんが言う。

「昨日、銀行で両替したあと、フランス人が経営する店舗でカマンベールチーズを10個購入、50ドルだった。それをモーテルの冷蔵庫に置き忘れてきた」

「すぐ引き返して取ってくる」

Iさんが戻ってくるその間、近くで青空市場が開いていたのでそこをみんなでブラついた。僕は気に入った羊の毛皮の帽子があったので喜んで買った。戻ってきたIさんいわく、「私はいいことをした。チーズを冷蔵庫に忘れてきたおかげで、先生は気に入った帽子を手に入れた。これを『チーズ効果』といいます」。ニコニコ顔でIさんが言った。

コラム５

ニュージーランドの公用語

公用語とは、ある国や州などにおいて、「公の場」で使用が認められている言語のことである。例えば、公文書や裁判などで使用できる公式の言語のことである。

アメリカやカナダにおいては、手話の使用が憲法上で定められてはいないが、権利を有する公式の言語とされているようである。

ニュージーランド手話が、２００６年４月11日に英語とマオリ語に次いで、ニュージーランドで３番目の公用語となった。これを承認するための法律案が、２００６年４月６日に、国会第三読会を通過した。

２００４年６月22日の第一読会で、すべての政党の支持を得た。この法案は、司法選挙委員会に付託され、２００５年７月18日に下院に報告され、２００６年４月10日にイギリス国王の裁可を得て、翌日に成立した。これでニュージーランドにおける公用語は、英語、マオリ語そして手話の合計３つになった。これはニュージーランドが豊かな「多様性」をもつ、未来志向の国だからできるのだと思う。なお、手話とは、手と腕の動き、手の形や位置で、特定の概念、たとえば「山」、「川」などを表す表意記号である。手話は主として重度聴覚障害者が用いる言語で、聾者（ろうしゃ）の母語である。

ニュージーランドは移民国家。新しい多民族国家になりつつあるように見える。多様な言葉が日常的といえる。ニュージーランドは多様性の濃い国である。それ故、人権意識が高く、人種差別も少ない国といわれる。公用語の法定化もそうした社会情勢からくるのではないだろうか。

30 ガーデンシティー

世界ガーデンシティー賞

クライストチャーチは、豊かな緑と花いっぱいの、イギリス・カラーの雰囲気が漂う都市である。市内には多くの公園が設置されていることから「ガーデンシティー（庭園都市）」と愛称されてきた。

私たち家族が１９９６年から97年の1年間、クライストチャーチで暮らしていたときにクライストチャーチ市が世界ガーデンシティー賞を受賞した。クライストチャーチの「まちづくり」に関心をもっていた僕にとってこれは想定外のグッドニュースであった。

なぜなら、ニュージーランドの都市環境づくりを研究するために家族とともに同市に居住し、クライストチャーチ近郊のリンカーン大学において研究の拠点をいただいていたからである。研究の中心課題は、「ガーデンシティーのまちづくり」であった。

その後も三重オーストラリア・ニュージーランド協会の活動の一環としてクライストチャーチを含むニュージーランド各地を訪問している。

以下は、リンカーン大学において1年間研究生活したときに経験したガーデンシティーについての話が中心である。

ハグレー公園は市民や観光客の一大拠点

クライストチャーチ市内には動物公園もあり、自然保護区にウイローバンク自然公園もある。ほかにたくさんの公園が設置されているが、市民や観光客の一大拠点となっているのが、ハグレー公園であろう。

そこでは折々の自然を楽しむことができた。ガイド付き公園ツアーもあった。小型の列車で公園内を遊覧できた。サッカー場、テニスコート、水泳プールで泳ぐこともできた。もちろん、子供遊園広場もある。

ハグレー公園は、市のほぼ中心にあり、市民、観光客ともにアクセスしやすいところに位置している。クライストチャーチの中心部の西側に位置する。その広さはとてつもなく広大で、東京の日比谷公園がいくつも入るほどと聞いた。手入れのよく行き届いた緑と美しい花壇が点在している。園内には湖があったり、高く噴き上がる噴水があったりする。クライストチャーチの中心部にエーボン川も流れ、ボート遊びもできる。スポーツ施設でテニスやゴルフができる。サイクリングコースがあった。ベンチも設置されているので、疲れたら気軽に一休みすることも可能。併設のカフェもあるので、ほっと一息コーヒータイムにすることもあった。

南側公園内の中央部、約4ヘクタールの敷地はクライストチャーチ・カレッジの運動場に指定されている。カレッジ専用のクリケット競技場もある。カレッジの馬術用の馬を飼育する厩舎が設置されており、運動場周辺では馬の横断や騎乗訓練がされていた。

公園内では希少鳥類の観測もできた。園内の樹木はすべて保護樹木に指定されているという。1882年には大産業博覧会の会場となり、1906~1907年にはニュージーランド国際博覧会の会場として使用された。現在でもハグレー公園でさまざまなイベントが開催されている。

市内には多種多様な公園が設置されているが、その管理・運営主体は、原則的に、クライストチャーチシティーカウンシル（市評議会）である。日本流にいえば、市役所による管理といえようか。ガーデンシティー構想は、市民の願いであるとともに市当局もこれを推進してきた。

01 フラワーショーの入場待ち

フラワーフェスティバル

私たちが暮らしていたときにもクライストチャーチの街中が花で埋め尽くされる2月のイベント、フラワーフェスティバルが盛大に開催されていた。

２０１２年2月18日のときの会場・クライストチャーチ植物園にも行った。フラワーフェスティバルは毎年大聖堂前がその会場になっていた。また、ニュージーランドの２大「花まつり」の一つとされるクライストチャーチの花まつりは、ハグレー公園を中心に開催されていた。僕たちもその中に入って楽しんだものだ。

植物園

ハグレー公園と植物園は、ガーデンシティーのシンボル的存在だった。公園に隣接するクライストチャーチ植物園は、イギリス王家の婚礼を祝って開園された由緒のある植物園だそうである。

植物園のあるところは、最初湿地帯で砂丘があったが、土地を整備し、今では30ヘクタールという広大な植物園となっている。このクライストチャーチ植物園で楽しめる植物は、ニュージーランド固有の植物だけではなく、世界各国から集めた美しい植物をあ

02展示作品

わせ、1万種を超えているといわれる。バラが250種類以上も集められたバラ園、他にもハーブ園や庭園、温室などが設置されている。

ガーデン王国とイングリッシュ・ガーデン

ニュージーランドではガーデニング（庭づくり）が盛んであり、「ガーデン王国ニュージーランド」という言葉も聞こえてくる。クライストチャーチがその代表格ではないかと思う。しかしその際に忘れてはならないのが、イングリッシュ・ガーデンだろう。クライストチャーチのガーデンはイギリスを基礎にして大きな成長を遂げてきた。

イギリスの整形庭園は、1688年以降、コンビを組んだジョージ・ロンドンとヘンリー・ワイズという造園家の下で全盛期を迎えた。フランス様式とオランダ様式の双方を融合させた当時の庭園様式は、庭園史の上ではフランコ＝ダッチ様式として知られている。本来のイングリッシュ・ガーデンは、18世紀イギリスにおいて、見渡す限りの風景全体を使ってつくられた風景庭園を意味した。イギリス的風景庭園は、自然らしさに重きを置いた庭なので、おのずと定規で測ったような、規則的な区画は避けられた。「自然は直線を忌み嫌う」からである。

03 盆栽クラブ。金賞受賞作品

整形庭園は、大抵、塀や生垣で囲まれていたが、イギリス的風景庭園は、囲い込まれていなかった。中世以来の「閉じられた庭」は、ここで初めて「開かれた庭」となる（遠山茂樹『森と庭園の英国史』文藝春秋、２００２年）。

クライストチャーチ・ガーデンの源は？

英国で芽生えた公園緑地帯の理念や概念の源流は、静かで穏やかな流れではなかった。英国市民の激しい社会改革運動と政治的闘争によるものであった。英国は、さまざまな困難を経たうえで、見事に平和と環境と景観をコンセプトにした植民地建設に成功した。英国の新植民地建設の目的は、18世紀から19世紀初頭にかけて、市民がおかれていた劣悪な生活環境の改善にあった。植民地建設のスタートは、美しい庭園のような景観の地を、都市の中に造成することであった。世界一美しいガーデンシティーであるクライストチャーチを建設するための都市計画思想には、それまで母国英国で実現できなかった次のような考え方を含んでいた。すなわち公園や公共のためのガーデン、レクリエーション施設、「公共の福祉」のための施設の配置。また「都市の肺」として機能するためのグリーンベルトの設置である（杉尾邦江『景観都市の創出――英国植民地オーストラリア、ニュージーランドの公園緑地帯の成立史』ビオシティ、２００７年）。

ホームガーデンツアー

私たちが1996年4月から1年間クライストチャーチで暮らしていたときも、「花まつり」が大々的に展開されていた。大聖堂を中心に街が花で埋めつくされた。市内のあちこちにある他の公園や手入れのよく整備されたホームガーデン、民家の庭も、「花まつり」と共にあった。優れたホームガーデンツアーも展開されていた。

このツアーは、当年及び前年の「花まつり」で受賞した秀逸な個人ガーデンをバスで訪問、見学するというツアーだった。私たちが参加したツアーのバスの運転手さんは、初老の男性で、ボランティアとのこと。快活に花まつりの説明を運転しながら案内してくれた。訪ねる本年度の受賞ガーデンは、年配の奥さんが1人でガーデン造りをしているとのこと。大きな人形を抱いて、笑顔で迎えてくれた。そしてゆっくりガーデニングの説明をしてくれた。自家用のテニスコート付きのガーデンはよく整えられ、花と木々の緑にあふれていた。通路は足にふんわりやわらかなよく手入れができた芝生であった。見学者は、花、木、芝生の通路を歓談しながらゆっくり見学できた。この

04 大聖堂内部の花じゅうたんを製作中

ガーデンは「クライストチャーチを美しくする協会賞」および「園芸賞」のダブル受賞であった。ダブル受賞は「花まつり」始まって以来の快挙であったとのことだった。

以上とは別に私的に家庭ガーデンを公開するツアーもあった。この種のツアーにも参加した。そのときに出会ったご高齢の御方は、日本から直接参加したご婦人だった。「このツアーのみに限定」しての参加とのこと。

パートナーシップ

クライストチャーチ市の全域が、花と緑の豊かな美しいガーデンシティーにつくりあげられているのは、企業、市民、民間団体がそれぞれ役割分担を明確にし、多面的に関わりながら行われているからであろう。花と緑のまちづくりのソフト面の活動は民間のガーデンクラブが主力となっている（藤岡作太郎『花と緑のまちづくり――世界のガーデンシティに学ぶ』学芸出版社、２００５年）。

ガーデンクラブ

クライストチャーチ市民の約80％がガーデニングを趣味としているといわれる。50ほどのガーデンクラブがあり、毎月会合を開いている。クラブハウスをもっているクラブもある。会費は一般的に、月単位で少額だとされる。クライストチャーチに、ガーデンクラブ会員が集中している。ニュージーランド全体のクラブの本部もクライストチャーチに置かれ、会長は大学の教授クラスが担当しているらしい。ガーデンクラブは次の部門をもつ。商工会、福祉・学校、ガーデン賞の選定、そして家庭緑化部門である。

週一回、リーダー役による事業推進理事会が開催される。クライストチャーチのガーデンクラブ本部、そしていずれのガーデンクラブも実践活動拠点を持つ。「ガーデンシティーづくり」は、クライストチャーチ・ガーデンシティー・トラスト、市カウンシル（市役所）など、民間団体（カンタベリー園芸協会など）や各ガーデンクラブなどがパートナーシップ精神に基づいて実施しているようである。その活動のまとめ役は、クライストチャーチ・ガーデンシティー・トラストであるとのこと。トラストの運営メンバーはほとんどがボランティア。クライストチャーチ市関係として、クライストチャーチ観光カウンシル、市カウンシルなどがある。民間活動として、カンタベリー園芸協会、シティービューティファイイング・アソシエーション（市美化協会）、園芸専門家協会、園芸グループがある。園芸協会の傘下に各ガーデンクラブがある。そしてこれらに企業とマスコミが連携している。このほかに、個別グループとして、バラ協会、菊協会、フラワー・アレンジメント・クラブがある。フラワー・アレンジメント・クラブは、世界26ヵ国で組織されている団体である（前掲藤岡）。

05 個人のお庭も花・花・花

たんなるスローガンでない

クライストチャーチ市では、「持続可能性（sustainability）」を目標に緑と自然を大切にするための政策としてガーデンシティーを目標に掲げてまちづくりを推進していた。中央分離帯や街路樹の管理、整備は市が行い、一定の大きさの私有地の木などは、市の指定を受けるように管理されている。街路樹は季節ごとに業者が手入れしている。自宅や庭などの前にある歩道の草取りや清掃は住民が行っている。前述したように、私たちもクライストチャーチで1年間暮らしたとき、隣人に教えてもらい、また用具をかしてもらって庭や自宅前の歩道の草取りや清掃に励んだ。

街を散歩していると「この通りは優良通りとして表彰されています」という看板が出ていることがある。そこに街を愛する住民の心意気を感じた。

「歩く権利」という概念がある。これらの考えは、彼らの生活の中にも具体化されている。例えば、日常的に彼らの趣味や行動、習慣にそれは観察できる。ハイキング、ウォーキング、山登り、トレッキングの愛好者が多いことにも表れている。すれ違うときには、われわれのような初対面の者にも「ハロー」などと明るい声がかかる。

06イベントで自動車も花盛り

エコ・ユニバーサルデザイン地域社会の創造

エコ・ユニバーサル・ツーリズム。ニュージーランドを旅していると、エコツーリズムあるいはユニバーサル・ツーリズムという言葉が思い浮かぶことがある。クライストチャーチで生活していたときもそうだった。

日本の環境大臣を議長とした「エコツーリズム推進会議」によれば、エコツーリズムとは「自然環境や歴史や文化を対象とし、それらを体験し、学ぶとともに、対象となる地域の自然環境や歴史文化の保全に責任を持つ観光のあり方」とされている。

ユニバーサル・ツーリズムについては、「すべての人が楽しめるように創られた旅行であり、高齢や障害の有無にかかわらず、誰もが気兼ねなく参加できる旅行」とされている。

僕は、地域や都市の環境づくり、まちづくりは、エコ・ユニバーサルデザイン地域社会の構築であるべき、と考えている。「生活の質の向上」と言い換えてもよい。旅人を含む誰もが安全かつ、心安らかに過ごすことができる地域、都市である。願うのは、花と緑が街を覆うように配置され、公園や広場が多くあり、だれもが安全に安心して過ごすことができるところである。住民がそうした環境の中で、良好な都市施設を利用しながら、仕事をし、通学し、趣味やレジャーそしてボランティア活動をしている。休日には、家族や友人、恋人と公園で遊んだり、近郊で登山やトレッキング、ハイキング、ウォーキング、スポーツ、野外バーベキューパーティーなどを積極的に楽しんでいる。クライストチャーチはそのように感じることが多い都市である。

ときどきクライストチャーチで生活していたとき、街の人に「ここの暮らしはどうですか」、あるいは「市役所のまちづくりはどう思いますか」と尋ねた。多くの人は「市役所はよくやっていますよ。満足です」と答えてくれた。そして、「ここに数年前、旅行にきて移住しました。あなた方は日本からですか。あなたも移住したらどうですか」と言われたことがある。

クライストチャーチで家族と1年間暮らし、それ以外にも何回かここに来ているが、住みやすい気候である。南極の基地があり、天気予報の中に南極の影響などについて触れることがときにあるが、雪が多くて困ることはなかった。

僕は、21世紀の向かうべき地域社会は、ユニバーサルデザイン社会であると思っている。ユニバーサルデザイン・ツーリズムとその理念は同じと思っている。その意味で、ニュージーランドの行政マネジメント改革を研究している和田明子教授の見解は傾聴に値する。教授はセーフティネットについて、おおむね次のように述べる。

ニュージーランドは、日本に比べ、相当程度整備された状態で、公的部門改革がなされた。広義のセーフティネットとは、社会保障、福祉等の制度が充実していること、教育、住宅が提供されていること、一時的に失職することがあっても年齢、性別等によって差別されることなく、転職や再就職をし、生活に足るだけの収入を得ることが可能な社会であることである。すなわち、生活に最低必要な財もしくはサービスが提供されるなどして、すべての国民がこれらを享受できる社会である。この意味でのセーフティネットがあれば、構造改革によって一時的に国民は失業することがあっても、生活に困窮することはない。そのため政府は、思い切った改革を断行できる。国民の側も、官僚側もセーフティネットがあるため、改革にそれほど抵抗する必要がない。ニュージーランドでは、政府がそのようなセーフティネットを目指していると思う。

政府の大きさは、経済活動とセーフティネットという2つの意味で考えることができる。ニュージーランドの諸改革は、大きな政府から小さな政府に抜本的に転換する改革であった。そこで目指されたのは、経済活動の面であった。セーフティネットという意味では、小さな政府にならなかった。医療や年金をはじめとする社会保障制度が、すべて税で運営されることにかわりはなかった。改革によって、高福祉国家から普通の福祉国家になったとしても、国民の生活を脅かすような福祉国家にならなかった。それは、国民の生活をまもるというのが、政府の役割とする、建国以来の社会理念がどの政党が政権に就くにせよ、生かされているからである（和田明子『ニュージーランドの公的部門改革――New Public Management の検証』第一法規、２００７年）。

第6部

大地震下の南島旅行

2011年3月11日〜3月22日

31 南島旅行準備中にクライストチャーチ大地震発生

クライストチャーチから衝撃の情報

２０１１年２月24日、三重オーストラリア・ニュージーランド協会（三重豪ＮＺ協会）が行う第10回ニュージーランド氷河旅行要領を、参加者に次のように配信した。これは、その要領の冒頭部分である。

東海地方に、やわらかな春の光が輝いてきました。ニュージーランドは、秋の旅行シーズンに入りつつあります。若干のモーテルの予約以外は順調に準備が進んでいます、とご報告したいところですが、とんでもない問題が発生しました。２月22日、クライストチャーチ直下の地震が発生しました。かなりの被害が出ている模様です。私たちのニュージーランド旅行は目前です。今回お世話になっているKツーリストや現地からの情報などを基本にしながら、適切な判断をしたいと思います。旅行実施委員長及び旅行委員のみなさんと相談しながら、できるだけ問題のないようにしたいと思います。

以下は、現地からの情報やマスコミなどの情報から、地震発生直後のクライストチャーチの状態をまとめたものである。

私どもの予約しているクライストチャーチのモーテルが所在するリカートン地区の電気および水道ともに問題はない。

クライストチャーチの中心街の大聖堂付近の状態は次のようである。マスコミなどのニュースからまとめた。

地震発生時の数十分後に、大聖堂前の土産店などが停電になり、店員などは道路に避難した。店の壁が崩壊した。そのとき、大聖堂の崩れる音か壁画が落ちた音かはわからないが、けたたましい音が聞こえた。

クライストチャーチ大聖堂は、市中心部に所在していた聖公会（アングリカン・チャーチ）の大聖堂のこと。この大地震発

01 大地震前の大聖堂

生前までは市のランドマークであり、クライストチャーチのシンボルとして堂々とそびえていた。

　大聖堂付近の店員たちは、店を離れてから、そのあたりに一歩も立ち入ることができなくなった。店の通りは、ブロックやレンガづくりの建物の崩壊が多いので、瓦礫(がれき)などが散乱しており、立ち入り禁止である。軍隊や警察官がフェンスを張って誰も入れないようにしてある。

　大聖堂を中心に、約1キロメートル四方に大きな道路が囲むようにあるが、その中の区域を、フェンスですべて立ち入り禁止にしている。その中に住んでいる人は退去させられている。フラワー・フェスティバルなどのイベントが多い時期なので日本人観光客も多い。また英語留学で来ている日本の若者も多数いる。クライストチャーチ市役所からの通知について、市長からは約2時間おきに、テレビによるメッセージやアナウンスが放送されている。

「外に出ず家族と共にいるように。安全を第一に」

お世話していただいている国内のKツーリストからは、次のような助言があった。

「他の旅行会社もニュージーランド・ツアーを、しばらく中止することが決まったようです。貴協会の旅行も、一旦中止し、4月以降にしたらどうですか」というアドバイスの電話があった。ことがことだけに、旅行の延期も頭に入れながら、現地と連絡を密にしつつ、旅行の可能性について検討を重ねた。そして、3月1日月曜日に、参加者に対して、次のような文書を出した。

参加者各位　予定通りニュージーランドに行くことに決めました。案じていました「氷河等の旅」は、ニュージーランド政府観光局、現地友人、宿泊ホテルやモーテル等の情報を総合的に検討した結果、予定どおり実施することにいたします。Kツーリストの担当のSさんに、各自、残りの航空関係代金をお支払いください。そして不参加の方は遠慮なくご連絡ください。

参加希望を出していた人全員が予定どおり出かけることになった。

クライストチャーチ大震災直後に、ニュージーランド旅行の「ゴーサイン」を出すことができたのは、現地からの多くの協力を得ることができたからである。友人であるクライストチャーチ近郊のリンカーン大学のT博士やかつて関西の某市議会議長で、当時、クライストチャーチに、ご家族とともに住んでいるKさんのアドバイス、および、宿泊予定のクライストチャーチのモーテルやその近くのホテルからの丁寧で親切な連絡があったからである。また、ニュージーランド政府観光局や予約済みの鉄道会社からの公的な情報は的確かつわかりやすい内容だった。また、地震直後の忙しいなか、予約済みのモーテルの主人からは、「キャンセルが2、3件あるが、宿泊は可能です。問題はありません。どうしますか」というメールが、街の被災状況とともに丁寧に送信されてきた。また「今こそ、心を一つに」と題するニュージーランド政府観光局のサイトは、余計なことは書かず、的確に旅行に必要不可欠の事実と指示をはっきり伝えていたので、信頼できた。行方不明者などの各種問い合わせ、義援金、鉄道、国道、長距離バス、レンタカーなどの状況を含むクライストチャーチや他の地域情報もとてもタイミングよく伝えていた。そしてこのような文が付け加えられていた。

「2月22日地震で被災した一部地域を除いて、ニュージーランド全国の観光関連事業は、通常通り運営されており、旅行者を歓迎しています。クライストチャーチ市内への不要な旅行は控えていただいていますが、これ以外には、ニュージーランド旅行には何ら差しつかえございません」

かくして、次の文書を旅行参加者に送ることが可能になった。

「慎重な検討の結果、予定通りニュージーランド旅行をいたします。よくご賢察のうえ、参加を決めてください」

結局、全員が予定通り参加することになった。

旅行上の留意事項

「氷河ハイクのときの服装については、ヘリコプターハイキング（ヘリハイク）会社からのメッセージによれば、3、4枚の暖かい重ね着、楽なズボン、日焼け予防とサングラス、飲み物、スナック、ランチそして帽子と手袋を用意するとよいでしょう」。ヘリハイクは11時50分発の予定。そして次の「留意事項」も配布した。

現地でのグループ費用の支払いなどについて原則として、その都度、清算とする。現地では、あらかじめ会計に、共同基金として、各人が1万円を預けておき、そこから入場料や食事代、バス代などを支払う。基金が底をついたら、相談のうえ、基金代を徴収する。

出発当日の集合場所など津市渚町港から6人が乗船する。障害者手帳などの必要書類を忘れないように。近鉄白子駅からは2人。2人が直接セントレアに行く。

セントレアでの集合場所：出発フロアインフォメーション前。午前9時。

国際免許証を今回も、部分的にレンタカーで使用する。可能な方は、警察に行き国際免許証を取得のこと。クライストチャーチ以外は、車の数は少ない。無理のない、安全運転に心がける。みんなで運転に協力する。早朝や夕暮れ、夜間のドライブはしない。

魚釣り　西海岸において、魚釣り可能。新鮮なさしみ、焼き魚、煮魚など期待できるかも。釣り道具などは、現地にて借りる。

荷物　移動が多いので少ないほうが良い。

履物　ハイキングもある。歩くことが多いので、慣れている靴がのぞましい。

服装について訪問時期の平均最高気温21度、最低気温9度ぐらい。昼と夜の寒暖の差が大きいので、対応できる服装などを準備のこと。

なお、氷河ハイクの服装などは、次のようなものを用意するようにとの、現地からのメッセージがある。軽食、山用ジャケット・フリース、サングラスなど。氷河ハイキングの前日に、ハイクの営業所に出向いて準備する予定。

宿泊はほとんどがモーテルになる。洗濯可能。モーテルには、通常、歯磨き用品、スリッパ、パジャマなどは置いてない。日本で使用している電気ひげそり器などは、変圧器が必要なところがある。旅行用品店などで確かめておくこと。

薬などについて常用されている薬や眼鏡、白杖などをお忘れなく。持病などについては医者から英語の病名を書いてもらう。

なお、ニュージーランドでは紫外線が強く、また、虫さされ（サンドフライ）に注意が必要。現地の薬局で適切な薬のアドバイスを受ける。

3月7日、Kツーリストから、参加者全員の航空券がまとめて会長に届いた。そして航空券は出発当日、セントレアで手渡すことになった。海外保険などを含む航空機関係費用は、各自が旅行会社に支払った。一人ひとり代金が異なるからである。こうして、今回の親善交流事業は、現地の協力の下、クライストチャーチ震災の結果を見据えながらの旅行となった。

32 クライストチャーチ大地震の爪痕

日本に異変

クライストチャーチは、世界のガーデンシティーと呼ばれてきた。三重豪ＮＺ協会の第10回親善交流旅行地はニュージーランド南島である。クライストチャーチ国際空港はこのニュージーランド旅行の出発点である。

中部国際空港（セントレア）から２０１１年3月11日金曜日いよいよ出発。11時発のＳＱ０６１７に搭乗し、シンガポール・チャンギ国際空港に向かい飛び立った。夕刻17時に、チャンギに到着。乗り換え19時45分発の夜間飛行ＳＱ０２９７にてクライストチャーチに向かった。

12日の朝、現地時間10時30分、クライストチャーチ国際空港に全員元気に降り立った。入国手続きも順調に終了。ここはオークランド国際空港（北島）に次ぐ、ニュージーランドで二番目に大きな空港であり、南島のゲートウェイ（玄関）空港である。かなりの人で混み合っていた。天気はうす曇りだが、気分は上々。ところが、夢にも思っていなかった大異変が日本で起きていた。

クライストチャーチ空港にて入国手続きや税関手続きを滞りなくすませ、街中のモーテルにタクシーで出かけようとしている最中に私たちのメンバーの携帯電話にとんでもない日本からの叫び声が入ってきた。びっくり仰天！　国際携帯電話に、日本の家族から東北地方の巨大地震と津波、福島原子力発電所のニュースが飛び込んできたのだ。留守家族にとって至極自然なことかと思うが、一番激烈なメッセージは、「旅行を中止してその場で日本にUターンして帰る手続きを取り、即、帰国せよ」というある留守家族からのメールだった。

東日本大震災とは、２０１１年（平成23年）３月11日に発生した東北地方太平洋沖地震による災害および、これに伴う福島第一原子力発電所事故による災害である。

空港内で、緊急会議。みんな真剣に慎重に議論した。その結果「予定通り旅行を続行する」というのが全員の一致した意見であった。すなわち、まず、出発まじかに発生したクライストチャーチ大震災の爪痕を視察してから、その後に南島を山岳列車やレンタカーを利用して、約10日間、３月22日まで旅することを確定した。

「市街地中心部はストップ状態です」

旅行2日目は、もともと、クライストチャーチ大地震の被災状況の視察と黙禱が主たる目的であった。

同時に、クライストチャーチのガーデンシティー花まつりの見学も、密かに期待してきたイベントであった。花まつりは、例年3月頃に行われる。世界的に有名なフラワー・ショー。大聖堂内には入り口から祭壇に向かって花のじゅうたんが敷かれる。ハグレー公園では、各種の「花と緑」の関係諸団体がテントを張り、発表会やデモンストレーションなども行われるであろう。

新たな観光戦略として復活した路面電車、バス、道を行くマイカーの一部も、花で飾られる。街を貫流するエーボン川も花であふれる。恒例のガーデン・コンテストも盛大に行われる。ガーデンシティーを提唱するクライストチャーチの中心街は花一色に染め上げられるはずであった。たくさんの国際色豊かな観光客でにぎわう華やかな街ができ上がるはずであった。

さて、話題は現実に戻る。昨日、クライストチャーチ国際空港観光インフォメーションの女性係員が、気の毒そうに、ささやくように、「クライストチャーチ市街の中心部はストップ状態です」と言った。

「しかしあなたたちが宿泊するリカートン地区やモーテルは大丈夫。バスやタクシーで行くことは可能です。予約しているモーテル付近からバスがあるから、そこからいろんなところに行けばいいです。モナベールはオープンです。ハグレー公園はオフです。街のセンターには行けません」と教えてくれた。「えらいこっちゃ」と僕は密かに思った。

空港での私たちの緊急会議の結論は予定通り、旅行決行であったので、空港から、タクシーで、リカートンモーテルに直行した。モーテルまでの道路は、平常どおり動いていた。多くの車が行き来しているようだ。タクシーの運転手さんが笑いながら言った。

「空港インフォメーションは、ストップ、ストップと言うけれど、行けるところは結構あるよ。ミュージアム（博物館）も、アンタクティカ（南極）センターも、ボタニック・ガーデン（植物園）にも行けるよ」

前回の親善交流旅行ですでにおなじみのモーテルの主人・ジョージが陽気に、温かく迎えてくれた。一行の部屋割りをして、一服してから、徒歩でハグレー公園と街中心部に出かけることにした。これはジョージのアドバイスであった。

「歩くならば、モナベールやハグレー公園に入ることはできるし、また、被災中心地にも近づくことができる」という助言に従ったのである。

激震地域を歩く

まず、夜間飛行と空港での緊急会議の疲れを癒すため、由緒ある閑静な伝統色のモナベール邸でアフタヌーンティーを取ることにした。ここは、19世紀に建てられた広大な庭園をもつ旧邸宅である。庭にはボート遊びができるエーボン川がゆっくり流れている。薔薇をはじめ、種々の花木を楽しむことができる。レストランがあり、結婚式もできる。1967年に、クライストチャーチ市がこれを買い取り、現在も市が管理しているようだ。

残念ながら、入り口に綱が張ってあり、レストランに入ることはできなかった。次いで、ハグレー公園に出向いた。この途方もなく巨大な公園は市の中心部にある。東京ドームの40個近くが入るといわれる約160ヘクタールの面積である。そのハグレー公園で人にほとんど出会うことはなかった。が、公園内のスポーツグラウンドから、ときおり元気な若者の掛け声が聞こえた。由紀さんが「テニスをしている」と言った。ラグビーもプレイしている模様。

01 大地震後のクライストチャーチ市の様子

クライストチャーチ大地震直後、日本で旅行の準備をしていたとき、今回訪れる山の秘湯・マルイア温泉ホテルのおかみブログは、地震直後のハグレー公園の状況を、こう書き込んでいた。

「公園内の真ん中の道だけは通ることはできます。ただし、ところどころに液状化した砂が積んであります」

僕はこの記事を思い出しながら、「なる

ほど、なるほど」と確かめるように歩いた。通路脇には、液状化した砂がところどころに寄せ集められている。僕は、ひざまずいて砂を手ですくった。指の間から砂がサラサラと流れ落ちた。

以前、クライストチャーチ在住の日本の友人から「ここはかつて湿地帯で地盤がゆるい」と聞いたことがある。ゆるく堆積した砂地盤などは地震により激しくゆさぶられると、液体のように一時的にやわらかくなり、建物などを支える力を失い、大きな被害をもたらすことがあるのだ。このような現象が「液状化」なのである。

この公園に来たときしばしば愛用したカフェテリアの周囲にも、ロープが張ってあった。「公園内のトイレは利用できません」との立て札を見て、「もようしてきたのに」と誰かがつぶやいた。

「わあ、でっかいウナギ」とKさんがみんなを大きな声で呼んだ。公園には、エーボン川がおだやかに流れていて、いつもなら、底の浅い船であるパントでパンティング[*1]やボート遊びをしている人がいるのだが。

「クライストチャーチは、埋め立てられてできた砂の街。だから、今でも、ウナギ釣りをすることができる」と、リンカーン大学で研究していたときに〝ウナギ釣り〟に誘われたことがあった。私たちが目撃している大人の腕ぐらいある大きなウナギがその当時からの子孫であるかどうかはわからない。

エーボン川の橋を渡り、植物園のローズ・ガーデン（バラ園）に入った。満開ではな

＊1　パンティングとは、平らな船底と四角い船首を特徴とし、棹で川底を突くことによって推進力を得る舟（パント）を使った舟遊びのこと。

いが、赤、白、黄色、オレンジのバラがいい香りを漂わせている。一輪のバラを手に受け、鼻を近づけた。やさしい甘い香りがした。大きな松の木の下に、手のひらに入りきらないほどのでかい松かさが落ちており、女性たちがはしゃいで手のひらにのせている。

植物園を出て博物館へ。ここにもロープが張ってある。カンタベリー博物館は、ハグレー公園の一画にある人気観光スポット。1867年建造の歴史的建物で、絶滅した巨鳥モアの卵や骨格標本をはじめ、ニュージーランド固有種の鳥たちの標本が展示されている。

大聖堂への道に入ったが、途中で「通行止め」になっていた。その地点で、大聖堂が見えるはずだったが、見えない。尖塔がそびえていたが、その上部が地震によって倒壊していたのだった。

かつては、カンタベリー大学の講堂などがあり、現在は芸術家の卵のたまり場、その作品の特産物、土産物の店になっている、アート・センターも大きな被害を受けていた。倒壊しなかった高層ビルの壁面のいたるところにも大小のひび割れ、H型のひび割れ、窓と窓の間には横にひび割れができている。この辺りがクライストチャーチの中心街の一部であったのに。路面電車も、バスも、タクシーも、一般車も観光客の姿もない。崩壊した大聖堂、倒壊したビル、そして大聖堂前に集中していた土産物店の並んでいた中心地は、高い鉄条網で包囲され、その中に入ることはできなかった。

02 屋根の上にあった塔が地上にある

日本のテレビ・タレントの土産店もここにあったが、どうなっただろうか。

　倒壊したビルは、地震対策が十分になされていなかった古いものであったようだ。一般住宅も崩れたのは古い建物のようであった。被災して空き家になっている人の気配がほとんどない街の歩道にも、地下から噴出し液状化した細かい砂が積み上げられていた。水を吸ってカチカチになっている砂の固まりもある。

　大聖堂からトラム路線沿いを西へ向かうと、エーボン川。ここからエーボン川沿いに、高級感漂うオックスフォードテラスがある。そこでも液状化が起きていた。クライストチャーチのこの修復には、大変な資金と人が必要だと思った。

　空き家の玄関先に、避難先の住所と電話番号が書かれた紙が、むなしく貼ってあった。観光客でにぎわっていたあの「花と緑」のガーデンシティーは、いつよみがえるのであろうか。

大聖堂と大地震

　ここでの大聖堂とは、クライストチャーチにおける大聖堂（カシードル）のこと。ニュージーランド南島東岸の都市クライストチャーチにある英国国教会の大聖堂である。市街中心部にあり、ネオゴシック様式で、40年の歳月をかけて、１９０４年に完成した。高さ63メートルの鐘楼をもつ、クライストチャーチのまさにシンボル、象徴的建造物であった。しかるに２０１１年2月22日に発生したクライストチャーチ大地震は、大聖堂、鐘楼に深刻な被害を残した。この地震をカンタベリー地震という場合もあるが、本書ではクライストチャーチ大地震と呼んでいる。

大地震発生は2011年2月22日だったから、いまではもうかなりの年月を経過した。私たち三重オーストラリア・ニュージーランド協会の恒例の第10回海外交流旅行は、2011年3月であり、行き先はニュージーランド南島だった。クライストチャーチ大地震は2011年2月であったから、まさにその直後に私たちは、ニュージーランド南島のゲートウェイであるクライストチャーチ国際空港に降り立ったことになる。

到着の翌日にまず大地震の爪痕を沈痛な思いで訪ねたことを先ほど報告した。大地震によって大きな被害を受けたこのクライストチャーチの重要なシンボルをどのように再建するのか、ということに多くの時間が必要なことは僕のようなよそ者にとってもよくわかる。

紙製大聖堂の建立

その後、仮の大聖堂を別の場所に作り、旧大聖堂を解体することになったようである。カードボード（紙）カセドラルは、2013年8月にオープンした。2011年の地震でクライストチャーチのシンボルであった大聖堂が損傷し、修復が不可能になったため、再建設されるまでのつなぎとして用意されたとのこと。カードボードカセドラルは、「紙製大聖堂」と呼ばれているようなので、その役割を果たせるのか、と僕は余計な心配をしている。特別に加工された紙を建築資材として使っており、教会はもとより、内部にある祭壇も「紙の管」で作られている。紙とはいえ特別な加工が施されているので、50年間は使えるそうである。その設計は日本人建築家による、とか。

数珠を手にして歩く

さて、話は元にもどる。万歩計で歩数を記録していたAさんによれば、モーテルから激震地を、約2万歩近く歩き回った。Aさんは、御主人から「地震で亡くなった人を慰霊するために、数珠をもっていくように」と言われ、数珠を手にしながら歩いていた。

3月半ばは南半球の初冬である。夕方近くになると、冷たい風が吹いてくる。人や車に出会わない街を、一層わびしく感じさせた。そんな中、ハグレー公園のスポーツグラウンドから聞こえたサッカー少年たちの元気な掛け声と審判の笛は救いであった。クライストチャーチ再建の力強い雄たけびにも聞こえた。

寒空でタクシーを待つ

足を少々痛めたKさんと私たちは、モーテルまでタクシーで帰ろうと思うが、電話ボックスが見あたらない。たまに来るタクシーはどれも満車。人影もない。やっと遠方に婦人を見つけた由紀さんがかけつけタクシーを呼んでもらった。親切な中年女性が自分の携帯電話で呼んでくれた。ありがたいことであった。

運転手さんは明るくよくしゃべる青年。話題の中心は、東日本大震災と日本観光の体験談だった。東京が特に印象的だったようである。

真夜中の話し合い

ウトウトと眠りに入ろうとしていた真夜中の0時半過ぎ、トントン、トントン、トントン、ドアを遠慮がちにたたく音。複数の抑えたひそひそ話す声。

「われわれの仲間だ」と直観。あわててドアを開ける。競うように、口々に日本からの国際携帯電話について告げる。東北大地震、津波そして福島原子力発電所の爆発についての報告、そしてわれわれの旅行中止の強い忠告。すべてが家族を案じる内容だった。

「日本へ帰ることができなくなるかもしれない」。「明日、帰国するように」。あるいは「だから言ったじゃないか、今回の旅行に行ってはいけないと」などなど。

深夜の深刻かつ真剣な話し合いが静かに続いた。全員一致の結論は「旅行続行」。その理由は申し訳ないが、

第一に、旅行のメンバーには、直接、東北地方に関係する人はいない。

第二に、余震が続いても、本震より強い地震は起きないことが多い。

第三に、私たちが明日、帰国しても、何もできない。

第四に、私たちのニュージーランド旅行自体の行程に、問題はない。

第五に、ニュージーランドと日本間の国際航空に、問題はなく、旅行終了後安全に帰

国できる。

第六に、元気に、土産話をもって帰る方が現実的であり、かつ理性的な道であろう。帰国後家族に、丁寧に話せばわかってもらえるのではないか、と勝手な判断をして「旅行続行」とした。全員一致の決定だった。

クライストチャーチ大地震は、比較的マグニチュードは小さかったが、震源の深さが浅かったために揺れが非常に大きくなったようである。人的犠牲や建物の被害が甚大になったのはそのためであった。また、市街地に建っていた建物の多くは耐震性に弱いレンガ建てであったため、激しい地震の揺れに耐えることができなかったようである。

山岳鉄道でアルプス越え

日本を発つ直前に鉄道は再開していた。晴天の朝、クライストチャーチのリカートンモーテルの支払いを済ませ、あらためて、3月20日の宿泊予約をした。帰国のときも、再びクライストチャーチ国際空港を利用するからである。みんなの意見は、「同じモーテルがいい」ということだった。

絶好の旅行日和、晴天。陽気なモーテルの主人・ジョージの見送りを受けて、シャトルバスで鉄道のクライストチャーチ駅に行った。トランズアルパイン号に乗るためである。南アルプスを越え、西海岸の町グレイマウスに下る、山岳観光列車の旅である。日本でこの鉄道の予約を取ったとき、なんと、その直後にクライストチャーチ大地震が発生。この列車運行が「休止」になってしまった。その上、この列車の通過する地下に、新しい活断層が見つかったという報道もなされた。現地鉄道会社と連絡を取ったり、ニュージーランド政府観光局のホームページで運行を確かめたりした。幸い、私たちが日本を発つまさに直前に、運転再開の情報が入った。

難航を極めて鉄道建設

私たちグループは、平均60歳以上の高齢者集団。しかも、白杖をもつ視覚障害者が3人いた。列車の乗降口がホームよりかなり高い。駅員さんが、簡易スロープをわざわざ取りに行って列車の乗車口に置いてくれた。ありがたいことである。

列車は予鈴も、アナウンスもなく静かに時刻どおりグレイマウスに向かって朝8時15分、動き出した。約4時間半で終着駅グレイマウスに着くことになっている。南アルプスを越え、ニュージーランド南島を横断する。

私たちの車両は、ほぼ満席であった。2人用座席が、テーブルをはさんで、向かい合うように設置してある。窓は広く、また外からは車内が見えないらしい。乗客の見る権利は保障されている。工夫が窓ガラスにもしてあるのである。ニュージーランドの人は一般的に大柄である。だから、われわれはゆったりと座ることができた。

この路線の開業は、1923年鉱物を運ぶためにつくられたものであった。アーサーズパス（峠）を越えるなどの工事は、険しい山岳の地勢に阻まれ、難航を極めたという。

開業にいたるまで、15年の歳月を重ねた。ニュージーランドの地形は非常に複雑なので、建設当時の鉄道技師は多難な課題を克服しなければならなかった。優れた技能と不屈の精神で建設に邁進したおかげで、今では世界からお客をここに招くことができるようになった。

地元の人々の足でもあったこの鉄道は、道路が整備され、モータリゼーションの波とともに、その役目を大きく変えた。今は主として、サザンアルプスの雄大な景色の中を走る列車として世界から観光客を集めている。

列車は、クライストチャーチ市街を抜けて山岳地を登って行く。空は青。山並みを背に、広々とした牧場を行く。最近は羊より牛が目立つように感じる。化学繊維の出現により、羊毛の役割が減少してきたからである。豊穣な山林。深い渓谷の流れも緑色。遠くに湖が浮かんで消える。車内放送が、「山頂に雪が光っています。見えますか」と案内。「どこ、どこ」「ほら、あそこ」と日本語が飛び交う。

停車駅

グレイマウスまでに、いくつかの駅に停車した。スプリングフィールドとアーサーズパスには、長く停車する。人の乗り降りがある。乗客はホームに出て景色を見て、写真

03 山麓の牧場

撮影などをする。

1929年の開設になるアーサーズパス国立公園への鉄道玄関駅であるアーサーズパス駅には、10分ほど停車した。ちょっとした町があり、駅員が郵便物や荷物などをおろしている。登山服姿の乗降客も目立つ。この駅の標高は、約920メートル。クライストチャーチから、100キロメートルほどである。

アーサーズパスウォーキング

もう10年ほど前になるが、わが協会がクライストチャーチ近辺を巡った。季節は現地の初秋・3月。そのときの様子を思い出してみよう。

きょうは、アーサーズパス（峠）に行く日。朝はのんびりゆっくり休息をとって、峠に向かう。峠に行く前に、のどかな山間農村地帯のダーフィールドの町で昼食をいただいた。ダーフィールドは、中・高校生のための留学を日本にもよびかけているところである。クライストチャーチから西へ約40キロに位置しており、車で小一時間のところにある。サザンアルプスが見渡せ、周りは山々や川に囲まれた自然豊かな田舎町であった。一気にそこからレンタカーでアーサーズパスに向かう。峠に近くなったためか、小雨が降ってきた。アーサーズパスは、サザンアルプスを越える峠の中で、最も標高の高い峠である。

1864年に測量家アーサー・ドブソンがこの峠道を開くずっと以前から、マオリ人の狩人たちは東海岸と西海岸を結ぶルートとしてこの峠を通っていたという。

アーサーズパス国立公園の東側には、広く開けた砂利の川原と広大なブナ林がある。ニュージーランドの南島、カンタベリー地方とウエスト・コースト地方にまたがる国立公園である。かつては、アーサーズパス地塊へは入山できなかった。２０００メートルを超える山々と氷河によってけずられた深い谷が多いからである。しかるに今では人々のたゆまぬ奮闘・努力、技術革新、夢によって安心安全に、簡単にこの国立公園にアクセスできる。1時間半、半日、1日とさまざまなタイプのトレッキング、登山、アトラクションを自分の体力などに応じて楽しむことができる。

16時半頃アーサーズパスに着いた。ただちにインフォメーションセンターに行き、モーテルを紹介してもらう。大きな地図などを見ながらアーサーズパスの情報を勉強したり、土産を買ったりした。ニュージーランドのどこのインフォメーションセンターでも当地の土産物を販売している。夕食は13年前夫婦で訪れ、一泊したことのあるIさんの思い出のレストランでいただいた。彼によれば、「当時の面影はまったくなくなっている」とのこと。

7日目（3月8日）。アーサーズパスの一夜が明けた。6時半頃起床して外気に触れる。ウグイスのまだ幼い鳴き声、ケキョケキョ……。少々、肌寒い。朝食後、10時にトレッキングに出かけた。清涼な谷川のせせらぎ、木道をもくもく歩く。アーサーズパスの鉄道駅舎を発見。無人。駅舎はきれいに整理整頓、清掃されていた。

落差107メートルの大滝のしぶきを浴びる。

山越えの途中、キャッスルロックで雄大な絶景を楽しむ。視界360度周囲2000メートルクラスの山々。谷底を舗装された道路が走る。商業施設や広告などは一つもない。大自然のただ中で仁王立ちで深呼吸。


話は「トランズアルパイン号」に戻る。アーサーズパス駅からは、トンネルが続き、険しい山岳鉄路を西海岸のグレイマウスへと下る。トンネルに入ると、ディーゼル機関車が出す特有のにおいが鼻を突く。

子供時代、石炭を燃やして走る蒸気機関車が、長い長い福井県の北陸トンネルを通過するとき、蒸気機関車が吐き出す石炭の燃える「におい」や「燃え殻」が目や鼻孔に入り、痛かったことがよみがえった。

僕がトランズアルパイン号で最も印象的だったのは、展望車であった。この展望車両には、天井はない。車両の周囲に、僕の胸ぐらいの高さの鉄柵があるだけである。椅子もテーブルもない。晴天の初秋、鬱蒼たる山林、深い渓谷、丘の遠方に広がる牧場。列車は風をきって、ディーゼル機関車のエンジン音とレール音をとどろかせて走る。僕は、吹き飛ばされないように、鉄柵をしっかり握りながら、録音テープを回し続けた。後で聞いてみると、列車が風をきって走る轟音とディーゼル機関車の強烈な音が、聞こえるだけであった。会話は、ほとんど聞きとれない。にもかかわらず、日本では決して体験できないであろう、この展望車で受けたすがすがしさや清涼感を、僕は決して忘れることはないだろう。

列車は、ウエスト・コーストの中心のグレイマウス駅に正午12時45分に到着した。

グレイマウス駅前

駅を出てただちに駅前にあるレンタカー営業所に行った。日本で手続きは大略できているので簡単に完了。昼食時なので駅前で食事処を探して入る。アメリカ生まれのカフェショップで昼食。昼どきのためだろう、お客が長蛇の列をなして自分の番を待った。初めて食べたどでかいオープン・サンドイッチがとてもおいしかった。それ以来日本でも外国でも時々利用するようになった。

昼食後まだ太陽が高いので、日本で予約してきたホテルに行く前に、地ビール工場で試飲と見学をした。

ホテルでは、マネージャーがユーチューブで東北大震災・津波を見せてくれた。便利な時代になったものだ。

ウエスト・コースト地方

グレイマウスの人口は1万人を超えるほどである。グレイ川の河口に金鉱山の町として誕生した。その後、石炭、ヒスイの地下資源で発展した町である。ウエスト・コースト地方最大の町である。この地方は、ニュージーランド南島の西海岸で、南北600キロメートルにおよぶ広大な地方である。ウエスト・コースト地方では、ハイキングやウォーキング、ジェットボート乗船、カヤックなどを体験できる。また、ウエスト・コーストでは、荒々しい海岸の断崖風景や美しいビーチ（浜辺）も体感できる。そして氷河ウォーキングを楽しめる。私たちは、すでに家族と数回氷河ウォーキングを体験している。ガイドさんによれば、「本日のように天気がいいときには楽しく氷河を見学できるが、荒れると氷河は非常にこわい。ひどいときには氷河が荒れ狂うときに下流の一集落と牧場を壊滅状態にしたことがある」とのこと。大自然の恐ろしさを実感。

33 ヘリハイクに挑戦

フォックス氷河を目指す

ウエスト・コースト（西海岸）の2大氷河はフォックス氷河とフランツジョセフ氷河である。僕たち家族は両氷河ともに体験している。氷河が海の近くまで伸びているので、徒歩で氷河にアクセスできた。

今回は、グレイマウスからヘリコプターの基地までレンタカーで行き、ヘリハイクを体験することになっている。ヘリハイクとは、ヘリコプターで氷原に行き、氷原で降ろしてもらい、氷河をハイキングすることである。

01 フォックス氷河上

今朝も晴天。午前中にレンタカーでヘリハイクの町であるフォックスの町を目指す。レンタカーはワゴンタイプの8人乗りと5人乗り乗用車の2台。メンバーは10人であった。荷物も結構あり、なによりもゆとりのあるドライブの旅をエンジョイするために、このような体制にした。乗用車がワゴン車を先導することにした。国際免許証は、10人のメンバーのうち、5人が日本で取得してきた。ニュージーランドの交通方式は、イギリス方式で、日本と同様、「人は右、車は左」であり、日本人にはありがたい。大都市部以外は人口が少なく、運転マナーも道路もよい。すこぶる運転しやすい国である。

三重オーストラリア・ニュージーランド協会は、毎年オーストラリアか、ニュージーランドで、親善交流の旅を実施したいと思っている。今回で10回目である。いつも、レンタカーを利用しているが、現在までトラブルは一度もない。運転手や助手役になった者はもとより、他のメンバーも、お互いに安全運転の声をかけあって、事故のないように努めていることは言うまでもない。

ヘリハイクの拠点の町、フォックスのモーテルに15時半頃に着いた。翌日、氷河ヘリハイクを敢行するためである。モーテルで一服してからヘリハイク準備のために、フォックス・ヘリハイク営業所を訪ねた。

係の女性に、「視覚障害者と高齢者のグループだけれど、氷河ハイキングできるのか」と僕が尋ねた。

「歩くことができれば、問題はありません。ガイドが1人付きます」。さらに僕が質問、

「ヘリハイクのときに飲食物をもっていってもいいですか」

「ビスケット程度のものならいいが、食べる余裕はないでしょう」と、笑いながらその女性が言った。いずれにせよ、あした天気になあれ！

夕食の前に、Kさんと食堂の様子を視察に行った。居酒屋とコーヒーショップが営業していた。居酒屋近くの登山口駐車場から、そびえ立つ山の頂上に氷河がチラチラ見えるという。氷河から流れ落ちる川の音がゴウゴウ聞こえる。小雨が降り出した。夕暮れと重なり暗くなってきた。明日の天気は大丈夫だろうか。

18時。みんなで居酒屋で夕食。山の居酒屋は、大勢の人で明るくにぎわっていた。私たちは各々で注文し、山の夕食をエンジョイした。

ヘリハイクの朝

モーテルの屋根を激しく叩く雨音で目が覚めた。ベッドの枕元の棚に置いてある腕時計に手を伸ばす。まだ夜半だ。夕方から降っていた雨が一層強くなってきた。ヘリハイク営業所の女性が言った。

「ここは雨がよく降ります。悪天候だとヘリは飛びません。雨であっても一旦支払ってもらったお金は返却しません」

「そんな馬鹿な」と僕は頭にきたが、聞き流した。

そんな言葉が耳から離れない。眠れないまま、どのくらい経ったであろうか。だんだん小降りになってきた。眠くなってきた。と同時に「これだけ降れば、今朝は晴れる」という予感がしてきた。

やった晴天だ

朝、ヘリコプターや小型飛行機の快音が僕を叩き起こした。やった、晴れだ。氷河観光遊覧のヘリコプターが飛んでいるにちがいない。

朝のヘリハイク営業所は、たくさんの人でごった返していた。待合所に、フォックス氷河の大きな写真が掲げられ「みなさんを、氷河にガイドすることは私たちの誇りです」というプレートがつけてある。中年の男性が話しかけてきた。

「日本は東北地方の地震と津波で大変ですね。日本にいるご家族は大丈夫ですか」

この旅の途中、ニュージーランドの人たちから、大震災見舞いの言葉を、あちこちでかけられた。正午過ぎ、バスに乗って10分ほどで、ヘリポートに着いた。以前に家族と来たときよりヘリポートの整備が進んでいた。建物の中で注意やアドバイスが始まった。

「氷原ハイキングをするところは、雪、アイスバン、クレバスの世界です。ガイドに従ってください。この世界は一晩で風景が豹変するのが普通です。また、ヘリの発着時には爆音と風圧が強いから注意してください。爆音で会話はできません。必要なときは手で合図してください。今晴れていて風もありませんが、天候は絶えず変化します。ヘリでみなさんを平らな氷原で降ろし、ヘリは一旦基地に戻ります。時間がくればみなさんを迎えにきます。氷河ハイキングは、約2時間半です。歩行は、そんなにむずかしいものではありません。楽しんできてください」

氷河用のかかとや足首を保護するための登山靴合わせ。室内を歩いてみる。少し重いが、足首とかかとの部分が締まって身も引き締まる思い。はいてきた靴を、ロッカーにしまうとき、「白杖をどうしよう?」と白杖組3人が相談、思案した。結局、ハイキング現場まで持って行くことに決めた。氷河ハイキングの現場にトイレはない。3時間近く山中の氷原にいる。ここで出るものは出しておかねばならない。

氷原に立つ

大きなエンジン音を響かせているヘリコプターへ。私たちグループは2班に分かれて乗ることになった。ヘリ内の重量バランスをとるために、事前に全員の体重チェックが建物内であり、それによって座席が決められた。僕とグループ3人は、残り6人とは別々のヘリとなった。6人組を乗せたヘリが、バリバリバリと爆音を立てて、太陽に反射しながら白く輝く氷河の山に向かって先発した。

係員の丁寧な手助けを受けて、ヘリに乗り込んだ。後部座席に大柄の白人2人が座り、前の席に僕と体重の軽い仲間の女性3人が座った。シートベルトを締め、大きなヘッドホンを着けた。ヘッドホンは、パイロットの案内用と爆音予防のためらしい。だが、案

02 ヘリコプターでフォックス氷河へ

内はヘリの爆音に遮られ、途切れ途切れしか聞き取れない。Tさんが大声で、飛んでいるヘリの窓から見える山々の雪景色などを説明してくれるのだが、視覚障害者の僕には、Tさんの説明が、爆音と重なりよくわからない。そうこうしている間に氷原に着いた。慎重にヘリから降りる。相変わらず快晴。見渡す限り氷の世界。だが、不思議なことに暖かい。日光が氷原に照り返しているからだろう。北陸出身の僕は、冬の晴れの日で経験済みだ。大雪であっても、お日様が出ていれば熱が雪に反射して大気が暖かい。われわれが乗ってきたヘリが、ものすごい爆音と爆風を残してすぐにとんぼ返り。真っ白な雪と氷と静寂の風景といいたいが、空からは遊覧飛行音。氷河からはゴウゴウ流れる川の水音、いたるところにあるクレパスからはサラサラ流れる氷水の合唱だった。

ガイドのアマンダとともに

われわれの到着を待っていた若いガイドの女性アマンダが「ウエルカム。ようこそ氷河ヘリハイクへ」とニコニコの第一声。

「どちらから?」

「ジャパン」と僕。

「みなさん、私の英語、わかる?」といいながら、ピッケルとアイゼンを、一人ひとりにくばった。アイゼンは、すべり止めのために、登山靴につける金具。靴のふみ面にくくりつけて用いる、鋼鉄製のスパイクである。ピッケルとアイゼンを併用することにより、氷の上を歩くときやクレパスをまたぐときに滑落を防ぐ。

　アマンダがわれわれの道をつくりながら先頭を行く。頻繁に振り返り、ときには手引きしながら。私たちはでこぼこの氷上の一筋の道を、慎重に続く。道は一夜の嵐で翌日にはなくなっていることもあるという。坂を下る途中アマンダが立ち止まった。そして、マスクをしているTさんに尋ねた。

「どうして、マスクなんてしてるの？　ここには、ポリューション（大気汚染）なんて、ないわ」

「いやー、これ日焼け止めよ」とTさん。爆笑。

「私が日焼け止めを持っている。みんなつけたら」とアマンダがクリームを出した。ニュージーランドやオーストラリアの紫外線は強烈。皮膚がんが多いという研究があり、政府も対策をしている。

　サラサラとクレパスの水が流れている。遠くで、滝に落ちるような水音もする。

　アマンダ「ここからはっきり見えないが、西の方向に、タスマン海。そう遠くないところに、ニュージーランドの最高峰のマウントクック（3724メートル）やマウントタスマン（3497メートル）の山々がそびえている。マウントタスマンまではここから15キロメートルほどよ。だけど、ここからは歩いて行けない」

03 フォックス氷河を歩く

さすがニュージーランドのガイドさん

アマンダ「南方の、すぐ近くに見える山までは数キロメートル。きょう、そこまでは行かない。私たちが立っているこの地点は、とても貴重な位置よ。360度見渡すことができる」。彼女の話が続く。

「本日は天気晴朗。ここは、1年のうち、雨が200日以上降る。こんな晴天は珍しいのよ」と言ったとき「わあ、すごい、やったあ、バンザーイ」と仲間の大歓声。

さらにアマンダ「日焼け止めは、ほとんど必要ないが、きょうは必要ね」

昨夜は、怖いくらいの土砂降りで、仲間の多くは、雨天を予想していた。ここで小生が提案。「アマンダはすばらしいガイドさん。お礼に日本の歌をプレゼントしよう。歌のタイトルは《富士山（ふじの山）》。マウントフジは、日本の最高峰。コーラス担当のKさんの指揮で大きな声で歌おう」

ニュージーランドのフォックス氷河の山に元気な日本語の歌「富士山（ふじの山）」が明るく響いた。「サンキュウ、サンキュウ」と、うれしそうにアマンダ。「この水は飲めるよ。冷たくてきれい。飲んだらいいよ。無料だからね」。ほほ笑みながら、アマンダ。

一同かわるがわる飲む。

「ああ、冷たい、おいしい」と歓声、感激。

アマンダが付け加える。「水以外のものは捨てないで」

さすが、ニュージーランドのガイドさん。エコツーリズムを忘れない。

氷河ハイキングは、さらに続く。

「きょうは暖かい。氷が溶けている。あちこち勝手に歩きまわると危ないからね」。アマンダはアドバイス。彼女にサポートされながら、幅30センチほどのクレパスを、一人ずつ、おそるおそる、あるいは飛ぶように渡る。そんなに奥深いクレパスではないというが、ちょっとした勇気が要った。

「こんな経験、なかなかできない。来て本当によかった」と、視覚に障害のあるIさんが感動。

クレパスをまたぐと登りになった。アマンダは、スコップで氷をけずり、階段をつくって前進。われわれは、ただ、それを感心しながら見守るばかり。氷の階段を登ったところに氷の洞窟があった。入り口に大きなつららが何本もできている。つららの先から水滴がポトリ、ポトリ。その奥に10メートルほどの氷でできた洞穴があるという。アマンダがつららをスコップで叩き落とした。穴は狭く、天井部分が低い。奥には大きなクレパスがあるという。数人ずつ背をかがめて、入った。両手を氷の壁に触れながらゆっくり進んだ。この氷の青白いブルーの洞窟は、２週間ほどで溶けて崩れるそうだ。ときに天井から水滴。クレパスを流れる水音。出入り口付近の氷の天井は、青空に溶け込んで、とても表現できない、透きとおった、えも言われぬライトブルー。以前に見た氷河ハイク体験の感激と重なった。これぞ、「大自然の傑作」。僕は以前訪れたイタリアの「青の洞窟」の感動を思い出した。今は昔、オックスフォード大学の夏季休暇のときの話であるが。

「青の洞窟」は、エメラルドグリーンの海に浮かぶ真珠と呼ばれるカプリ島にあった。係のおじさんの手漕ぎの小船で洞窟に入った。狭い入り口をくぐると、洞窟内に神秘的なライトブルーの海面が広がった。沈黙。静寂。

16時前、全員が満足してモーテルに帰ってきた。

マセソン湖へ行こう

モーテルで休憩後、「夕日の素晴らしいとされるマセソン湖に行こう」という声が高まり、全員で出かけることになった。もともとの計画では、ヘリハイクでの疲れをとるためモーテルを中心にブラブラ過ごすことになっていた。元気なものだ。

車でモーテルから10分ほどで湖畔についた。以前家族と来たときより店や売店が増えたようである。湖周囲の山道は整備されている。一部はコンクリートを施し、車椅子でも通行可能になっている。道幅も広げたようである。湖畔の山道は、木の根がとりのぞかれ歩きやすくなった。山から落ちる水も管理され、湖に流れ落ちる工夫がなされている。多面的な気遣いが見られる。自然との調和がはかられている。

04 マセソン湖

コラム
6

そそり立つマウントクック

　サザンアルプスにそびえ立つマウントクックの風景は、「氷河が造った山々の芸術」といわれる。サザンアルプスは、南太平洋に浮かぶニュージーランド南島において、延々700キロメートルにも連なる山脈である。鋭く突き出した険しい山の頂には雪が光っている。山麓には豊かな水が育んだ温帯雨林、原生林が茂っている。透明な青い氷河、洞窟。沖積谷の清涼な流れ。古代から形成されてきた氷河が造形した湾や入り江。火山性の湖。グリーンストーンを秘める川原。貴重な固有の野生動植物。さらに夜間には満天にまたたく星たちと燦然と輝くサザンクロス。

　マウントクック。正式名称は、アオラキ。マウントクック、アオラキは、先住民であるマオリ人の言葉で、「雲にそびえ立つ」を意味するという。1991年11月14日に、頂上部が崩落して10メートル低くなったそうだ。ちなみに富士山の標高は、3776メートル。

アオラキ山／マウントクック（Michal Klajban.［CC BY-SA 4.0］）

34 ウエストランドを北進

あわや山火事？

旅行7日目、3月17日木曜日。午前中、氷河ヘリハイクの拠点の街フォックスのモーテルに別れを告げ、再度、マセソン湖を、ピーピーおしゃべりする小鳥たちのさえずりを耳にしながら山林浴。

ニュージーランド最高峰のマウントクックが湖面の鏡に見事に映しだされていた。頂上には雪が白く光っている。これぞまさに「ミラー湖（鏡の湖）」。昨夕は、山に沈む夕日を雲に邪魔され湖面に映る山々を見ることができなかった。

今朝は、南アルプスの山々を美しく映していた。木々の間からチラチラ移り変わる湖面を垣間見る。鼻歌まじりでウォーキング。

この旅行の目玉である氷原へリハイクを存分に楽しみ、本日は一昨日来た国道を逆進して北に向かい、山中の日本人経営の温泉ホテルを目指す。明日の宿である。

正午過ぎ、雨模様のどんよりした天気になった。モーテルから近い自然が豊かに残されているといわれるビーチに行くことにした。モーテルからさほど遠くないビーチである。車を道路脇の駐車場に置いて浜辺まで歩くことにする。

原野の中の小道は雑草が伸び放題に生え、石ころがごろごろしている。コロコロの動物のマニューア（フン）に女性たちは声をあげて気にしながらのウォーキング。平らな黒い小粒の石を敷詰めたようなビーチが延々と続いている。嵐がもってきたのだろうか、大きな枯れ木や根っこがところ狭しとばかり占拠している。私たち以外、人の姿は見えない。

由紀さんが突然叫んだ。

「バーベキューのあとの火がまだくすぶっているよー」

「そりゃーえらいこっちゃー」と火に砂をかけて消した。このような野火がブッシュファイア・山火事になる。これがニュージーランドの大きな問題であると聞いた。

氷河とつながり流れ込むフォックス川が白い泡となって流れている。空は鉛色。山の

01 朝のマセソン湖

稜線はもやに包まれている。山の中腹から幾条もの白い帯をたらしたように泡立てて滝に氷河が流れ落ちている。

フランツジョセフにあるヨゼフ環境省自然保全事務所に立ち寄った。大きな立体地図を触りながら、現地の地形を勉強。ファタロワのコーヒーショップで昼食後、湖や海辺で遊ぶ。

フランツジョセフ氷河は、ニュージーランド南島、西海岸にある氷河である。ウエストランド国立公園内にある。同じ公園内にあるフォックス氷河とは氷河の大きさが似ており、距離的にも近くに位置することから「双子の氷河」と呼ばれる。

この氷河はマウントクックの近くに位置しているが、直接アクセスできないのでクライストチャーチやクィーンズタウンなどからアクセスするのが普通のようである。

ホキティカの街

小雨の中の宿探し。ホキティカでモーテルを数軒訪ね、納得できるところを見つけた。大きなホテルならともかく、10人がそれぞれ気に入る、一軒のモーテルを探すのは簡単なことではない。しかしみんなでワイワイ言いながら探すのも楽しいことであり、よい海外体験になる。ホキティカは人口4000人ほどで、グレイマウスの南約40キロにある町。北部の海に流れるアラフラ川がある。古くからニュージーランドのヒスイの一種であるポウナムグリーンストーンの産地である。近隣の金鉱の産地グレイマウスとともに宝石で知られている。牧場が多い。

8日目、3月18日金曜日。ホキティカの朝は晴れ。そろそろ帰国準備のためにショッピングを気にする段階にきている。そんなことで午前中は休息を兼ねて各自が思い思いにフリータイム。

ホキティカにはヒスイのジュエリーを扱う店がある。工房を併設している店もあり、その場でヒスイを好みに応じて加工してくれる。原石も販売している。現在もこの地で採掘が行われているとか。ヒスイの店とともに毛皮工場を併設している店もみんなの興味を集めていたように思う。僕は特に買うものもないが、ブラブラ見て歩くのが趣味なのでみなさんについて回った。そして後はひとりぼっちで町が設置しているベンチに座って牧歌的な町に溶け込んでいた。現地の高齢男性が来て、「日本からですか」と話しかけられ、ここでも東日本大震災が話題になった。こうした現地の人たちとの出会いも旅の喜びの一つである。いろいろな生の情報に触れることができるから。

本日の昼食は近くの湖畔でいただくことにした。風が少々冷たい。カニエラ湖畔での野外昼食。石原に横たわっている大きな枯れ木に座っての食事。湖畔に寄せるチャプチャプチャプという さざなみを聞きながら、パン、バター、トマト、バナナ、ハムなどを口に運んだ。ミズドリが餌を求め、私たちの周りに集まりにぎやかな昼食。昼食の後

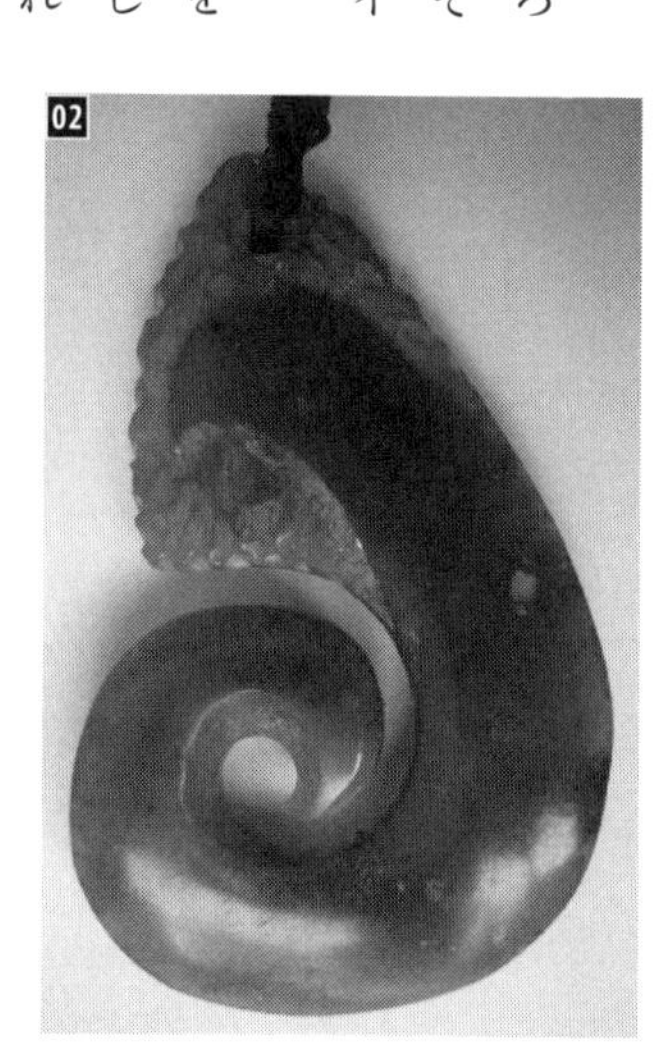

02ポウナム（グリーンストーン）のペンダント

は半日自由時間。

放し飼いのニワトリ

9日目、3月19日土曜日。きょうは山の秘湯マルイア温泉が目標である。モーテルを10時5分に出発。白い波頭のタスマン海を左にしながらの遊覧ドライブ。ここ数日と打って変わった快晴の空がすがすがしい。商店の周囲には放し飼いのニワトリが遊んでいる。

昔の話。僕の幼少時、父親の実家の山里の庭にもニワトリが遊んでいた。そういえば僕の家でもニワトリを放し飼いしていた。まるで連想ゲーム。朝ごはんを準備していた母親が言った。

「庭のどこかにニワトリが卵を産んでいるかもしれないから見ておいで」

庭に出て庭木の下などを探していたら、木の下になんと卵が数個あるではないか。びっくりしてそれを母親に見せたら「あったでしょう」とうれしそうだった。

華やかにビンテージカーラリー

レンタカー2台で海岸と牧場の間の国道を快走。突然、対向車線が渋滞を始めた。ニュージーランドでは珍しい情景。レンタカーを道路脇に停車し、車列を眺める。私たちの前を花などで飾った旧式の車の長蛇の列。どの車の人も笑顔で手を振って通過してゆく。そして近くの側道に入ってゆく。由紀さんが声を出して車のカウントを始めた。「1、2、3台……97台」。私たちも車列を追って側道に入った。すぐにいくつかのテントがあったので先ほどの車の大行列について尋ねた。

「本日は、ニュージーランドビンテージカーのラリー大会の日です。ここに集結して今から大会が始まります。観て行ってください。たくさん屋台も出ており、昼食もできますよ」と中年の女性係員が愛想よく答えてくれた。そしてここでも東日本大震災の見舞いが述べられ、その話題が展開された。

ビンテージカーとは、一般には古くて質の高い車を指すようだが、「クラシックカー」「オールドファッション」「旧型車」「歴史性のある車」などともいわれるようである。欧米ではこうしたパレード行事が盛大に行われると、後でわかった。

彼らは、生活感覚として「古き良きもの」を大切にすることは知られているし、僕もその見方に賛成である。このビンテージカーのラリーもその現れだろう、と思った。ここで大会を見物したい衝動があったが、かなり予定外の時間を取ったので国道に戻った。そしてグレイマウスの先日行ったアメリカ生まれのサンドイッチ店に立ち寄り、僕はチキンサンドに挑戦した。先日と異なり時間も遅かったからだろう、並んで注文することはなかった。

日本カラーの温泉

サンドイッチ店でゆっくり休んだのち、ガソリンを満タンにして秘境マルイア温泉へと国道を行く。ニュージーランドでは牧場に羊が減少してきたので記念のため、羊が群れている牧場で停車して、パチリパチリ写真を撮るなどして、天気上々の下、牧場地帯から山林に入り、順調に快走。

マルイアスプリングスは、ニュージーランド南島の西と東を結ぶ国道7号線の中間付近に所在する日本式温泉宿である。16時過ぎ到着。今夜お世話になるところである。宿泊客は、無料駐車場と警備されている駐車場を利用できるそうだが、無料駐車場を選択。

マルイアスプリングス（マルイア温泉ホテル）は、新潟県赤倉温泉の人によって開発された純和風温泉である。日本人の経営である。ということは日本語が通用するということである。山々の風光を眺めながら日本式に裸でゆっくり入ることができる温泉が楽しみである。もちろん、ニュージーランド式で男女混浴の水泳着をつけて入る露天風呂も用意されている。これもそれなりに愉快な経験である。いわゆる家族風呂もサウナもある。バリアフリールームも用意されている、とのこと。

夕食の最初に、全員でクライストチャーチ大地震および東日本大地震の犠牲者の御霊に黙禱。

朝の山道ウォーキング

10日目、3月20日日曜日。本日は、今回のドライブ旅行の終わりに近い日。クライストチャーチのモーテルに帰らなければならない日である。ということは、翌日クライストチャーチ空港から日本に向けて離陸する日ということ。

朝のすがすがしいホテル玄関前で、おかみさんが私たち一同の集合写真のシャッターをきった。この写真は、ホテルのホームページに「三重豪NZ協会宿泊」の記事とともに掲載された。撮影のあと、出発し途中で朝のウォーキング。もやがヒンヤリ大気を包んでいる山道に入った。さわやかなアルパイン・ネイチャーの緑の山林をゆっくりブラブラ木々にふれながら散策。ルイスパス峠のルック・アウト（展望台）から海抜800メートル下方の湖を眺望。太陽が雲間から顔を出すにつれて、もやが上昇し、湖面が黒からブルーに変わり、鏡になって周辺の木々を映し始めた。美しいミラー湖の出現である。

ハンマースプリングス温泉郷

明日は、帰国の前日である。そのためにはクライストチャーチに本日戻らなければならない。クライストチャーチで一泊して翌朝ニュージーランドを離陸する予定である。ここマルイアから2時間とみておけば、クライストチャーチの予約モーテルに夕方には到達するだろう。

時間が少しあるのでクライストチャーチ近郊の温泉郷ハンマースプリングスに立ち寄ってそこで昼食を取り、ブラブラしてからクライストチャーチに戻ることがベストだと判断した。メンバーの多くは初めてのハンマースプリングスだから興味があるだろう、と考えた。

国道7号線を南進するとすぐ「ハンマースプリングス」の交通標識が出てきた。ここは、クライストチャーチに比較的近いので、私たちはしばしば気楽にここを訪ねる。ハンマースプリングスは、ニュージーランド南島のサザンアルプス山麓の温泉リゾートである。北島の温泉地で有名なロトルアとともにニュージーランド有数の温泉リゾートである。南島最大の都市であるゲートウェイのクライストチャーチから車で1時間半ほどで行ける。私たちが家族とクライストチャーチで生活していたとき、たびたび日本からのお客さんをこの温泉郷に案内し、宿泊したこともある。施設が充実しているので一年を通して地元の人たちの憩いの場にもなっている。

ニュージーランドには、150もの温泉があるといわれ、その多くは北島にあるとされるが、ハンマースプリングスは南島を代表する温泉地として頑張っている。ニュージーランドの温泉の多くは北島に集中しているが、南島のサザンアルプス周辺にも温泉が湧いているのである。

癒しとアウトドア活動

ここには温泉プールが大小7つあり、ウォータースライダーや流れるプールがある。シニアや身体の不自由な人のために温泉に入るときに利用するリフトが設備されていた。マッサージやエステも可能。周辺には、乗馬、狩猟や釣りのツアーもあり、またジェットボートやバンジージャンプも楽しめる。

ハンマースプリングスはニュージーランド南島にある、カンタベリー平野の町である。雪を山頂にいただく美しい山岳風景を眺めながら、野外温泉に首までどっぷりつかってるのがとてもいい。ただし、たくさんの虫やサンドフライの歓迎を受けるから注意が必要。僕は皮膚が弱いのでクライストチャーチのモーテルに帰ってからも腫れが取れずなおらずかゆいのに閉口したことを思い出す。せっかくの温泉郷なのだからここを訪れるときには、サンドフライ対策を立てるべきであると思う。とまれ、ハンマースプリングスは日本にはない素晴らしい温泉郷。マオリの伝説にも登場する温泉地である。

リカートン地区に帰還

夕方近く、本旅行の出発地、クライストチャーチのリカートン地区のモーテルに帰還した。

明日帰国のためのお土産の購入と夕食を兼ねて近くのショッピングモールに全員で出

かけた。リカートン地区は、クライストチャーチの中でも中心的な地区の1つである。国際空港までは5キロほど、車なら15分ほどだろうか。

ショッピングセンターやモール、レストラン、学校、教会などが整備されている。リカートン道路沿いには、ホテルやモーテルが立ち並ぶ。ファーマーズ（農民）青空市場も有名。そのにぎわいを少し避ければ、緑豊かな静かな住宅街である。

3月21日、旅行11日目。クライストチャーチ国際空港前のレンタカー営業所に車を10時前に返納。空港発11時50分SQ0298→シンガポール・チャンギ空港に17時25分到着→空港内のアンバサダートランジットホテルにて休息。

旅行最終日12日目、3月22日火曜日。深夜1時、シンガポール・チャンギ空港発SQ0672→朝8時15分セントレア（中部国際空港）に全員元気で無事帰国した。

南島北部地方の国立公園

以下は、マルイア温泉のときと別のときに訪問した際の話である。

クライストチャーチから北進し、マルイア温泉郷を横目にしてからさらに車で山の中の国道を2時間ほど北に進むとネルソン湖国立公園に至る。この国立公園には2つの湖がある。ロトイチ湖とロトロア湖である。僕は最初、ニュージーランドには北島と南島にそれぞれロトルアという地名があるのかと早合点した。というのは、すでに述べたように、北島には、「ロトルア」という有名温泉郷が厳然と存在しているからだ。

ネルソン湖国立公園は、ニュージーランドの南島北部のネルソン地方とタスマン地方にまたがる国立公園である。サザンアルプス山脈の最北端に位置している。この国立公園は、氷河時代末期に巨大氷河が後退したことによって形成されたという。生い茂った山林の木々に抱かれたロトイチ湖とロトロア湖がこの国立公園の本命であろう。

ネルソン湖国立公園。透き通った綺麗な湖。周辺の山に登って、上から湖と周りに連なる山々を眺望するのもよいだろう。

私たちが乗船した遊覧船のエンジン音が山の静寂を一層引き立てていた。秋のブナ林の風景もすばらしいとのことであった。キャンプやトランピング、釣りも楽しめるという。原生林が広がっている。花の蜜を餌とするさまざまな原生の鳥類が生息する。「鳥の楽園」としても知られているようだ。

大農業祭での出会い

私たちがここを知ったのは、毎年、クライストチャーチで開催される一大農業祭りの出店情報からだった。会場には、いわゆる「地産地消」の生産物はもちろん、羊や農機具の売買、臨時移動動物園や遊園施設、さまざまな出店や屋台が集まっていた。クライストチャーチ市周辺の農村からのたくさんの人々が楽しみにしているイベントだった。

僕はある出店に興味をもった。岩塩を「温泉の素」として風呂に入れると健康増進になる。これを購入すれば、「抽選でネルソン湖国立公園のロトロア湖畔のホテルにお客様2人をご招待」という。僕は「これはおもしろい」と感じたのでこの誘いにのった。結果は、「後ほど連絡する」とのこと。僕はたぶん、当選するだろうと予感した。

忘れていたころ、電話があり、「コングラチュレーション。おめでとうございます。ご当選です」

ということで、まったく不案内の山の中にも引かれて訪問したのであった。

サンドフライにご注意

一泊かと思いきや、二泊だとのこと。ロトロア湖畔のなかなか素敵なプレゼントだった。サンドフライという、日本の「蚊」のような虫の襲撃を除いて実に愉快な旅だった。クライストチャーチに帰ってからの約1ヵ月近く、僕は「かゆみ」との格闘だった。ロトロア湖畔のサンドフライに「大モテ」だった。ニュージーランドの他の地でも同じ経験をしたことがあるので、この悩ましい体験について触れておくべきだろう。特にサンドフライが目立つのは、ニュージーランド南島の南西地域。年間を通して雨が多い地域で、サンドフライの生育に適しているところらしい。サンドフライは、湖や川などの中に卵を産む。そこでウォーターフロント付近に多くみられることになる。サンドフライは、卵を産むために哺乳類の血液成分を必要としているという。湖畔の散策を好む小生がサンドフライの雌に「歓迎」されたということだ。由紀さんにはまったく問題なかったことは実に幸いだった。

第7部

新進ワイナリー地域とクジラ街道ワイナリー地域

2013年10月16日〜10月21日

35 クライストチャーチ近辺ワイナリー

全員で役割分担

今回の三重豪ＮＺ協会のニュージーランド旅行は、現地は初夏。日本は秋。期間は２０１３年10月16日から21日であった。それまでは現地との交流のために少なくとも10泊以上が望ましいとしてきたが、今回は参加者の都合によりかなり短期間になった。

役割として、旅行委員長・カメラ・会計・交渉・宿舎・運転・記録・録音を置いた。全員が何らかの担当に就いた。

また、２班制にして行動をしやすいようにした。松阪班と鈴鹿班である。松阪班はトレッキング愛好者、登山愛好者、鈴鹿班はトレッキングより散歩を好む者の班である。

航空券発券やシンガポール空港内のホテル予約などは、神戸の旅行者にお願いした。会計報告は毎朝の会合のときに行う。会計に共同基金として各人50NZドルを預けておき、そこから入場券などの代金を一括で支払う。朝のミーティングで報告と調整を行う。

予約の車と違う

いつの旅行にもいろいろと予定外の出来事が起きるものである。それはある面では好奇心をかりたてることもある。旅の魅力にもなるのだが、ときには悩ましいことも起きる。

関西国際空港を11時過ぎに離陸。シンガポール・チャンギ国際空港で乗り換え。

2013年10月17日、クライストチャーチ国際空港に現地時間10時30分に到着した。入国の手続きをスムーズに終了。日本で予約済みのレンタカーを借りにただちに空港レンタカー営業所に直行。お客は私たち7人だけだった。係は若い女性が不慣れな様子で応対。朝が早いのか、営業所にはこの女性しかいなかった。すでに日本で予約してきたので、問題なく手続きがスムーズに完了と言いたいところだが、今回はそうはいかなかった。

係の女性に車のキーを受けるときに「日本のT車ですね」と尋ねたら、言いにくそうに、「いいえ」と小さな声で言った。

「いつも日本で予約をするときにT社の新車をお願いしてるのですが」

「すみません、上司はまだ出社していませんので……」

「まあいいか。車は借りることができるのだから」と心の中でつぶやいた。

駐車場でわれわれを待っていたのは、他国製、しかも使い古した車でタイヤもツルツルテンの8人乗りのワゴン。オンボロ車。不安が走る。レンタカーの営業所に車交換に戻ろうかとも考えたが、事務所にはあの彼女しかいないだろうし、一応古いスペアタイヤは積んである。

「仕方ない、注意して走るか」とみんなで話しあいそのまま出発した。

カタゴトコトと車体から連続音が出ている。相棒たちに尋ねても「なにをいまさら」という感じで特に反応なし。やはり、不安がつのる。

クライストチャーチ市内を抜け、国道1号線に入る。羊や牛はいるが人影がない広い牧場風景。牧場の奥は低い山の頂上近くまで人の手の入った牧草が広がっている。少ない人口でどのように管理しているのだろうか。穀物や野菜の畑は見当たらない。いつも繰り返す疑問が、きょうもわいてきた。

広々としたワイナリーで気分上々

国道1号線を北上。ニュージーランドの新しいブドウ生産地といわれるワイパラが目標。長時間の夜間飛行の癒しと昼食休憩を兼ねようという計画である。

ワイパラはニュージーランド南島のカンタベリー平野クライストチャーチから車で小

一時間である。このところ徐々に人気が上がっている新興のブドウ産地と聞いている。カンタベリー平野のワイナリーとブドウ園は、北はワイマテから南のシェビオットまで広く存在している。

ワイパラのブドウ産地は、ワイパラ・バレー（峡谷）とバンクス半島の間に位置している。クライストチャーチから車で少し移動するだけでカンタベリーにあるほとんどのワイナリーにアクセスできるそうである。

最近、ワイパラコヤマ・ワインズが誕生した。神奈川県出身の醸造家・小山竜宇さんは、「物づくりをする仕事がしたい、ワインを造りたい」と思い、2003年、ニュージーランドに渡り、リンカーン大学に入り勉強したそうである。

リンカーン大学は、クライストチャーチの農業地帯にある「農業」に強い大学として知られている。自然環境についても関心の強い大学である。僕が1年間客員教授としてお世話になった大学でもある。

ワイナリーで昼食と散策

今回の旅は、ワイナリー（醸造所）を訪れることが目玉の一つになっている。昼食は新興のワイン産地であるカンタベリー地方ワイパラのワイナリーでとる予定である。

私たちの旅行は予め念入りに調査はするが、具体的な行動は、現地に着いてから

01 ブドウの病気はバラが教えてくれる。バラが弱ってきたら病気のはじまり

02ワイパラのワイナリー

状況に合わせて相談して決めることにしている。

これまでしばしば国道1号線を行き来しているが、いつもは、国道沿いのワイナリーやカフェに入り、ワインの試飲や飲食を楽しんできた。脇道に入らず国道に従うことを原則にしてきた。今回は、おなじみの国道1号線から側道に入り、クライストチャーチに近いワイパラ地域のワイナリーを探検することにした。どこに入るかは現地で決めることになっているのでみんなでキョロキョロ。幹線道路、ステイト・ハイウェイ（国道1号線）から右折。車の速度を落としてみんなで念入りに探る。

この地域には18ヵ所のワイナリーがあり、そのうちの4ヵ所にレストランが併設されているらしい。

「ここはワインの試飲もできるし、レストランもありと宣伝してるよ」と由紀さんが声を強めた。道路脇にワイナリーのしゃれた看板。その指示に従い右折してしばらく走る。「ペガサス・ベイ」というなかなかしゃれたシャトー（山小屋）風の建物。すでに先客が楽しそうに話しながら飲食している。広い庭に置かれたテーブルで食事をしている人もいる。その中に東京から来た2人の若い女性がいた。クライストチャーチからは公共交通機関もなく、タクシーで来たとか。

ワインのテイスティングをさせてもらった後、昼食に入る。屋外の見晴らしの良いテーブルに着席した。店長おすすめのカモのもも肉料理に野菜サラダを注文。ところが、予定外のたっぷり前菜のサービスが出されてびっくり。

青空と緑の森林と小鳥のさえずりと谷川のせせらぎを耳にしながら、みんな十分にいただいた。満腹後、広大なワイナリーのガーデンで思い思いにときを過ごす。

ガーデンは丘の上にあり、坂の底辺にはきれいな谷川が流れている。その奥は山林が続いている。ルンルン気分。巨木を3人がかりで抱えてエネルギーをいただきおおはしゃぎ。夜間飛行の寝不足疲れも解消された。昼食をしっかりいただき、広々としたガーデンの春の花をめでた。シャクナゲが満開だった。ガーデンの奥に流れている峡谷まで下り冷たい水に手をひたし、散歩をしてすっかり疲れが吹きとんだ。みんなも多分、同じ気分であっただろう。

03 ワイナリーでのランチ

36 クジラ街道を行く

宿探し一苦労

英気を体一杯に養ってカイコウラに向かう。ワイパラから100キロほどの距離だろう。海のにおいが漂ってきた。そして、カイコウラビジターズセンターに約2時間半で到着。モーテル担当の由紀さんたちが係員の中年女性に案内されて約1時間以上かけて宿泊施設決定。今回の旅行の拠点にもなるところである。

私たちの旅は、ドライブ旅行を原則にしている。現地の状況を見ながら町のビジターズセンターを訪ね、モーテルの紹介をお願いする。ニュージーランドの町には訪問者のための案内所があり、親切で丁寧な係の人がいてくれる。カイコウラもそうであるが、今回はなかなか適当なモーテルがなかった。

係の中年女性が懸命にモーテルに次々電話をかけて交渉して探すのだが、7人で同じモーテルに泊まるところがなかなか見つからなかった。モーテル担当の由紀さんによれば、私たちとニュージーランドの人たちの間には部屋の使い方について微妙な違いがある。どのモーテルも、ダブルベッド用であり、シングルベッド2つを入れることはできないという。以前、東京オリンピックに備えて東京のホテルではツインベッド（2台のベッド）をダブルベッドの部屋に変えているというニュースを聞いたことを思い出したようだ。これは「習慣の違いでしょう」と考え直して一人はダブルベッド、もう一人はツインを使う、ダブルとツインのファミリータイプの部屋にしようと提案したが、それでも難しく、「モーテルの分宿」も覚悟していると、係の人が「もう1ヵ所電話してみるわ、これが最後の電話よ」とダイヤルしてくれた。

結局、最後の最後に見つけてもらえたコテージ2棟が、一番お値打ちだった。お互いの行き来に靴を履いたり脱いだりが少し面倒だったが、気持ちよく使うにはやはり靴は外で脱ぎたいものだ。オーナーも部屋に入るときは、靴を脱いでいた。

夕方でしかもなかなか宿が見つからなかったので、時間がかかり17時はとっくに過ぎてしまい、30分くらい係員にオーバーワークさせてしまった。それでも、最後は事務所の外まで見送ってくれ、大人と子供がしているようなハグをして別れた。やさしい係員さんだった。

カイコウラの町

このコテージを拠点にして数日間、周辺を巡ることにした。この町は、南太平洋の海沿いの町であり、野生のクジラウォッチングやオットセイと遊んだり、シュノーケリングなどの海のアクティビティを売りにしているところである。一年中、クジラが悠々と大自然の中を泳ぐ姿を間近に見ることができるクルーズツアーを展開している。私たちは、すでにここに数回きている。しかしまだヘリコプターでクジラの雄姿を拝観するチャンスはない。

カイコウラは、太平洋東海岸とカイコウラ山脈に挟まれたニュージーランド南島東海岸の街。カンタベリー平野北端に位置している。港町、漁業の町でもある。「海の幸」を楽しめる町である。人口は4000人弱。南島最大のクライストチャーチからそう遠くない。マオリの文化とイギリス・ヨーロッパの文化の融合の歴史の見学のために、博物館も設置している。

カイコウラの自然を歩く

10月18日、カイコウラに到着の翌日は、登山好きな松阪班はオットセイのコロニーを訪ねた。柵もしていない岩の上でねそべっている野生動物たちをすぐそばで観察した。雪を頂く山々や半島、海岸の景観を眺望しながらウォーキングに励んだ。

その間、現地の人や海外からの旅行者と情報交換や談笑を楽しんだ様子である。以下は、松阪班のSさんの報告。

お天気にも恵まれ楽しい3日間のドライブ旅行。カイコウラの街は家の庭に沢山の原色花を見ることが多かった。国道や街道などからもいろんな草木を楽しんだ。桜やバラ、アヤメ、赤や桃や白色の日本のボケの花に似た花、名前が分からないがトンガリ帽子のような形で2~3メートルもある青色の花、日本の桐の花に似たパウロニアそして道端にはひなげしと、飽きることのない街道でした。

コテージのフロントで教えてもらった近くの山に行くことになりました。日本で言う里山です。登山口は牧場の横から始まります。エニシダのような黄色い花が登山道の両側に咲き乱れていました。さらに登って行くと熱帯のシダの森になりました。ここは以前に私たち協会の旅行のときに歩いたミルフォードと雰囲気がよく似ています。一輪ヤマルリ草を見つけました。この山道で花を見つけることは多くなかったけれど、緑に包まれて癒される登山道でした。時間もなく頂上に行くことはできませんでしたが、次回が楽しみです

(三重豪NZ協会会報27号)。

オットセイの赤ちゃん

鈴鹿班は、この朝ブレナムへ車でドライブに出かけることにしていたが、「オットセ

イの赤ちゃんが群れをなして遊んでいる滝つぼがある」との情報があり、ブレナムに行く前に彼らに会いに行くことにした。

国道沿いに小さな看板と空き地を発見。車を置いて岩がちの狭い山道を上った。山林の中に滝つぼがあり、それほど広くはない所に40匹から50匹の赤ちゃんオットセイが飛び跳ねたり、泳いだり、岩によじ登ったり、滝から落ちる豊富な水の中で自由奔放に遊んでいる。その光景を眺めながら、T夫人が言った。

「これは現実ではなく映像の世界ではないか」

僕もこうしたオットセイの生きざまを目撃して驚愕していた者の一人であった。

以下はTさんの報告。

写真を撮っていると、少し大きいオットセイが前に出て来て、他の小さい赤ちゃんたちを守るかのように歯をむき出して威嚇してきました。柵などは一切なく、ただ「野生動物だから噛むことがある。餌を与えないでください」の注意喚起の立札があるだけでした。オットセイの赤ちゃんは3から5キログラムで生まれ、1年後には12から20キロ位に成長するということですから、わが家の1歳半の孫12キログラムと比較してみると、生後1、2年の赤ちゃんが多いように思いました。赤ちゃんオットセイたちは朝、親と別れて沢を

01 子供のオットセイの自然遊泳地

上ってきて、滝で遊んで餌を捕る練習するようです。

夕方には海に戻って行くと聞いていたので、夕方近くブレナムの帰りにも立ち寄りました。数はかなり減っていましたが沢を上ってくるオットセイもいました。その様子を見ていたとき、山林でガサガサ音がしてこちらに向かってくる感じ。背後は滝つぼで逃げ場がなく、怖くて固まってしまいました。オットセイだと分かった後も安心はできません。もうこれ以上こちらに来ないでと祈りました。

自然や野生動物を間近に見て、その成育や生態に大変興味を持ちました。ニュージーランドの自然保全の在り方に深い感銘を受けました。ニュージーランドの豊かさと寛容さを改めて感じました（同上）。

ブドウの香り漂う　ブレナム

私たち鈴鹿班は、カイコウラからさらに北へドライブ。オットセイやアザラシなどの寝そべっている海浜部を離れ進むと、山林に入り、峠道をいくつか越えた。やがてワイン生産の中心地であるブレナムに到着。周りは見渡すばかりのブドウ畑。ブドウの香りが漂っている。ワイナリー併設のレストランの中には、国内トップ水準のものもあると聞く。グルメを楽しむこともできるだろう。さらに道なりに進めば、やがて到着するのが、ネルソン。その町には、ガラス工芸、陶芸工房があるようだ。

クライストチャーチから、南島北端の町まで鉄道が通っているが、途中、ホエール・

ウォッチングのツアーなどに参加することを考えると、レンタカーの方が便利かもしれない。道路も単純で運転もしやすい。

有数のブドウ産地はドイツ色

赤ちゃんオットセイから多くを学んだ後、「クジラ街道」を北進してブレナム市に向かう。ブレナムは、ニュージーランド南島の北東部マールボロ地方の中心の市である。マールボロ地方は、ブレナム、ピクトンを含む。国内有数のワインの産地として知られている。周辺の人口は4万3000人ほどである。マールボロ地方カウンシル（市評議会）がブレナムに置かれている。

首都ウエリントン港からは、北島南島間を結ぶ海峡をフェリーで渡ることができる。

ブレナムという名称の由来は、ドイツの町ブレンハイムからきている。ドイツ人の移民を基礎にできた町であるといえようか。現在ではドイツ語を話す人は少ないといわれる。19世紀の終わり頃この地がワイン地域になったとか。ドイツ系の人々が故郷を思い出して、ブドウ栽培とワイン醸造に励んだようだ。

ニュージーランド南島の北端部のブレナムは国内最大のワイン生産量を誇る。国内でも有数の長い日照時間とワイン作りに適した土壌が、良質のワイン生産の要因とされている。

以下はTさんの報告。

住宅街が広がり商店もあちこちにある。鉄道駅の近くの案内所で、ワイナリーをいくつか紹介してもらった。

最初に向かったのは、「ロック・フェリー」であった。ワイン畑の中に木立で囲まれた素敵なレストランで、テイスティングさせてもらった後、昼食をとった。魚料理がとてもおいしかった。

次に、訪問したのは、「ブランコット・エステートヘリテージ・センター」。広大なワイン畑に囲まれた丘の上の鉄筋コンクリート造りのモダンな建築物である。ここで、映像でワイナリーの概要や歴史を観た。広大な畑もかつては羊牧場だった。

たくさんの白ワインをテイスティングさせてくれた。ワイナリーの店員さんが、私たちの要望に応えて、適切なワインを次々にてきぱきと出してくれた。ワインにはさまざまな種類がありその一部を口にしただけで確かなことは言えないが、ワイパラでもブレナムでも、コクのあるしっかりした味がした。

私の飲んだカリフォルニア・ワインもオーストラリアワインも口当たりがよくさっぱりしているので、ニュージーランドでもさっぱりしたワインが主流かと思っていたのだが、それは安物しか口にしていない者の勝手な思い過ごしだった（同上）。

「ここでも食事にワインがなかった」という声を後で聞いた。下戸(ゲコ)の僕にはこういう大事なことに気付かないという弱点がある。いつも反省するのだが、申し訳ないことである。

私たちはカイコウラから車で訪問したが、帰りの車の中にもブドウの香りがほのかに漂っていた。

ホエール・ウォッチング

カイコウラ3日目の10月19日は、クジラ見物経験のある者は浜辺を散策し、初めての者は、ホエール・ウォッチングのツアーにでかけた。クジラを見ることができる確率は高いといわれるが、まれに遭遇しないこともあるらしい。その場合は、料金の80％が戻ってくる。ツアーの集合場所は鉄道の駅にある。そこからはバスで乗船場に向かう。集合場所は鉄道の駅と一体になっている。

駅からバスで港の乗船場に行く。彼らがバスを待っているときにちょうど北へ向かう列車がやってきた。観光用の列車はとても豪華で鉄道ファンのTさんが、「次回はこれに乗ってみよう」と思ったとのこと。以下、Tさんのホエール・ウォッチング報告。

私たちの乗ったカタマラン、すなわち双胴船は高速で沖に出て行く。海岸近くの穏やかな海からは想像ができない高い波に船は大きく上下した。最初に停船した所では、クジラを発見できなかった。波が大きく、船が止まっていても波によっては、数メートル上下した。「船酔い止め」を飲んでから乗船するよう言われたことが納得できた。

3ヵ所目ぐらいのところで大きなマッコウクジラの背中が見えた。しばらく船が並走していくうちに、頭を水面下に下げ、尾びれを高く上げる動作を見せてくれた。われわれの船めがけて、港にいた船が2隻こちらに急行してきた。こうして、情報交換し合いながら、クジラの発見のために確率を上げているらしい。このようなときのためにも高速艇が使われているようだ。

続いてシャチが2頭並行して泳いでいるのに出会った。シャチは時々水面上にその一部を見せるだけなので、写真を撮るのがたいへん。ガイドさんが、「もうじき浮上する、カメラを構えて」と教えてくれるのですが、安物のデジカメではうまく対応できない。この目に焼き付けておくことで、満足することにした。

船からは遠くにカイコウラ山脈の雪をかぶった2000メートル級の山々が眺められた。これから夏に向かうと雪もなくなってしまうでしょう。絶好の季節を雄大な自然の中で過ごすことができた。乗組員や係の方々がとても親切だったことも忘れられません（三重豪NZ協会会報27号）。

02 ホエール・ウォッチング用の船

37 パンク修理物語

パンクしてます

その日の主たる行事を終了し、みんな自由時間を過ごしていた。18時過ぎ、女性2人が夕食と朝食の準備のため、レンタカーで街へ買い物に出かけてくれた。その帰途、車の後輪に異常音発生。驚いて急いでモーテルに帰ってきた。モーテルのオーナーに相談。彼は告げた。「これはパンクだ」。車の下にもぐり、スペアタイヤを取り出し、パンクタイヤと取り換えるのを手伝ってくれた。そしてガソリンスタンドおよび、タイヤ修理工場を紹介してくれた。翌日修理工場へただちに行った。修理工場のお兄さんが言った。「パンクしている。このタイヤは当店にないのでどうすることもできない。このスペアタイヤでは80キロ以上のスピードを出すと危険だよ」

「明後日の朝、クライストチャーチ空港から日本に帰る予定だ」と僕。

お兄さんが空港レンタカー事務所に電話してくれた。

事務所の返答は、こうであった。

「自分でタイヤ交換をしてくれるところを探し交換してもよい。できないならばスペアタイヤで空港まで来るように」

カイコウラから空港まで200キロはある。早朝の飛行機に乗るのだからぶっ飛ばして空港まで行く計画を立ててきた。これは難問だ。オーナーに紹介されたガソリンスタンドは、すでに休日閉店だった。

修理工場も土曜日は休みだ

10月19日の土曜日、午前松阪班中心にホエール・ウォッチングツアーに出かけ、残り3人でパンクの修理店を探しまわったが、悲しいことに土曜日、休日で訪ねたところもすべてアウト。仕方なくあきらめて水族館見学。そして昼食のため全員でレストランに入った。

そのレストランに、日本人青年ウェイターが働いているのを発見。彼によれば、「カイコウラに数年住んでいる」とのこと。そこで彼にパンクのことを話したら、「浜松のモーターボートを扱っている店があるのでそこで尋ねてみたらどうか」とのアドバイス。

食事後、勇んでその店へ。大柄の中年の店主が出てきて、「この車のタイヤと同じようなタイヤがある」と言って点検・修理をしてくれた。主人が言った。

「これで空港のレンタカー事務所に行けばうまくやってくれるよ」とのことだった。みんなおおよろこび。

彼によれば、「私は毎年のように、仕事で浜松に行く。いつも日本でお世話になっている。困ったときはお互い様だからね」

ああ、ありがたい。救い主。

午後、みんなで海辺に行き、浜でゆったりと過ごし、今回最後のトレッキングをいい気分で楽しんだ。

必ず上司に伝えます

帰国の朝、10月20日。海岸で日の出を拝んで、クライストチャーチへ80キロ以上の連

01 朝日に染まるカイコウラ山脈

続運転。エンジンとともにタイヤ快調。ルンルン気分で空港に向かう。空港近くのガソリンスタンドで満タンにガソリンを入れ、レンタカー営業所へ。強いクレームとともにレンタカーを返納。係の若い女子店員が「必ず上司に伝えます」と言った。

11時50分クライストチャーチ国際空港を離陸。夕方、乗り換えのため、シンガポール空港到着。出発は真夜中の1時頃だったので、0時頃まで、同空港内ホテルで仮眠。

10月21日、真夜中の1時シンガポール空港発。9時前関西国際空港に全員が元気に帰国した。

パンク余談

帰国後、レンタカー事務所にクレームの文書を提出。おわび状と金印が送られてきた。外国でのレンタカー旅行は、小回りがきいて質の高い楽しい旅ができるが、それには最新の気配りが大切であると、つくづく思った。

第8部

サザンアルプスと島々

2006年11月24日〜12月5日

38 サザンアルプス山岳ツアーとウォーキング

第6回三重豪NZ協会ニュージーランド旅行の方法

第8部は、三重豪NZ協会の第6回目のニュージーランド旅行が中心だが、私どもの家族旅行に関する内容も入っている。

第6回の協会旅行は参加者の好みに応じて2つのグループに分けた。1班は、山登りを趣味にする山岳コース組で、ニュージーランドの有名なトレッキングコースであるミルフォード・トラックトレッキングコースを5連泊する健脚、5人。2班は、比較的短い距離をウォーキングし、バスツアーを楽しむ班で、ルートバン・トラック組、7人。2班は、ニュージーランド南島のサウスランド地方の中心都市であるインバカーギルおよびスチュアート島への訪問を含んでいる。私たち2人はルートバン組に属した。

さて、関西国際空港からニュージーランドに向かった。2006年のことである。11月24日から12月5日の約2週間の旅である。

ニュージーランド南島クライストチャーチ国際空港に到着。ただちに国内線にてオタゴ地方の中心都市であるクィーンズタウン空港へ向かった。そしてモーテルに入り、長時間の空の旅の疲れを取る。

快適にルートバン・トラックでサザンアルプスの旅開始

11月26日朝8時半。いよいよニュージーランド旅行開始。ここクィーンズタウンで登山愛好組としばしの別れである。

私たち2班の最初の目玉は、ルートバン・トラックである。ルートバン・トラックは、サザンアルプスの麓にあるホリフォード渓谷とダート渓谷の間を抜ける豊かな自然あふれる景観が素敵な全長40キロほどの山岳道である。

氷河が削った谷やブナの原生林などを越えていきながら、ニュージーランド南島の大山脈、サザンアルプスを横断するコース。フィヨルドランド国立公園とマウントアスパイアリング国立公園をまたぐ、ニュージーランドで最も人気のトレッキングコースの一つと位置付けられている。

ニュージーランド政府の自然保護省が指定するグレートウォークス[*1]の一つでもある。

*1 グレートウォークスとは整備された何千キロにもおよぶ自然遊歩道で、9つのコースでは国を代表する、ひと際雄大な景色を楽しみながら歩ける。

〈北島〉
レイク・ワイカレモアナ、3〜4日、46キロ。
ファンガヌイ・ジャーニー、5日、145キロ。
トンガリロ・ノーザン・サーキット、4日、41キロ。

〈南島〉
アベル・タスマン・コースト・トラック、5日、51キロ。
ヒーフィー・トラック、4〜6日、78・4キロ。
ルートバン・トラック、3日、32キロ。
ミルフォード・トラック、4日、53・5キロ。
ケプラー・トラック、3〜4日、60キロ。
ラキウラ・トラック、3日、36キロ。

11月26日、今回の旅行の最大の楽しみの一つであるルートバン・トラックの朝。

8時30分、クィーンズタウンのモーテルを出発。マイクロバスによるルートバン・トラックを目玉にする往復14キロのツアーである。

モーテル前でバスに乗り込んだ。ガイドは現地の日本女性の明るいきよみさん。彼女の豊富な知識と巧みな案内で快適で楽しいツアーになった。見事なブナ林をウォーキング、トレッキング。またバスの車窓から豊かな山林を満喫することができた。

グルノーキーに10時30分に着いた。例のごとく喫茶店でモーニングティー。巨大で濃厚な甘いケーキを楽しんでいる仲間もいた。

グルノーキーは小さな町であるが、ハイキングやトレッキングの出発地でもある。ワカティプ湖とダート川でカヤックやジェットボートを楽しむことができる。ワカティプ湖の北端にある都市が、クィーンズタウンである。クィーンズタウンへは車でもボートでもアクセスできる。

01 ミルフォード・トラック

エメラルド・ブルーのワカティプ湖畔のドライブが好評だった。

私たちはかつて、クィーンズタウンを訪ねたときにこの湖を遊覧船で楽しんだ。時間があれば今回も遊覧船に乗れたのにと残念だった。

クィーンズタウン近郊、雄大な山脈と手付かずの自然が広がるグルノーキー。乗馬ツアーもある。湖や川で鱒釣りもできるとのこと。蒸気船でワカティプ湖をクルーズすれば、周囲の山々の風景を観賞できるとのガイドの説明もあったのだが……。

ワカティプ湖の最大水深は420メートル、ニュージーランドの南島クィーンズタウンにある国内で3番目に大きな湖。独特のS字の形をした湖で約80キロメートルの長さは国内1位だそうである。クィーンズタウンに面した美しい湖。澄み渡る湖水の様子から翡翠（ひすい）の湖とも呼ばれている。約1000年前に氷河でつくられたらしい。この日はクィーンズタウン泊。

02 マウントクックを仰ぐ

39 インバカーギルとスチュアート島

インバカーギル入り

2班は11月27日、オタゴ地方の中心都市クィーンズタウンからサウスランド（南部地方）の中心であるインバカーギルへ。インバカーギルについてみんなの第一印象は、「人出や自動車は少ないが道路が広い」だった。この日はこの町で一泊。

今回の旅行出発直前、２００６年11月16日付で次のような連絡文書を本旅行参加者に出した。

「それでは、11月24日、ＪＲ名古屋駅前でお会いできるのを楽しみにしています」

そのころ、ニュージーランド航空は、セントレア（中部国際空港）からニュージーランドへの直行便を中止した。その代替措置としてJR名古屋駅前から関西国際空港（関空）行きの代替バスを仕立てたのだった。三重県鈴鹿の自宅からニュージーランドに飛ぶのにJR名古屋駅前から行くのは初めてのことだった。

この荒れ海ではねえ

ニュージーランドに出発する直前の連絡文書に次のような文も書いた。

「スチュアート島に行ったときに天気がよく、釣り好きのTさんの調子がよければ、島の浜辺で、シーフードパーティーを期待しましょう。魚が苦手な人は、お肉を持って行きましょう」

11月28日、2班はスチュアート島に渡るため、バスでインバカーギルのブルフ港へ行った。しかし残念無念、予定の船は海の大荒れのため欠航だという。暴風雨というわけでもないのに。あきらめきれず、港の係員に問いただしても、「この大荒れの海ではねえ」と言うばかり。スチュアート島への予定の乗船客も一人二人どこかへ消えて行った。われわれだけが取り残された感じである。

われわれも仕方なくインバカーギルの町にバスで戻ることにする。そのときの体験。バスは停留所でなくても途中、手を挙げていれば止まって乗せてくれる。年配の婦人がバスの直前で手を挙げた。バスは急に止まれない。転回してその婦人を乗せた。僕には驚きの印象に残る一コマだった。

天候の様子をうかがいつつ市内見物。インバカーギル・クィーンズパークにあるアートギャラリーなどを鑑賞。街の店や図書館などに立ち寄ったりしてときを過ごす。通りにも人影はまばら。曇りがちだが雨は落ちてこない。

インバカーギルは、ニュージーランド最南端の都市。南極寄りだと想像すると旅情も新たになる。

大荒れの海へ再挑戦

夕暮れになる前に再度、港に行ってみることにする。けっこう人でにぎわっている。港内アナウンスに耳を傾ける。スチュアート島への本日一回きりの最終船に乗船することができそうだ。一安心、ホッとした。

17時出港であるという。港内の案内放送をまとめれば、次のようになろうか。

「ブルフ港から高速船に乗り、スチュアート島へ向かう。小さな船は、揺れるというより上下する。上昇と落下を繰りかえす。波の上に乗り「上昇」、波から落ちる瞬間は身体が浮き上がるほど急激に「落下」する。乗船のお客さんはご注意ください」

僕は子供時代に、敦賀気比の松原でいつも夏には海水浴で鍛えていたし、また、祖父や父と釣り船で海釣りをしていたので、どうということはなく、むしろ船体に大きな波がドスンドスンとぶつかるのが面白かった。

船が出港してからしばらくして、大波が船にぶつかるたびに船内から悲鳴があがった。

船室から海を見ると、われわれの高速船は、大うねりの壁の底を突っ走って前進しているようだった。不気味だ。「大海に枯れ葉」のようだ。そして船内ではあちこちでゲロ吐いている人がいた。船酔いする人たちが苦しんでいる。座席の前のポケットに、船会社によってビニール袋がちゃんと用意されてはいたが、大変な事態になった。

幸いわれらの仲間は誰も「吐く」者はいなかった。しかし、途中からトイレにこもりきりの人もいたようだった。念のため乗船する前に船酔い防止薬を飲んでいたため効果があったのだろうか。

スチュアート島に無事上陸

無事、島に到着。待っていたマイクロバスでホテルへ。海のそばのホテル。窓から荒天の白波が浜に打ち上げている。誰も浜にいない。

釣り好きのTさんが友達のAさんと近くの突堤に釣りに出かけた。しかしすぐに帰ってきた。「突堤に白波がぶつかりとても魚釣りのできる状態でない」と笑いながら明るく言った。

「空が明るい」スチュアート島

私たちにとって、スチュアート島は再訪であるが、三重豪NZ協会にとっては初訪問である。

スチュアート島はニュージーランドで3番目に大きな島。島の南端からフォーヴォー海峡をはさんで30キロメートルほど沖に浮かんでいる。自然豊かなニュージーランドの火山島。島の85％近くが「ラキウラ国立公園」として国立公園になっている。

スチュアート島のかつての先住民はマオリ族だった。島は現地のマオリ語で「空が明るい」という意味だそうである。マオリ語では「ラキウラ」と呼ばれる。緯度が高いため、南の空にときどきオーロラが現れるとか。

ラキウラ国立公園はニュージーランドで一番新しい国立公園である。この公園は、地球上で最も南極に近い「世界最南端の国立公園」といわれる。

スチュアート島の人口はわずか400人ほど。人口は少しだが、夏期期間中にはニュージーランド人や外国からの観光客がたくさん訪れる。手付かずの自然が残っている。国鳥キウイを観察できるそうである。ニュージーランド国内でも珍しいペンギンやイルカ、アシカも見られるそうである。

11月29日。スチュアート島の自然に抱かれて気ままにのんびりハイキング。昼食時にいただいた新鮮なサザエと大きなアワビの海の幸がとてもおいしかった。さすがだった。この日はスチュアート島泊。

2006年11月30日、インバカーギルの港に帰り、レンタカーで次の訪問地、ダニーデンに向かう（この旅の続きは、第43章「オタゴ半島の歴史と自然」から記す）。

40 家族旅行、サウスランド地方

冬の都市間長距離バスで

1999年8月の朝、娘と私たち夫婦は、オタゴ地方の有力都市であるダニーデンのインターシティーバスセンターに行く。ダニーデン都市間バスセンターはビル街にあるのだが、人通りも車の行き来も、多くはなかった。冬の朝のダニーデンの大気は、ひんやりしていた。モーテルから歩いて10分ほどだった。待合室のお客もちらほらいた。

バス内のお客も多くなかったが、若者の集団が乗っていたので華やいでいた。私たちはこれからニュージーランド最南地方・サウスランドの中心都市インバカーギルを訪問する。

バスは南進する。ニュージーランドでは南に行くほど気温が低くなる。この国は南半球に位置しているからである。南極が近くなるということである。

サウスランド地方は、ニュージーランドの南島最南端の地方。この地方の中心都市はインバカーギルである。サウスランド地方は、荒々しい海岸線が美しい地方と称されている。名物は、ブラフというカキである。僕は聞いたことのない貝だが、巡りあうことができるだろうか。

私たちは今回、インバカーギルの街並みを散策したり、スチュアート島を訪れることを計画している。

インバカーギル市は、ニュージーランド南島の南端に位置するこの地方の中心である。スコットランド情緒の漂う美しい港湾都市として知られる。また、サウスランド地方の中心都市として公共施設が整っているといわれている。人口は約5万人。南島ではクライストチャーチ、ダニーデンに次ぐ第三の都市である。

1850年代にイギリスのスコットランド人が牧羊に適した土地を求めてニュージーランドを南進した。

クィーンズ公園は80ヘクタールに及ぶ広大な緑地公園だそうである。ここは、ダニーデンより大気が冷たく感じる。今ここは冬であるが、「寒い」というほどではない。この地は真冬なのに町でもこれから渡ろうとするスチュアート島でも雪に出会わなかった。どこかに、「インバカーギルは南極に近くその暴風圏地域に属する都市で冷たく寒い」

と書いてあったのだが……。

バスの運転手さんのおもてなし？

バスの終点に正午、到着。約5時間の冬枯れの景色の中のバスの旅だった。山々は雪をかぶり、牧場のところどころに白い雪景色を見せていた。これもニュージーランド南島の冬の光景の一コマだろう。バスの終着点は市のはずれらしく、人影はほとんどなかった。タクシーも見当たらない。雪もない。終点まで乗ってきたのは私たちだけだったようだ。さて、由紀さんが空港への行き方を運転手に尋ねるがダニーデンから来た彼にはよくわからない模様。彼がバス会社の女子事務員を連れてきた。

僕たちの予定では、インバカーギルから飛行機でスチュアート島に飛ぶことになっていた。かつて由紀さんは、船に酔ったことがあり、こんなところまできて「船酔い」することはない、と僕は飛行機をすすめた。

事務員によれば、「空港までは都心からタクシーかバスで行くのがよいでしょう。ここからは都心まで歩くとかなり遠いですよ」とのこと。

結局、乗ってきたバスの運転手さんが決断。

「バスに戻ってください。俺が都心まであなた方を送ります」。運転手が都心まで運んでくれた。運転手の特別のおもてなしだった。日本では考えられないことではないか。

冷風のレストラン冬なのに

お腹がすいた。都心部なのでレストランがいくつもある。大衆食堂といった感じのレストランに入る。昼どきなのでサラリーマン風の客でにぎやか。３人座れる席は１ヵ所あった。ラッキーといさんでその席へ３人で着席したが、なんとそこは入り口のドア近く。冬の冷風が遠慮なく開閉のたびに吹き込んでくる。揚げたてホカホカのフィッシュアンドチップスがおいしかった。体もお腹も温かくなり元気にレストランを出た。

なんとインターシティーバスターミナルがすぐ近くにあった。運転手さんはこの所まで僕たちを送ってくれたのだった。欲を言えば先刻、われわれが終点まで行ってしまう前に、案内してくれていたら都心で降車していたのに。一言、「ここがインターシティーバスターミナルだよ」と言ってくれればよかった。

ターミナルビルには待合室や案内板、ロッカーやトイレが整備されていた。

大時計が14時を告げた。予定の飛行機まで時間が少しあるので町をブラついてみる。

この地方の中心街なので車道も歩道も広い。今は車もたくさん走っている。ビルディングもあり、人通りは少ないが、いろいろな店舗もある。天候は曇っているが、雨の心配はなさそう。学校帰りの少女たちがネックレスやブローチの店をのぞいている。わが娘ものぞき見したそう。僕は市立図書館に興味があるが素通り。ゲームコーナーに子供が群がっている。学校の帰りだろうか。道路には視覚障害者用の音響信号が設置されている。役所のビルやホテル、銀行。横断歩道の先には薄緑に光る広々した空間。これがクィーンズ公園なのだろう。

子供の集団が数人の先生に引率されワイワイにぎやかにやってきた。彼らと出会いながら公園の歩道を行く。芝生が雨に降られ、どっぷり水浸しになっている。

サザンランド博物館アートギャラリーをのぞいてみる。マオリやイギリスからの遺物、インバカーギルの遺産、大きなグリーンストーンの原石。当地の生物、ペンギンや鳴き声入りのアルバトロスのはく製。お客が少ないので靴音がやけに館内に響く。時間の余裕がないのでざっと見て博物館を出た。

41 小型飛行機でスチュアート島訪問

15時30分発の空港行きのシャトルバスを劇場前の停留場で待った。大時計が15時30分のときを告げている。そのときバスが来た。空港にはすぐに着いた。巨大国際空港ではないが、待合室もそれなりに用意されている。たくさんの乗客でにぎわっている。

2000年当時インバカーギル空港は、クライストチャーチとスチュアート島への定期便が発着していた。ニュージーランド航空によるフライトが、クライストチャーチとの間を毎日往復していた。また、スチュアート島との間にフライトが毎日複数便運航されていた。ここには、遊覧飛行や飛行学校の拠点もある。

由紀さんがスチュアート島行きの行列に加わり手続きを待っている。天候はまあまあの曇り空。小型飛行機がブルンブルンとエンジン音を出している。私たちはニュージーランド航空の小型プロペラ機に乗り込んだ。現地風の初老の婦人が犬と乗ってきた。定員は5人。満席である。私たち3人とご婦人そして犬も1座席。飛行時間は17分ぐらいだという。離陸しパイロットの挨拶と若干の案内。海上に白帆のヨットと漁船がちらほら。白い波も立っている。

そのうち、老婦人がパイロットと大声でおしゃべりを開始した。

「少し黙ってパイロットを操縦に専念させてあげてよ」と心の中で叫ぶ。現地の新聞に最近、小型飛行機の事故が多くなっている、と書いてあった。やけにその記事が気にかかる。

とうとう着陸寸前まで会話が続いた。スチュアート島の入り江が光っていた。着陸。歩いて空港の建物へ。荷物を受け取り、待っていたマイクロバスに乗り、ホテルへ。乗ってきた飛行機はすぐにインバカーギル空港にUターンした模様。

ホテル模様

ホテルには17時過ぎに着いた。ちょうど良い時間だ。ホテルは海岸沿いにあり海や浜がよく見渡せる。ときどき通る漁船やヨットをながめる。島が見える。静かな夕べが暮れてゆく。

夜になるにつれてホテルがにぎやかになってきた。深夜2時頃まで音楽が鳴り響き、どんちゃん騒ぎしている様子。眠れたものでない。

そのうちに、何台もの自動車がホテルを離れていく。ホテルに静けさが戻るにつれ、浜に打ち寄せる波音が大きくなってきた。ベランダに出て夜空を仰ぐ。満月かな。金色に輝く大きなお月様。部屋にいる娘と由紀さんを呼んだ。

「月と満天の星の夜空が美しい。こっちに見においで」

それにしても、あの大騒ぎは一体何だったのだろうか。このホテルはパブがあるので、宿泊客だけでなく、宴会場になっているのではないだろうか。そのうちにまったく静まり返った。

42 マイクロバス・ツアー

朝の情景

8月8日。スチュアート島での初めての朝である。ラジオを付けて天気予報を聞く。「快晴」である。11時からツアーバスに乗って島巡りをする予定であり、良い天気に恵まれそうだ。朝食レストランにはお客はほとんどいない様子だった。

朝の散歩。ホテルに沿って土産物の店が並んでいる。海に目を転ずる。湾の奥に半島が突き出ている。朝なぎの海に数隻の船が休んでいる。

11時前にツアーのマイクロバスが来てくれた。

「グッドモーニング」

若いスマートな男性運転手兼ガイドさん。お客は僕たちだけのツアーで出発。時間は20分ほどだ。つまり彼を独占して質問ができるということである。人があまり住んでいない島の短時間のツアー。どのような案内があるのか楽しみである。

「あれは教会、ペデストリアンチャーチ」

「ペデストリアンはスコットランド人がここに来たということ？」

「アメリカの捕鯨をする船員だよ」

「19世紀にこの島に最初に植民したのはどこから？」

「１８０４年、ヨーロッパ人だった。13世紀にはマオリが先住していた。中国人も来ていたよ。鉱石採掘や漁業で暮らしていた。今も投げ釣りがここで盛んに行われている。松の一種の林業もある。樹齢６００年の木もある」

「松茸を食べるの？」

「松茸なんて知らない。わからない。食べないよ」といった調子で何度も互いに言葉を確かめ合いながら爆笑してツアーが進行。

「この島の電力はどうなっているの、水力？」

「今はオイルモーターで発電している。住民は電気生活をしている」

「島の人口は今どのくらい？」

「３６０人」

「この島の地方自治体は南部地方カウンシルが統治しているのかな？」

「その通り。島は長さ75キロメートル、45キロメートル幅、１７６４平方キロメートル。島の92％が民有地」

「残りの土地は女王が国の土地を所有してるのかな」

「65％がマオリ、残りが国の所有地になっている」

バスはバタフライビーチに入り休憩。バスから出て空気を体一杯吸い込む。人影はない。海はおだやかに浜辺を洗っている。

「このビーチでいい鱒が釣れるんだ」と運転手さん。

バスに戻る。

「現在、気温30度」

「ここは真冬なのにそんなに高い気温になるんだね」

「ときどきだけどね」

「島に休暇を求めて来る人のための貸家が島全体で３６０軒ほどある。今は半分ほどしか入っていない。夏にはたくさんの客がくる」

「自然保護にあたる人がいるの？」

「14人いる」。運転兼ガイドの彼の数字はいつもきちんと出てくる。

「モーテルは何軒？」

「5軒。今はさみしいが夏になるととても忙しくなる」

「携帯電話やパソコンは？」

「両方とも盛んだよ。日本はどうなの？」

「持っている人はたくさんいる。僕はパソコンはぼちぼち。携帯電話は持っていない」

「島の学校は？」

「小学校1校。生徒25名。50名のときがあったが、中学校以上はインバカーギルなどに進学する。寄宿舎生活だよ」

以上、私たち家族スチュアート旅行の話はここまで。以下の章からは豪NZ協会の2006年旅行に戻る。

43

オタゴ半島の自然と歴史

エコツーリズムの宝庫

11月30日。第6回目の三重豪NZ協会のルートバン・トラック班は、スチュアート島から高速艇でインバカーギルの港に帰り、レンタカーでダニーデンへ向かう。

ダニーデンは、ニュージーランド南島で3番目の人口10万人を超える都市。イギリスのスコットランドを思い出させるニュージーランドでは珍しい都市の一つである。

ダニーデン市内から車で1時間ほどで、ニュージーランド南島の東海岸に位

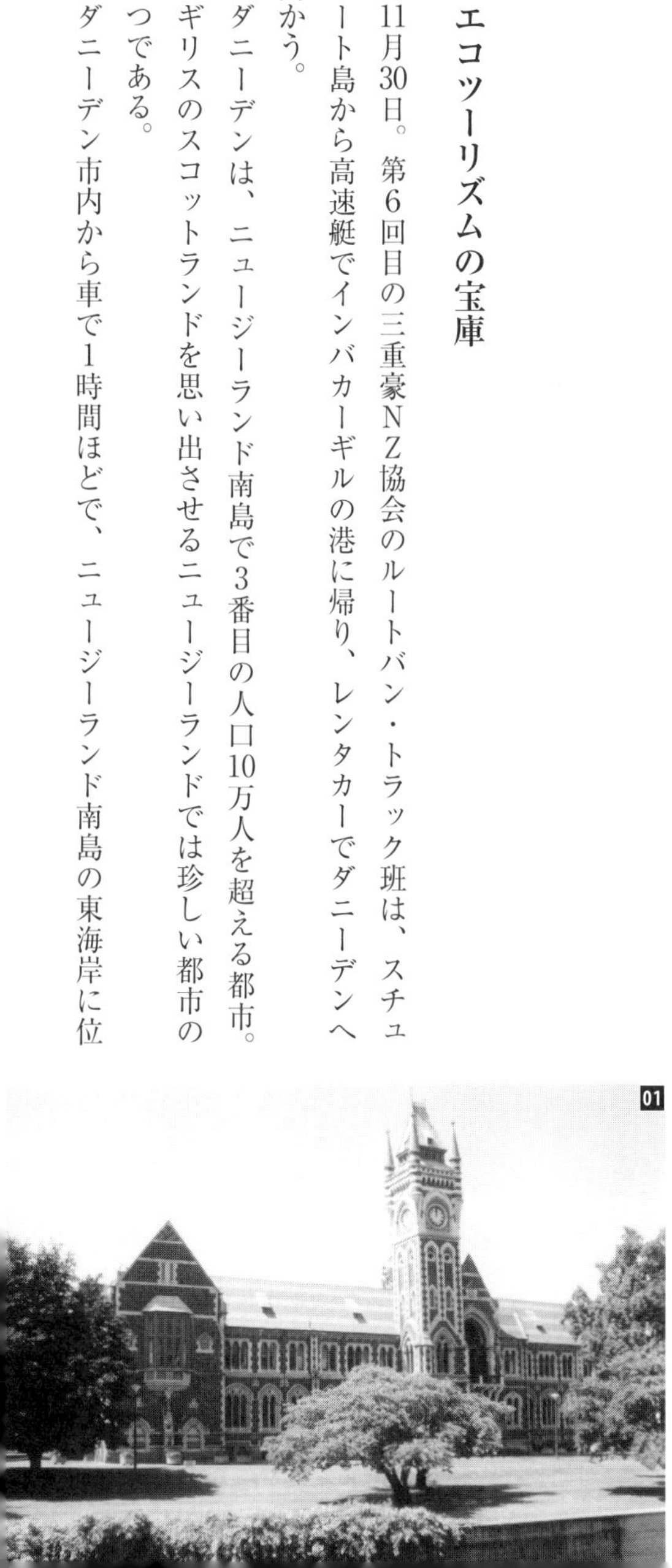

01 ダニーデン大学。スコットランド・カラー

置するオタゴ半島に出る。半島の北側のオタゴ湾側は穏やかで、南側の外洋側は猛々しいという特徴があるといわれる。

12月1日。オタゴ半島に出かける。半島で以下の貴重な生物が見られるという。例えば、ロイヤルアルバトロス（アホウドリ）、キンメペンギン、ブルーペンギン、ニュージーランドアシカ、ニュージーランドオットセイなどの希少な動物が生育している。それゆえに、オタゴ半島はペンギンやオットセイの群生地見学など、エコツーリズムの宝庫といわれる。

以前、私たちは、半島の先端から広大な海岸や岩壁を見下ろし、その動物たちを眺めた。動物たちの名前はわからなかったが。

その海の風景は南太平洋の水平線と青空が絶妙な配合だった。オタゴ半島は20キロメートルほどの長さで、オタゴ湾と荒々しい外洋で形成されている。

家族旅行のときにここの「アホウドリ」の営巣地に行ったことがある。ロイヤルアルバトロスセンターである。大柄ないわゆるアホウドリたちが乱舞していた。豪壮な自然景観だった。そのときも思った。「なぜこの鳥がアホウドリといわれるのか？　大きな堂々とした立派な鳥なのに」

古城ラーナック

12月2日午前、ラーナック城とその庭園を見学。

ニュージーランドは歴史の浅い国だが、この城は、歴史の浅いこの国にとって貴重な歴史的遺産であると思う。この歴史的建造物ラーナック城にはカントリーハウスやロッジがあり、宿泊も可能。

イギリスのビクトリア朝時代の富裕層の恋愛スキャンダルを含む生活の一旦も想像できるかもしれない。他方ラーナック城のガーデンでは、ニュージーランドの各種植物を栽培している。季節ごとに美しい花を見ることができる。ダニーデンの中心部から12キロメートルほどのオタゴ半島にあり、広大な庭園や見事なアンティークの調度品を見ることができる。手で触れられるところも用意してある。場所によって、当時の家具や椅子などに触れ、座ることができた。視覚障害者にとってはありがたい配慮である。

1871年、大富豪であり政治家でもあったウィリアム・ラーナックは、愛する妻エルザと住むための城を建設。建築には200人の建築作業員を動員したという。

02 ラーナック城

44 ダニーデンという街

午後には自然豊かなオタゴ半島に守られている海辺や港湾都市ダニーデン市街を散策。以前家族と滞在したダニーデンのモーテルは高台の見晴らしの良いところにあった。高台からダニーデンの港湾を眺望できた。かなり長い石段を下りて街中に出た。

ニュージーランド南島の南東部に位置するダニーデンは各所に英国のスコットランドを思い出させる都市である。ダニーデンはスコットランド移民によって開発されたという由来をもつ。鉄道駅やキリスト教会もスコットランド・カラーである。毎年10月、ニュージーランド南島最大のファッションショーが、駅のプラットホームで開催されるようである。

01 世界一の急な坂、ボールドウィンストリート（ギネス認定）。全長350メートル、勾配35度、坂の入り口海抜30メートル、頂上100メートル

ザ・オクタゴン

オクタゴンはダニーデン・シティー・センターにある8角の街区。市役所もここにある。インタビューでお世話になったこともある。

ダニーデン中心部には、市内屈指の歴史を誇る建物がある。大聖堂もある。ダニーデンパブリックアートギャラリー（1884年設立のニュージーランド最古の美術館）もオクタゴンに面した場所にある。セント・ポール大聖堂も鎮座している。

北側はオタゴ大学やオタゴ博物館と文化的建物が多く、南側はビジネス街になっている。オクタゴンから徒歩ですぐの場所にあるモーレイ・プレイスには、先進的なデザイナーショップやブティック、アートギャラリーが立地しているようである。

ダニーデン駅も今は歴史的建造物である。現在も鉄道が走っているが、観光客に人気があるようだ。

「世界一の急坂道」という看板に惹かれてレンタカーで遊んでみた。

01

45

丸石海岸とペンギンの浜辺

珍奇なモエラキボルダー

ダニーデンから国道1号線に入る。やがて潮の匂いがただよってきた。海や浜辺に大きな丸い石がゴロゴロしている珍奇なモエラキボルダーが出てきた。僕らはここに何回か来ているが、いつ訪れてもその風景に見入ってしまう。

オマルの名所

ボルダーから車で30分ほどでオマルの街に着く。オマルはペンギンの街として知られている。浜辺に小型ペンギンの営巣地があり、夕方になると沖から帰ってきたペンギン

01 モエラキ・ボルダー海岸

たちが行列をなしてヨチヨチその巣に入ってゆく。その愛らしい光景を有料で眺めることができる。

ペンギンたちが見物人を知っているのか知らないのかわからないが、かわいい姿で巣の中に入ってゆく。ペンギンの敵は野犬。野犬から守るための保護柵が設置されている。ペンギンの種類は、ブルーペンギン。イエローアイドペンギンも離れた場所にコロニーがある。

02 イエローアイドペンギン

きょうは5日間、ミルフォードを連泊した健脚組と再会・合流する大切な日。再会の予定の15時を過ぎていた。私たちルートバン・トラック組が彼らを迎える予定なので、すでに予約していたオマルの町のモーテルに急いだ。

なんと彼らの方が用意周到、私たちをモーテル玄関で待っていてくれた。拍手、握手、肩のたたき合い。元気な再会を喜び語りあった。

これで今回の豪NZ協会のニュージーランド旅行も無事完了。

46 チャタム島を訪ねる

赤道と南極の真ん中あたりに点在

ニュージーランドは、日本と同様、「島国」といわれる。共に海に囲まれ、たくさんの島から成っている。

チャタム諸島は、赤道と南極の真ん中ぐらいに点在し、日付変更線の東側に位置する。チャタム諸島で最大の島はチャタム島。次いでピト島である。

チャタム島の面積は約920平方キロメートル。チャタム島を最初に訪れた西洋人は、1791年のウイリアム・ロバート・ブロートであった。チャタムという島の名前はそのときの戦艦の名称からつけられたようである。

私たちがチャタム島を訪れたのは、1996年7月であり、もうかなりの年月が過ぎた。私たちがチャタムに行ったとき、クライストチャーチ空港の女性係員が言った。「ニュージーランド人でもめったに訪れることのないところですよ。私も行ったことはありません。知り合いで行った人は一人もいないわ」。彼女の不思議そうな顔がほほ笑んでいたように思う。

私たちは、夫婦と小学5年の娘と中学2年の親戚の息子の4人で訪問した。彼らがニュージーランドに留学していた冬休みのときである。

小型プロペラ機はガラガラだった。私たち以外の乗客はゼロだった。

チャタム諸島の中心の島はチャタム島である。島の左右にある2つの湾と、大きなラグーンによって特徴づけられる。チャタム島の西海岸はその半分以上が深く入り組んだペトレ湾である。ペトレ湾の南端にある小さな入り江はワイタンギ湾である。この湾に面して、ワイタンギの街が形成されている。東海岸に、ハンソン湾が広がっている。これらの島の2つの湾の幅は10キロメートルほどである。

ニュージーランド特別領

チャタム諸島は、ニュージーランド南島の東海岸沖約1000キロメートルに点在する南太平洋上の島々である。ニュージーランド特別領である。チャタム諸島の人口は当時、700人ほどだった。

日本との時差は4時間45分ほど。日本の方が遅れている。年頭の初日の出は、日本よりチャタムの方がかなり早い。

遠く離れた日本から初日の出を拝みに来る日本人もいると現地で聞いて驚いた。また、ここの教会で日本人の結婚式を企画しようと考えている人もいる、という噂も聞いた。

チャタムの統治体制

チャタム島の地方統治主体は、チャタム・ボードであった。その下部組織としてコミュニティ・ボードがあった。そしてその下にタウンシップ委員会があった。この委員会は、住民の自治組織であり、厳密には自治体当局として定義されていなかったと思う。

他方、国との関係でいえば、チャタム諸島自治体と4つの統合自治体があった。これらは、広域自治体と領域自治体両方の機能をもっていた。これを領域自治体として扱っていた。

チャタム島体験記

僕がチャタム島に引き付けられたのは、人口の少ないニュージーランドの、さらに人口の少ない南太平洋に浮かぶ島における、その統治形態及び実像を知りたくなったからである。

最低でも1週間は滞在したいと考え、モーテルを探したが、その当時は現在のように

IT化が進んでいなかったし、僕はまだパソコンを使っていなかった。そこでクライストチャーチの自宅からチャタム島の町役場と思しき所に電話を試みた。電話に出たのは、なんと地方自治体の長であるスミスさんだった。

僕は日本からの研究者で今はクライストチャーチ近くの大学で研究していることを告げ「チャタムの自治体行政について勉強したい」旨を簡単に話し、「家族と滞在できるモーテルを紹介してほしい」と伝えた。

「それなら私の所にきたらどうですか。民宿をしています。自動車も使えます」

「おお、ラッキー」ということでスミスさん宅でお世話になった。

そんなご縁からときどき役場に出かけた。そのとき、役場事務長のホワイトさんが「チャタムは、離島で孤島だから……」と繰り返し言われていたことを今も思い出す。

当時の人口は700人ほどだったが、現在では500人ほどに減少しているようである。

チャタムは、ニュージーランド本土から遠く隔たった島であるが、街には、キリスト教会、スーパーマーケット、銀行、ホテル、民宿、土産屋、食堂もある。集落には公民館があり、昼食時には島民が卓球などしてにぎわっていた。街には、国の政策のためか郵便局はないが、銀行内に私書箱がありそこへ郵便物を取りに行くシステムができていた。電話やファクシミリがあるので通信で孤立することはないといっていた。交番もあった。本土から警察がケシなどの栽培の摘発にときどき来島するとか。

キリスト教会は５つ。英国国教会の神父さんと話した。「クリスマスなど特別なときでないと人々はあまり教会にこない。特に若者がこない。これはチャタムの人がここの島の生活に満足しているからだと思う」と神父さんは話してくれた。

小学校が３つ、中学生以上はニュージーランド本土に進学する。そのための航空運賃は国が負担している。ベッド数は少ないが病院もあり、重病人はニュージーランド本土へ空輸される。ボランティアのラジオ、テレビ局もある。ＮＨＫの海外放送も短波ラジオで受信できた。

ニュージーランド本島の行政改革はチャタムでも例外ではない。チャタムの人々の生命線である港湾、飛行場、発電所、と殺場、区分保有地が当時の行政改革で補助金打ち切りとなった。その際、中央政府から地方統治体であるチャタム諸島評議会に基金として８００万ニュージーランドドルが交付された。後は自力で経営するように、というのが中央政府の政策であるという。

食肉産業（牧畜業）はチャタムの重要産業である。従来、と殺場を経営するために３００万ドルほどかかったといわれる。従って、と殺場はもはや経営不可能となりニュージーランド北島のネピアまで貨物船で羊などを運ぶようになった。

私たちのチャタム滞在中、たくさんの羊が道路を占拠するように道いっぱいになって港に向かうのを見た。その間、当然、道路は自然閉鎖となる。僕たちは車を止め、この

01 そこのけそこのけおいらが通る

珍しい道路閉鎖を興味深く眺めていた。道路に停車している前をゆっくり羊の行進を眺めているのである。チャタムにあっても、広大な牧場が目立つ。スミスさんも牧場のオーナーだった。

彼の牧場に私たちを案内してくれ、また、親戚の息子のT君に牧場用電動車の運転を教えてくれ、T君は喜んで牧場を乗りまわした。小学生の娘は、尻込みして運転しなかった。電動車は日本製だった。

チャタムにおいては漁業も主要産業である。以前にはクレイフィッシュ（伊勢えび）ブームで島の人口も一時的には増え日本人もきていた。今は乱獲のためか水揚げ量も減りブームも去った。

チャタム近海で外国船が入漁した場合、その権益はチャタム評議会ではなく、中央政府が取ってしまう。これが評議会にくるように政府に強く要求している、とスミスさんは話していた。日本のように補助金等を獲得するために地方自治体の長は競って中央政府詣でをするのかと問うと、スミスさんは決然と言った。

「私は一度もそのようなことでウエリントンの中央政府に行ったことはない。それは公金の無駄使いだ。補助金打ち切りで評議会の財政は苦しい。だが、中央政府から補助金をねだり命令されるより自分たちの創意工夫で評議会を運営したほうがやりがいがある」というのが彼の思想であり姿勢であるようだ。僕はニュージーランド滞在中にいくつかの地方統治体を訪ねた。補助金と中央政府の関係についての質問を繰り返した。答えは事前に相談したかのように、スミスさんと同じ答えだった。ここに彼らの誇りと自律心を感じた。

教育はチャタムでも問題である。通信教育という方法はあるが、上述のように中学生以上はニュージーランド本土へ行かねばならない。都会の上級学校を卒業すると帰島する若者は少ない。

スミスさんの息子家族が最近、チャタムに帰ってきた。私たちは息子さん宅にお邪魔してお話を聞かせてもらった。

息子さんはウエリントンのホテルで勤務していたが、父親と牧場を経営するために帰った。奥さんは首都オークランドで生まれ育ち、最初は猛反対したとのこと。しかし今は幼子を育てるのにこの自然環境はすばらしいと言っていた。息子さん家族の家はかつて父家族が住んでいた所でまだ電気のない夜はランプ生活である。お父さんの家も自家発電で民宿も節電のため22時で停電となる。当然、私たちの部屋も22時以後は自然状態。夜半になると毎夜のように天井が小動物の運動会になる。朝食のとき奥さんに尋ねたら、「ポッサムがネズミや蛇を追っかけている」とニッコリ。

スミスさんは言う。「牧場経営と自治体職員の兼職生活は厳しい。早朝から働いている。健康でなければ島の生活は困難」と。

「そのうち、この島には若者だけでなく老人もいないようになるのでしょう」と失礼な質問をしたら、「年をとると福祉施設のあるニュージーランド本土で生活する人が多い」ということであった。

夫人は歯の治療をする資格（歯医者ではないようだ）をもっていて私たちが滞在していたときにも近くの学校で歯の治療をする日であると出かけていった。

島の生活はかなり自給自足ができるように感じた。大きなウナギやはまぐりなどスミスさん自らとってきてくれ、私たちの食卓をにぎわしてくれた。

島の人たちは、親戚の子供や親類と絶えず接触があり、スミスさんとの会話もはずんでいた。チャタム・コミュニティはしっかりしているとの印象を強くした。

行政機関は評議会のほかに、教員、警察官、環境・保全省、税務など国の仕事をしている人がかなりいた。本土からの警察関係者が島を巡回しているのに出会った。麻薬栽培の取り締まりだとか。

評議会事務所（役場）は、常勤2人、非常勤1人である。事務長は公募制で3年の契約制であることは本土と同じである。当時の事務長は6人（うち数人が選考前に辞退）の応募者から選ばれた。しかし仕事ができないので大幅な減俸が行われたとの噂も耳にした。本土からの単身赴任である。

チャタムでは、厳しい環境下でコミュニティを形成し地方統治体を自立心をもって運営していることに強い感銘を受けた。

滞在中役場主催の島民集会があった。21世紀に向けての島の将来について討論が夜、約100人の島民が集まり行われたとのこと。年に2、3回、島民集会が開かれるという。

チャタム観光として日本人の結婚式をチャタムの教会で行うようにしたらという意見も出て、それに対して強い反対意見も出されたという。

最後に一言。島内観光で、家族とともに車で島を巡った。先住民族のマオリやモリオリ族[*1]が遺した芸術の洞窟や強風のために大きく上に伸びず地を這うように傾いている島の木々の風景など珍しい自然も見せてもらった。

私たちは、小さなチャタムで大きな学びを与えられ、島を離れた。

＊1　モリオリ族とはポリネシア系の民族で、現在ではマオリ族と同化したとされている。チャタム島ではマオリ族より先に入った民族である。

【参考文献】

ニュージーランド政府観光局　https://www.newzealand.com/jp/
在ニュージーランド大使館　広報文化センター　jicc@wl.mofa.go.jp
Kennedy Warne(Ed). *New Zealand, National Parks*, David Bateman Ltd, 2006.
Charles Rawlings-Way, et al. *Lonely planet New Zealand*, Lonely Planet Publications Ltd, 2008.
和田明子『ニュージーランドの公的部門改革――New Public Management の検証』第一法規、２００７年
遠山茂樹『森と庭園の英国史』文藝春秋、２００２年

■著者紹介

宮本　忠（みやもと・ただし）
1940年福井県生まれ。早稲田大学大学院博士課程（行政法）、Utas Phd環境学。瑞宝中綬章。三重大学名誉教授。

宮本 由紀子（みやもと・ゆきこ）
1943年愛知県生まれ。東京女子大学文理学部社会学科卒。元岩津高校教諭。三重豪NZ協会会長。

【著書】
宮本忠・宮本由紀子
『タスマニアへの誘惑』（高文堂出版社、1990年）、「ニュージーランド旅行と大震災2011（下）」（東北公益文科大学 公益総合研究センター　ニュージーランド研究所、第14号、2012年）

宮本忠
『タスマニアを旅する60章』（明石書店、2016年）、『目の旅路――ある網膜色素変性症患者の生き方』（作品社、2008年）、『現代官僚制と地方分権』（高文堂出版社、2004年）、『行政法と環境法』（同上、1979年）、『薔薇と機智とブリテン』（同上、1978年）、『公害と行政責任――四日市の場合』（河出書房新社、1976年）など。

エリア・スタディーズ　198
ニュージーランドを旅する 46 章

2023 年 9 月 15 日　初版第 1 刷発行

著　者　宮本　忠
宮本由紀子
発行者　大江道雅
発行所　株式会社明石書店
〒101-0021 東京都千代田区外神田 6-9-5
電話 03（5818）1171
FAX 03（5818）1174
振替　00100-7-24505
https://www.akashi.co.jp/
組版／装丁　明石書店デザイン室
印刷　日経印刷株式会社
製本　日経印刷株式会社

（定価はカバーに表示してあります）　ISBN978-4-7503-5636-5

エリア・スタディーズ

1 **現代アメリカ社会を知るための60章** 明石紀雄、川島浩平 編著

2 **イタリアを知るための62章【第2版】** 村上義和 編著

3 **イギリスを旅する35章** 辻野功 編著

4 **モンゴルを知るための65章【第2版】** 金岡秀郎 著

5 **パリ・フランスを知るための44章** 梅本洋一、大里俊晴、木下長宏 編著

6 **現代韓国を知るための60章【第2版】** 石坂浩一、福島みのり 編著

7 **オーストラリアを知るための58章【第3版】** 越智道雄 著

8 **現代中国を知るための52章【第6版】** 藤野彰 編著

9 **ネパールを知るための60章** 日本ネパール協会 編

10 **アメリカの歴史を知るための65章【第4版】** 富田虎男、鵜月裕典、佐藤円 編著

11 **現代フィリピンを知るための61章【第2版】** 大野拓司、寺田勇文 編著

12 **ポルトガルを知るための55章【第2版】** 村上義和、池俊介 編著

13 **北欧を知るための43章** 武田龍夫 著

14 **ブラジルを知るための56章【第2版】** アンジェロ・イシ 著

15 **ドイツを知るための60章** 早川東三、工藤幹巳 編著

16 **ポーランドを知るための60章** 渡辺克義 編著

17 **シンガポールを知るための65章【第5版】** 田村慶子 編著

18 **現代ドイツを知るための67章【第3版】** 浜本隆志、髙橋憲 編著

19 **ウィーン・オーストリアを知るための57章【第2版】** 広瀬佳一、今井顕 編著

20 **ハンガリーを知るための60章【第2版】** ドナウの宝石 羽場久美子 編著

21 **現代ロシアを知るための60章【第2版】** 下斗米伸夫、島田博 編著

22 **21世紀アメリカ社会を知るための67章** 明石紀雄 監修 赤尾千波、大類久恵、小塩和人、落合明子、川島浩平、高野泰 編

23 **スペインを知るための60章** 野々山真輝帆 著

24 **キューバを知るための52章** 後藤政子、樋口聡 編著

25 **カナダを知るための60章** 綾部恒雄、飯野正子 編著

26 **中央アジアを知るための60章【第2版】** 宇山智彦 編著

27 **チェコとスロヴァキアを知るための56章【第2版】** 薩摩秀登 編著

28 **現代ドイツの社会・文化を知るための48章** 田村光彰、村上和光、岩淵正明 編著

29 **インドを知るための50章** 重松伸司、三田昌彦 編著

30 **タイを知るための72章【第2版】** 綾部真雄 編著

31 **パキスタンを知るための60章** 広瀬崇子、山根聡、小田尚也 編著

32 **バングラデシュを知るための66章【第3版】** 大橋正明、村山真弓、日下部尚徳、安達淳哉 編著

33 **イギリスを知るための65章【第2版】** 近藤久雄、細川祐子、阿部美春 編著

34 **現代台湾を知るための60章【第2版】** 亜洲奈みづほ 著

35 **ペルーを知るための66章【第2版】** 細谷広美 編著

36 **マラウィを知るための45章【第2版】** 栗田和明 著

37 **コスタリカを知るための60章【第2版】** 国本伊代 編著

38 **チベットを知るための50章** 石濱裕美子 編著

39 **現代ベトナムを知るための63章【第3版】** 岩井美佐紀 編著

40 **インドネシアを知るための50章** 村井吉敬、佐伯奈津子 編著

41 **エルサルバドル、ホンジュラス、ニカラグアを知るための45章** 田中高 編著

エリア・スタディーズ

42 **パナマを知るための70章【第2版】**
国本伊代 編著

43 **イランを知るための65章**
岡田恵美子、北原圭一、鈴木珠里 編著

44 **アイルランドを知るための70章【第3版】**
海老島均、山下理恵子 編著

45 **メキシコを知るための60章**
吉田栄人 編著

46 **中国の暮らしと文化を知るための40章**
東洋文化研究会 編

47 **現代ブータンを知るための60章【第2版】**
平山修一 著

48 **バルカンを知るための66章【第2版】**
柴宜弘 編著

49 **現代イタリアを知るための44章**
村上義和 編著

50 **アルゼンチンを知るための54章**
アルベルト松本 著

51 **ミクロネシアを知るための60章【第2版】**
印東道子 編著

52 **アメリカのヒスパニック＝ラティーノ社会を知るための55章**
大泉光一、牛島万 編著

53 **北朝鮮を知るための55章【第2版】**
石坂浩一 編著

54 **ボリビアを知るための73章【第2版】**
真鍋周三 編著

55 **コーカサスを知るための60章**
北川誠一、前田弘毅、廣瀬陽子、吉村貴之 編著

56 **カンボジアを知るための60章【第3版】**
上田広美、岡田知子、福富友子 編著

57 **エクアドルを知るための60章【第2版】**
新木秀和 編著

58 **タンザニアを知るための60章【第2版】**
栗田和明、根本利通 編著

59 **リビアを知るための60章【第2版】**
塩尻和子 編著

60 **東ティモールを知るための50章**
山田満 編著

61 **グアテマラを知るための67章【第2版】**
桜井三枝子 編著

62 **オランダを知るための60章**
長坂寿久 著

63 **モロッコを知るための65章**
私市正年、佐藤健太郎 編著

64 **サウジアラビアを知るための63章【第2版】**
中村覚 編著

65 **韓国の歴史を知るための66章**
金両基 編著

66 **ルーマニアを知るための60章**
六鹿茂夫 編著

67 **現代インドを知るための60章**
広瀬崇子、近藤正規、井上恭子、南埜猛 編著

68 **エチオピアを知るための50章**
岡倉登志 編著

69 **フィンランドを知るための44章**
百瀬宏、石野裕子 編著

70 **ニュージーランドを知るための63章**
青柳まちこ 編著

71 **ベルギーを知るための52章**
小川秀樹 編著

72 **ケベックを知るための54章**
小畑精和、竹中豊 編著

73 **アルジェリアを知るための62章**
私市正年 編著

74 **アルメニアを知るための65章**
中島偉晴、メラニア・バグダサリヤン 編著

75 **スウェーデンを知るための60章**
村井誠人 編著

76 **デンマークを知るための68章**
村井誠人 編著

77 **最新ドイツ事情を知るための50章**
浜本隆志、柳原初樹 著

78 **セネガルとカーボベルデを知るための60章**
小川了 編著

79 **南アフリカを知るための60章**
峯陽一 編著

80 **エルサルバドルを知るための55章**
細野昭雄、田中高 編著

81 **チュニジアを知るための60章**
鷹木恵子 編著

82 **南太平洋を知るための58章** メラネシア ポリネシア
吉岡政德、石森大知 編著

83 **現代カナダを知るための60章【第2版】**
飯野正子、竹中豊 総監修 日本カナダ学会 編

エリア・スタディーズ

84 **現代フランス社会を知るための62章**
三浦信孝、西山教行 編著

85 **ラオスを知るための60章**
菊池陽子、鈴木玲子、阿部健一 編著

86 **パラグアイを知るための50章**
田島久歳、武田和久 編著

87 **中国の歴史を知るための60章**
並木頼壽、杉山文彦 編著

88 **スペインのガリシアを知るための50章**
坂東省次、桑原真夫、浅香武和 編著

89 **アラブ首長国連邦（UAE）を知るための60章**
細井長 編著

90 **コロンビアを知るための60章**
二村久則 編著

91 **現代メキシコを知るための70章【第2版】**
国本伊代 編著

92 **ガーナを知るための47章**
高根務、山田肖子 編著

93 **ウガンダを知るための53章**
吉田昌夫、白石壮一郎 編著

94 **ケルトを旅する52章** イギリス・アイルランド
永田喜文 著

95 **トルコを知るための53章**
大村幸弘、永田雄三、内藤正典 編著

96 **イタリアを旅する24章**
内田俊秀 編著

97 **大統領選からアメリカを知るための57章**
越智道雄 著

98 **現代バスクを知るための60章【第2版】**
萩尾生、吉田浩美 編著

99 **ボツワナを知るための52章**
池谷和信 編著

100 **ロンドンを旅する60章**
川成洋、石原孝哉 編著

101 **ケニアを知るための55章**
松田素二、津田みわ 編著

102 **ニューヨークからアメリカを知るための76章**
越智道雄 著

103 **カリフォルニアからアメリカを知るための54章**
越智道雄 著

104 **イスラエルを知るための62章【第2版】**
立山良司 編著

105 **グアム・サイパン・マリアナ諸島を知るための54章**
中山京子 編著

106 **中国のムスリムを知るための60章**
中国ムスリム研究会 編

107 **現代エジプトを知るための60章**
鈴木恵美 編著

108 **カーストから現代インドを知るための30章**
金基淑 編著

109 **カナダを旅する37章**
飯野正子、竹中豊 編著

110 **アンダルシアを知るための53章**
立石博高、塩見千加子 編著

111 **エストニアを知るための59章**
小森宏美 編著

112 **韓国の暮らしと文化を知るための70章**
舘野晳 編著

113 **現代インドネシアを知るための60章**
村井吉敬、佐伯奈津子、間瀬朋子 編著

114 **ハワイを知るための60章**
山本真鳥、山田亨 編著

115 **現代イラクを知るための60章**
酒井啓子、吉岡明子、山尾大 編著

116 **現代スペインを知るための60章**
坂東省次 編著

117 **スリランカを知るための58章**
杉本良男、高桑史子、鈴木晋介 編著

118 **マダガスカルを知るための62章**
飯田卓、深澤秀夫、森山工 編著

119 **新時代アメリカ社会を知るための60章**
明石紀雄 監修 大類久恵、落合明子、赤尾千波 編著

120 **現代アラブを知るための56章**
松本弘 編著

121 **クロアチアを知るための60章**
柴宜弘、石田信一 編著

122 **ドミニカ共和国を知るための60章**
国本伊代 編著

123 **シリア・レバノンを知るための64章**
黒木英充 編著

124 **EU（欧州連合）を知るための63章**
羽場久美子 編著

125 **ミャンマーを知るための60章**
田村克己、松田正彦 編著

エリア・スタディーズ

ダーク・エミュー

アボリジナル・オーストラリアの「真実」

先住民の土地管理と農耕の誕生

ブルース・パスコウ［著］
友永雄吾［訳］

◎四六判／上製／324頁　◎2,800円

オーストラリア先住民が有史以前から大陸において、高度な農耕、養殖、定住といった文化を発展させていたことを当時の入植者が記録した多くの歴史資料をもとに論じる。既存の狩猟、漁労、採集の民という先住民族のイメージを大きく転回させるきっかけとなった話題の書。

《内容構成》

〈価格は本体価格です〉

「難民」とは誰か

本質的理解のための34の論点

小泉康一 著

■四六判／上製／264頁 ◎2700円

個人は、移住を通じて自らの望みを追求する自由をもつ。一方、人口流入に対して国家が懸念を抱くことも避けがたい。では、両者の葛藤は克服しえないものなのか？ 国際的視野から難民研究を牽引してきた第一人者が、人間経験の根幹をめぐる課題として考える。

●内容構成●

いっしょに考える難民の支援

日本に暮らす「隣人」と出会う

森恭子、南野奈津子 編著

■A5判／並製／224頁 ◎2500円

ウクライナ避難民に対する社会の関心が高まる一方、福祉専門職や学生でさえ、難民について深く学ぶ機会は限られている。本書は、日本の難民の現状や課題を第一線の支援者・研究者が解説。私たち一人ひとりができる支援を考えるヒントを豊富な実例から紹介する。

●内容構成●

〈価格は本体価格です〉